STUDY ON THE CONSTRUCTION OF INFORMATION SERVICE
PLATFORM IN AIRPORT ECONOMY ZONE

"航空技术与经济丛书" 编委会

序 一

2013 年 3 月 7 日，国务院正式批复了《郑州航空港经济综合实验区发展规划（2013－2025 年)》，这是我国首个作为国家战略的航空港经济发展先行区。郑州航空港经济综合实验区（简称"航空港实验区"）批复后呈现快速发展态势。纵向来看，2010～2015 年航空港实验区地区生产总值年均增长 43.3%，规模以上工业增加值年均增长 61.4%，固定资产投资年均增长 69.9%，一般公共预算收入年均增长 79.1%，进出口总额年均增长 411.1%。横向来看，2016 年航空港实验区规模以上企业工业增加值完成 360.4 亿元，地区生产总值完成 626.2 亿元；郑州新郑综合保税区 2016 年完成进出口总值 3161.1 亿元，首次跃居全国综保区第一位。2016 年，郑州新郑国际机场客货运生产再创历史新高，其中旅客吞吐量同比增长 20%，国内机场排名跃升至第 15 位；郑州新郑国际机场 2016 年货邮吞吐量跃居全国各大机场第七位，总量相当于中部六省其他五省省会机场货邮吞吐量的总和。实践证明，航空港实验区作为龙头，不断引领和支撑地方经济社会发展，带动河南通过"空中丝路、陆上丝路、网上丝路、立体丝路"，打造河南创新开放的高地，加快跨境电商示范区和中国（河南）自贸区建设，为郑州建设国家中心城市奠定了良好基础。

作为全国首个国家战略级别的航空港经济发展先行区，航空港实验区的战略定位是国际航空物流中心、以航空经济为引领的现代产业基地、内陆地区对外开放重要门户、现代航空都市、中原经济区核心增长极。其中，紧扣航空经济发展这一重要主题，突出先行先试、改革创新的时代特征和功能。近几年来的发展实践表明，无论是发展速度，还是发展规模和质量，航空港实验区在许多方面已经赶上或超越了国际上许多典型航空都市的发展，对地方经济社会发展乃至"一带一路"战略实施产生了积极影响。作为一种新型的经济形态，航空经济的健康发展既需要实践过程的创新和经验总结，也需要创新、建构航空经济理论体系作为行动指导。

郑州航空工业管理学院是一所长期面向航空工业发展培养人才的普通高等院校。在近70年的办学历程中，学校形成了"航空为本、管工结合"的人才培养特色，确立了在航空工业管理和技术应用研究领域的较强优势。自河南省提出以郑州航空港经济综合实验区建设为中原经济发展的战略突破口以后，郑州航空工业管理学院利用自身的学科基础、研究特色与人才优势，全面融入郑州航空港实验区的发展。2012年6月，郑州航空工业管理学院培育设立"航空经济发展协同创新中心"和"航空材料技术协同创新中心"。2012年12月，河南省依托郑州航空工业管理学院设立"河南航空经济研究中心"。2013年6月26日，河南省在实施"2011"计划过程中，依托郑州航空工业管理学院建立了"航空经济发展河南省协同创新中心"（以下简称"创新中心"）。学校先后与河南省发展和改革委员会、郑州市人民政府、河南省工业和信息化委员会、河南省民航发展建设委员会办公室、河南省机场集团有限公司、河南省民航发展投资有限公司、中国城市临空经济研究中心（北京）、郑州轻工业学院、洛阳理工学院等多家单位联合组建协同创新联盟，协同全国航空经济领域的有识之士，直接参与航空港实验区的立题申请论证、发展规划起草对接等系列工作。

自2012年6月由郑州航空工业管理学院启动实施以来，在河南省教育厅、河南省发改委、河南省民航办等单位给予的大力支持下，创新中心的建设进入快车道。2015年7月1日，中共河南省委办公厅、河南省人民政府办公厅在《关于加强中原智库建设的实施意见》中，将创新中心列入中原高端智库建设规划。2015年12月，河南省教育厅、河南省财政厅下发文件，确定郑州航空工业管理学院"航空技术与经济"学科群入选河南省优势特色学科建设一期工程。2017年3月30日，创新中心理事会又新增了郑州航空港经济综合实验区管委会、中国民用航空河南安全监督管理局、中国民用航空河南空中交通管理分局、中国南方航空河南航空有限公司、中航工业郑州飞机装备有限责任公司、河南省社会科学院和河南财经政法大学 7 家理事单位，航空特色更为鲜明。

创新中心自成立以来，秉承"真问题、真协同、真研究、真成果"的"四真"发展理念，先后聘请了美国北卡罗纳大学 John. D. Kasarda、北京航空航天大学张宁教授、河南大学经济学院名誉院长耿明斋、英国盖特维克机场董事会高级顾问 Alexander Kirby、清华大学蔡临宁主任等国内外知名学者担任首席专家，以"大枢纽、大物流、大产业、大都市"为创新主题，以"中心、平台、团队"为创新支撑，以"政产学研用"为创新模式，建立了 4 个创新平台，组建了 20 多个创新团队，完成了"郑州航空港经济综合实验区国民经济和社会发展的第十三个五年规划"等一批国家重点社会科学基金、航空港实验区招标项目、自贸区建设等方面课题的研究工作，形成一批理论探索、决策建议、调研报告等。为梳理这些成果的理论和应用价值，并将其以更加科学、系统和规范的方式呈现给广大读者，围绕航空经济理论、航空港实验区发展、中国（河南）自由贸易试验区建设等主题，创新中心推出"航空技术与经济丛书"，从"研究系列"、"智库报告"、"译著系列"三个方面，系统梳理航空领域国内外最新研究成果，以飨读者。

尽管编写组人员投入了大量的精力和时间，力求完美，但因时间有限，难免存在一些不足之处。我们期待在汇聚国内外航空技术与经济研究精英、打造航空经济国际创新联盟的过程中不断突破。也希望关心航空经济发展的领导专家及广大读者不吝赐教，以便丛书不断完善，更加完美！

梁晓夏　李　勇

2017 年 3 月

序　二

中国经济的改革和开放已走过近 40 个春秋，这是一段让中国人物质生活和精神意识产生剧烈变动的岁月，也是中国经济学探索和研究最为活跃、作用最为显著的时期。

区域经济是发展经济学研究的一个重要课题。谈及区域经济、区域发展，人们经常聚焦社会经济历史的发展趋势、发展道路、发展模式、发展动因和特点等问题，诸如，发达地区经济如何长期稳定发展，并保持优势地位；落后地区经济如何跨越式发展，实现赶超；如何打造区域经济的新增长极；等等。

经济社会发展至今，提高产业自主创新能力，走新型工业化道路，推动经济发展方式转变，成为关系我国经济发展全局的战略抉择。因此，我们急需具有附加值高、成长性好、关联性强、带动性大等特点的经济形态即高端产业来引领、带动、提升。郑州航空港经济综合实验区作为中原经济区的核心层，完全具备这些特点及能力。在全球经济一体化和速度经济时代，航空经济日益成为在全球范围内配置高端生产要素的"第五冲击波"，成为提升国家和区域竞争、促进经济又好又快发展的"新引擎"。

2013 年 3 月 7 日，国务院正式批准《郑州航空港经济综合实验区发展规划（2013－2025 年）》（以下简称《规划》），这标志着中原经济区插上了腾飞的"翅膀"，全国首个航空港经济发展先行区正式起航了。

《规划》的获批既是河南发展难得的战略机遇，也是河南航空经济研究中心与航空经济发展河南省协同创新中心的依托单位——郑州航空工业管理学院千载难逢的发展良机。

　　目前，在我国航空经济发展研究中，以介绍、评述和翻译国外研究成果的居多，航空技术与经济发展的理论基础研究尚未引起足够的重视。航空经济发展河南省协同创新中心组织国内外研究力量编著的"航空技术与经济丛书"，正是针对这一重要课题而进行的学术上的有益探索。

　　中国的改革仍在继续进行，中国的发展已进入一个新的阶段。既面临诸多挑战，又面临不少新的机遇。本丛书并不想创造有关航空经济的新概念，而是试图为研究航空经济的学者提供一个研究的理论基础，生命是灰色的，但理论之树常青。同时，本丛书还试图从对航空技术与经济实态的观察中抽象出理论，哪怕只能对指导实践产生微薄的作用，我们也将倍感欣慰。

　　郑州航空港经济综合实验区的建设是一个巨大的、先行先试的创新工程，国内临空经济示范区你追我赶，本丛书也是一个理论和实践相结合的创新。丛书的出版对认识发展航空经济的意义，对了解国内外航空经济发展的实践，对厘清航空经济的发展思路具有重要的现实意义。希望本丛书能服务于郑州航空港经济综合实验区的建设，引领国内航空技术与经济研究的热潮！

　　特向读者推荐！

张　宁

2017 年 3 月

摘　要

信息应用平台和网络基础设施是空港实验区最重要的信息化基础设施，本书旨在为建立空港实验区信息服务平台提供有益的理论参考，从而使空港实验区在其建设发展过程中能够应用网络信息技术带来的优势。

本书主要内容如下。①我国空港实验区的信息化建设现状调查分析。从信息政策、网络基础设施、信息应用平台、信息服务能力等几个方面介绍，针对现状进行具体分析，并借鉴国内其他经济新区信息化建设经验。②空港实验区信息基础建设以及信息服务平台建设规划。借鉴国内外经济新区的信息服务建设经验，归纳整理空港实验区信息服务平台建设发展规划。③空港实验区信息资源共建共享、信息服务效率评价研究，对促进我国经济新区信息服务理论和方法发展，规范和引导信息服务建设具有重要的理论和实践意义。

目　录

前　言

2013 年 3 月 7 日，国务院批复《郑州航空港经济综合实验区发展规划》，将其定位为国际航空物流中心、以航空经济为引领的现代产业基地、内陆地区对外开放重要门户、现代航空都市、中原经济区核心增长极，规划面积 415 平方公里。郑州航空港经济综合实验区是我国第一个以航空经济为主体的特别规划区，并列入国家战略，航空港经济日益成为推动区域经济发展的新引擎。因此，应把郑州航空港经济综合实验区发展融入"一带一路"的大格局、大战略中，并为"一带一路"战略的实施提供支撑，形成中原地区融入"一带一路"建设的战略支点和开放门户。

目前，"互联网＋"和"大数据"的概念已成为这个时代的标志，使社会各方面处在这样的一个大环境下，无论是社会经济发展还是人们的日常生活，都离不开它们。"互联网＋"出现标志着互联网发展的新趋势，是互联网思维的进一步实践成果，通过推动经济形态不断发生演变，带动社会经济实体的生命力，为改革、创新、发展提供广阔的网络平台[1]。而"大数据"时代所带来的信息的自由流动和共享，是政府管理、商业发展和技术创新的需要。2015 年 7 月 4 日，经李克强总理签批，国务院日前印发《关于积极推进"互联网＋"行动的指导意见》（以下简称《指导意见》），这是推动互联网由消费领域向生产领域拓展，加速提升产业发展水平，增强各行业创新能力，构筑经济社会发展新优势和新动能的重要举措[2]。"互联

---

[1] 《"互联网＋"是互联网思维的进一步实践成果》，2016 年 6 月访问，http://www.wtoutiao.com/p/182VLDw.html。

[2] 《国务院就积极推进"互联网＋"行动印发〈指导意见〉》，2016 年 6 月访问，http://news.cntv.cn/2015/07/05/ARTI1436066337100293.shtml。

网＋"目前已成为国家战略，全国已经有多个城市顺应"互联网＋"发展趋势，深入实施创新驱动发展战略，坚持改革创新和市场需求导向，充分发挥互联网对产业转型、城市管理、社会服务、创业创新等方面的基础支撑和重大促进作用。

本书主要在"互联网＋"和"大数据"的环境下，以研究有关空港实验区信息化建设等方面的内容为主。纵观国内外航空港经济区的发展现状，信息技术为其经济发展提供保障并促进现代物流的发展。在空港经济区发展比较完善的美国、日本、新加坡和马来西亚等地区，空港经济区信息化水平的不断提高都是建立在强大的高新技术支撑之上的。国外的临空经济最早开始于1959年，其代表是在爱尔兰香农国际航空港成立的利用外资发展出口加工业的自由贸易区。随着自由贸易区逐渐的发展，机场周边地区的经济发展优势越发显现，因此，研究热点逐步转向机场经济，即空港经济。目前国外的空港经济区主要有荷兰史基浦机场城、美国孟菲斯机场与空港经济区、韩国仁川机场与自由贸易区、日本名古屋中部国际机场、迪拜机场与自由贸易区、洛杉矶国际机场。我国临空经济的发展最早开始于20世纪90年代。主要代表是在1992年成立的西南航空港经济开发区，其是我国临空经济发展的最初形态，目前在成都市发展战略规划中，是南部副中心和产业基地的重要组成部分。虽然我国的临空经济起步较晚，但发展速度不容小觑，国内对临空经济区信息化的研究由简单提出信息化的必要性逐步发展为针对国内某些大型临空经济区的案例分析，并进行实践研究。目前我国在空港经济发展中主要以北京、上海、广州等中心交通枢纽发展模式为主，同时发展以西安为代表的丝绸之路经济特色空港经济区，以及郑州的国家战略层面的郑州航空港经济综合实验区和我国第一个真正意义上以全面开放对接全球化为目标的试验区——中国上海自由贸易试验区等。

空港实验区的信息化建设和信息服务平台建设自然也应与"互联网＋"和"大数据"密不可分，同时信息化的建设也突出了它的必要性和重要性，信息应用平台和网络基础设施是空港实验区最重要的信息化基础设施，为了能够更好地促进郑州航空港经济综合实验区的信息化及信息服务平台建设，课题组对国内有关研究成果进行了前期调研。目前市场上与空港经济区或经济新区信息平台建设及信息服务体系相关的著作有谷虹的《信息平台论——三网融合背景下信息平台的构建、运营、竞争与规制研究》、万学道的《农村信息化网络平台建设与管理》《区域性国际物流信息服务体系》等。《信息平台论——三网融合背景下信息平台的构建、运营、竞争与规制研究》是我国第一部系统论述信息平台和平台运行机制的专著，《区域性国际物流信息服务体系》可以为建立一个区域性的国际物流信息服务平台提供充足的理论参考，这几部著作都可以为本书的形成提供有益的理论及实践借鉴。本书旨在为建立空港实验区信息服务平台提供有益的理论参考，从而使空港实验区在其建设发展过程中能够应用网络信息技术带来的优势。本书主要内容如下。①我国空港实验区的信息化建设现状调查分析。从信息政策、网络基础设施、信息应用平台、信息服务能力等几个方面介绍，针对现状进行具体分析，并借鉴国内其他经济新区信息化建设经验。②空港实验区信息基础建设以及信息服务平台建设规划。借鉴国内外经济新区的信息服务建设经验，归纳整理空港实验区信息服务平台建设发展规划。③空港实验区信息资源共建共享、信息服务效率评价研究，对促进我国经济新区信息服务理论和方法发展，规范和引导信息服务建设具有重要的理论和实践意义。

　　本书整体上由作者本人统筹规划与组织，完成前言、第二、第三、第四章的撰写工作，课题组成员莫祖英撰写第六章的内容，贾艺玮、毕丽萍、姚茹参与第一、第五章的撰写并进行大量的图书审校工作，由于晓晓等同学组成的 2014 年学校大学生科技创新基金项目"郑州航空港信息化建设现状调研"团队做了大量的前期调研工作，图书校订后期还有部分本科学生靳雪雅、杨诗哲、张燕双等同学参与初稿的修订、审校工作。本书调研、撰写过程中得到郑州航空港经济综合实验区经发局、口岸局的基础数据支持，也得到河南航空经济研究中心、航空经济发展河南省协同创新中心的出版资金资助，在此一并表示感谢！

　　最后需要指出的是，由于作者水平有限，加之信息化领域发展迅速，书中的疏漏与错误之处在所难免，本书内容只反映课题组成员个人的观点，不代表官方或非官方机构的看法，敬请读者批评指正，也欢迎学者与作者多多交流，提出您的宝贵意见与建议。

第一章

理论基础与文献综述

第一节　理论基础

一　引言

理论基础是指导人们社会实践活动的一种基本思想，我们从事社会科学研究等社会活动的理论基础就是辩证唯物主义和历史唯物主义等马克思主义理论，指对构建学科理论与方法起着支撑或指导作用的理论。在郑州航空港经济综合实验区的信息服务平台建设的过程中，理论研究起到了至关重要的作用，深入完整的理论研究可以为信息服务平台的建设提供坚实的理论基础，更好地指导空港实验区信息服务平台的建设，促进其信息化建设进程。本章节将对信息论、系统论和信息服务理论进行介绍。

二　信息论

信息论奠基人香农（Shannon）认为"信息是用来消除随机不确定性的东西"。随着当代信息技术的高度发展和广泛应用，信息出现在人类社会生活的各个方面，对支配和影响社会进步、经济发展、科技创新、文化繁荣等发挥着重要作用。而空港实验区的信息服务平台建设当然也离不开信息的支持，只有对信息以及信息论的相关内容有深入的了解，才能更好地建设信息服务平台。

（一）概念

所谓信息论是研究信息、信息熵、通信系统、数据传输、密码学、数据压缩等问题的应用数学学科，通常采用概率论与数理统计的方法进行研究。

信息论，通过数理统计和概率论的方法来研究信息的度量、传递和变换规律。其主要研究内容是通信和控制系统中普遍存在着信息传递的共同规律以及信息的获限、度量、变换、储存和传递等问题的最佳解决的基础理论。信息论以统计现象的角度来考虑，通过估算通信信道容量的方法研究信息的传递。以语言、图像、文字、数字等为载体的信息是系统传输和处理的对象。这就是现代信息论的出发点。

空港实验区的信息服务平台建设是通过信息服务系统的运作，把有关空港实验区的相关信息作为主要服务内容，通过对这些信息的处理和传输，为用户提供更全面、更深入的服务。

（二）信息论的产生背景

信息论是在 20 世纪 40 年代后期在通信工程实践中，由通信技术与概率论随机过程和数理统计相结合而发展起来的一门科学，其主要研究信息的有效处理和可靠传输的一般规律。克劳德·香农（Claude Shannon）于 1984 年发表《通信的数学理论》一文在全世界范围内首次建立了通信过程的数学模型，该文与 1949 年发表的另一篇论文共同奠定了现代信息论的基础。香农亦被称为"信息论之父"。

基于飞速发展的现代通信技术和各学科的交叉渗透，现代信息论的研究不仅包含香农提出的通信系统的数学理论，更发展成为一门具有庞大体系的信息科学。

（三）信息论的研究内容

信息论分为狭义信息论、一般信息论和广义信息论。狭义信息论主要研究信息的度量、信息的特性、信息传输速率、信道容量以及信源编码理论等问题。一般信息论主要研究通信的一般理论，包含信号的滤波与检测、信号与噪声理论、调制理论、统计检测和估值理论、信道编码以及信息传输和处理等。广义信息论的研究内容不仅包括上面所述的两个方面，而且包括与信息有关的其他领域。比如计算机翻译、模式识别、遗传工程学、生物学、心理学等。

通信系统可以抽象为信息源发送机信道接收机收信者（尽管在实际中要复杂得多），定量地表示通信过程中信源和信宿、信道和信道容量、编码和译码等方面的问题，就构成了信息论的基本内容。信息论是研究信息、信息熵、通信系统、数据传输、密码学、数据压缩等问题的应用数学学科，通常采用概率论与数理统计的方法进行研究。信息论以统计现象的角度来考虑，通过估算通信信道容量的方法研究信息的传递。信息论中包含两大研究领域，即信息传输和信息压缩，信息传输定理和信源信道隔离定理又将这两方面相互联系起来①。

1. 信息

狭义的信息指的是各种物质在运动过程中反映出来的数据，而广义的信息指的是不同物质在运动过程中发出的各种信号。

2. 信息量

信息量就是信息多少的量度。事件的信息量与事件出现的概率有密切的关系，是由大量科学家深入研究得出的结论，信息量随事件发生的概率增大而减小，二者成反比。

3. 信源和信宿

信源即消息的来源，消息一般以符号的形式发出。接收消息并将消息再现，从而达到通信目的的信息接收者就是信宿。信宿既可以是人，也可以是机器。

4. 编码和译码

"码"指的是必须遵守的一些约定，用于将一个符号表达和将这些符号排列起来。而编码指的就是运用这些符号，遵守相应的约定把信息变成信号。信源编码指的是用符号来表达消息；而信道编码指的是将符号转换成为信道所要求的信号②。在通信系统中，消息要变成适合信道传输的信号，往往要经过多次编码。而当信号系列的通过信道输出后，必须经过译码复制成消息，才能送达接收者。所以与编码过程相反，译码就是编码的逆过程。

---

① 王晖：《科学研究方法论》，上海财经大学出版社，2004。
② Tushman M. L., Anderson P., "Technological Discontinuities and Organizational Environments", *Administrative Science Quarterly*, 1986, pp. 439 - 465.

5. 信道和信道容量

信道和信道容量的主要任务是传输信息和存储信息，是信源和信宿之间传递信息的通道。经过编码成为能在信道中传输的信号的信息由信源发出。而信道容量指的是信道传输信息的多少以及速度。通信速度的大小不完全由信道的性质决定，同时还受到信源性质和编码方法的制约。

6. 信息方法

用信息的观察来考察系统的行为结构和功能，通过对信息的获取、传递、存储、加工过程的分析，达到对某个复杂系统运动过程的规律性认识被称为信息方法。它仅仅综合考察信息的流程就可获得关于系统的整体性知识，而不需要对事物整体结构进行剖析。

由此可见，空港实验区的信息服务平台在建设的过程中，为确保信息的完整性、正确性和安全性，保证信息流通与交流的畅通性，我们应该掌握好信息量的大小，规范信息的来源和接收者的可靠性，保证信息通道的畅通，正确运用信息方法，做好对信息的获取、传递、存储和加工等工作，提高空港实验区信息服务平台中的信息质量和数量。

（四）信息论对现代社会的影响

在技术应用方面。信息论为现代通信理论和技术的发展做出了重要的贡献。信息产业已是当今社会中发展最快、效益最高、影响最广的支柱产业之一。离开了信息论的指导，就不会出现现代的无线电技术、电视接收系统等一系列标志着现代技术进步的领域。当今社会，信息技术也在飞速地发展，空港实验区信息服务平台的建设首先需要先进的技术条件，在科学技术的支持下，实现信息服务平台的完善。

在社会经济方面。21世纪人类社会全面进入了信息时代，信息科学的迅速发展和信息高速公路的出现，电子商务的迅速崛起，有利于促进经济增长，方便人们的生活。空港实验区信息服务平台的建设是社会经济快速发展的成果，同样也会进一步促进社会经济的发展，更好地为社会提供经济资源。

在个人生活方面。互联网的出现打破了国界和地域的限制，使整个世界连为一体。互联网的普及改变着人们的生活方式，如今"互联网＋"的兴起，给人们的学习和生活带来了极大的便利，人们可以通过互联网进行学习、购物、就医等活动。而空港经济区信息服务平台的建设同样也要与"互联网＋"紧密结合起来，为人们提供更多方面的服务与便利，通过与用户的交流和反馈，了解到更多需求与不足，从而不断改进自身，提供更多、更好的服务，得到用户的支持，和用户共同成长，这样才能够长久发展下去。

在思维方式方面。互联网的开通大大加快了人们接受新思想、新信息的速度，激发了人们勇于不断创新的精神。空港实验区信息服务平台的建设正是顺应了互联网发展的趋势，也是人们接受新思想、新信息，勇于创新的体现。从另一方面来说，信息服务平台的建设也会让人们不断接触到新的事物，进一步激发人们的创新精神。

由此可以看出，信息论的指导对空港实验区信息服务平台的建设有着不容忽视的作用，只有将信息论较好地运用到实践中，才能进一步促进空港实验区信息服务平台的建设。

三 系统论

由相互联系、相互依赖、相互制约、相互作用的事物或过程组织成的具有整体功能和综合行为的统一体，称为系统。系统无处不在，研究系统的一般理论和方法，称为系统论。系统论是从科学和工程技术两个方面发展起来的。

一个系统包括若干个子系统，但它本身又是另一个更高层次系统的子系统，系统都有一定的结构，都离不开环境，都具有一定的功能。系统内部的这些要素之间有着自己特有的相互结合方式或构成形式，这种系统内部诸部件的组织形式称为系统的结构。

从系统论的角度出发，空港实验区的信息服务平台属于一个信息服务系统，它是整体系统（大系统）与子系统（小系统）的关系，空港实验区的信息服务平台就是一个大的系统，由相应的若干个子系统构成，而信息服务平台与下属的子系统通过相互联系、相互依赖、相互制约、相互作用的过程，促进空港实验区的建设和发展。

（一）概述

所谓系统论，是以系统为研究对象，以事物整体为研究目标，以数学手段和计算工具为研究方法，确定所有客体系统都普遍适用的一般原则和方法的科学，是以整体性观念来观察世界、研究事物、认识问题的学问。系统科学是一个包含多个学科的学科群。

信息服务系统是指一个根据用户的需要，运用科学的方法，采用先进的技术手段，向用户提供特定信息产品的由各部分组成的相互联系相互作用的综合体。空港实验区信息服务平台的建设要做到信息服务的有效开展，必须具备四个基本要素——信息服务者、信息用户、信息产品、信息基础设施，这四个要素就是信息服务系统良好运作的主要组成部分。

（二）系统论的来源

系统广泛存在于自然、社会、人体和思维之中。系统科学的任务就是以系统的观点研究现实世界，并形成系统的认识论、方法论和科学思维[①]。系统观念古已有之，但系统作为科学概念进入科学领域是 20 世纪以后的事，当时人们把复杂性研究和管理对象称为"系统"，并用于工程设计中。20 世纪 40 年代末，奥地利理论生物学家贝塔朗菲（L. Von. Bertalanffy）的一般系统论（General System Theory），认为无论各种系统的种类和性质有何不同，都存在着适用于一般化系统的整体性原则、相互联系原理、有序性原则和动态原则等一般性原则。一般系统论强调系统要同周围环境进行能量和物质交换，并把生物和生命现象的有序性、目的性同系统的结构稳定性联系起来，即所谓的开放性[②]。

美国数学家维纳（N. Wiener）的控制论和美国数学家、工程师香农（C. E. Shannon）的信息论等新兴学科的创立可以看作系统科学的标志（即老三论）。特别是贝塔朗菲在《一般系统论的历史和现状》一书中提出一般系统研究的几个方面，创立了一般系统论，对系统科学体系的建立奠定了基础。20 世纪 70 年代前后，出现了一批新的学科，即比利时理论化学家普里戈金（L. Pringogine）的耗散结构论、德国理论物理学家哈肯（H. Haken）的协同学、德国生物物理与生物化学家艾根（M. Eigen）的超循环理论以及法国数学家托姆（R. Thom）的突变论等，也即所谓的"新三论"，这些学科的发展对系统科学理论的形成产生了重大影响。

---

① 路甬祥：《科学技术的时代特征和发展展望》，《科学》1998 年第 2 期。

② 〔奥地利〕贝塔朗菲．L. V.：《一般系统论的历史和现状》，中国社会科学院情报研究所编译，科学出版社，1980，第 314 页。

（三）　系统论的研究对象与属性

系统科学是理论知识和方法知识的统一，其方法论特征极为明显。下面主要介绍系统科学的基本思想。由于系统科学是一组学科群，体系庞大，理论与方法深厚，在这里仅提炼它的几点基本理论。

系统科学的研究对象：事物的整体性。简言之，系统科学是关于整体的科学。贝塔朗菲说，一般系统论是对整体性和完整性的科学探索①。系统科学的研究对象不仅仅是某一类具体事物，而是所有事物都具有的某一种属性。"整体性"是任何事物都普遍具有的基本属性，世界上的万物，从原子、分子到所有的人为事物都具有自己的整体性。不同事物的整体性各不相同，需要分别从事物的内部和外部来研究它们的整体性。整体性是系统的核心，任何系统都是直接在整体基础上形成的。无整体性则无系统，整体性变化会直接导致系统性能的改变。

系统的基本属性：整体性、综合性、层次性、结构性、关联性、功能性、学习性、适应性、组织性等②。整体性是系统的核心属性，其他属性都是从整体性属性中派生出来的。

整体性主要指系统内部的不可分割性和关联性，具体表现在系统的整体与部分（或要素）的相互依赖、相互制约的关系之中；综合性指系统是由不同性质的要素、不同层次结构、不同功能构成的总体；层次性指系统内部各要素所组成的不同层次之间的一种稳定性联系，反映了各要素之间从简单到复杂、从低级到高级的关系，系统越复杂层次就越多；结构性是指在一定时间和空间范围内，组成系统的内在形式，或者叫系统内部的组织、机制和排列秩序；关联性是指系统内各层次、各要素间的相互联系、相互依赖、相互作用、相互制约的表现形式，依靠信息，使系统的各部分之间、各层次之间联系为一个整体，并和环境再联结成为一个更大的整体，有信息联系，系统才能产生反馈、调节、控制、最优化、组织性、适应性等一系列性能；功能性是指系统在与环境相互联系和作用过程中所表现出来的作用、能力和影响；学习性指系统在运行实践中，通过观察和类比进

---

① 〔奥地利〕贝塔朗菲.L.V.：《一般系统论的历史和现状》，中国社会科学院情报研究所编译，科学出版社，1980，第314页。

② 周硕愚：《系统科学导引》，地震出版社，1998。

行学习，从而改善自己的功能；适应性指改变一个系统的性质（结构及其行为方式），使它能够在变化着的环境下达到最好，至少是能允许的功能；组织性指系统内部各部分（元素）之间的有秩序状态，称为系统的组织性。

一般系统论提出了系统的整体性、关联性、动态性、有序性和目的性等基本原则。贝塔朗菲在解释系统的目的性时，曾指出"一个系统的决定不仅是按照实际条件的，而且是受达到的最后状态制约的"。即一个系统的演化过程，不仅与实际状态（诸种随机因素）有关，而且与系统的预决目的（由系统自身结构确定的未来的有序稳定态）有关。因此系统的演化是确定性（必然）和随机性（偶然）的统一。

通过对以上内容的论述，我们可以从中了解到，空港实验区信息服务平台就是一个整体，是由各种不同分工、不同性质的部门组成的一个完整的系统，它与下属的机构也要相互依赖和相互制约，并在这种关系中发展下去。通过对系统论的研究对象和基本属性的介绍，我们对其有了深入的了解，并能够把系统论的整体性和学习性更好地运用到空港实验区信息服务平台的建设中。

（四）系统内部的基本关系

系统内部主要由整体与部分、整体与结构、整体与环境三种基本关系构成。

1. 整体与部分的关系

这是系统内部最基本的关系，整体是由若干部分组成，部分是构成系统的各种要素和各种关系，是构成系统的基础。但是系统论所强调的是"整体大于部分和"。这一关系包括两层含义：一是系统整体的性质优于其各个部分性质的机械相加和；二是系统整体的功能优于其各个部分的功能之机械相加和。也就是说，整体和部分的关系不仅仅是指数量的大小和多少，更是性质和功能的不同。

2. 整体与结构的关系

结构是系统的整体架构，结构对系统的属性、功能、价值起着决定性作用，是系统整体存在的基础。有什么样的结构就有什么样的整体，结构的变化可以导致系统整体性能的变化，整体只有通过结构才能控制部分，而部分也只有处于一定的结构中，才能反作用于整体。同时结构又受系统整体的制约，任何结构总是一定整体的结构，都随着系统整体特征的变化而变化。就空港实验区信息服务平台的建设而言，信息服务平台的构成结构起到了非常重要的作用，创造一个良好、合理的系统结构，对信息服务平台的整体建设具有不可磨灭的意义①。

3. 整体与环境的关系

环境是存在于系统周围与系统有关的各种因素的集合，环境是构成系统的重要因素。在系统与外界的关系中，总是以整体的形式与其他系统的整体发生关系的。所以整体存在于一定的环境之中，受环境的影响和支配，又反过来作用于环境，并在环境中实现系统整体的功能和价值。因此，建设信息服务平台也要注重环境因素，结合自身的建设条件，在适应和调节与自身内部环境关系的同时，还要处理好与外部环境的关系。

空港实验区信息服务平台是一个完整的系统，把握好信息服务平台与下属子系统之间、与整体结构之间、与建设环境之间的关系，并在信息服务平台的运行过程中，通过不断的总结与观察，不断改善自身的运行状态，以此达到最好的状态。

（五）系统论的意义

系统论同样也改变了人类的思维方式，对各门科学的发展起着促进作用。系统论的出现反映了现代科学发展的趋势和现代社会生活的复杂性，所以它的理论和方法能够广泛地应用到社会生活中去。系统观念正渗透到每个领域，不仅为现代科学的发展提供了理论和方法，而且也为解决现代社会中的政治、军事、科学、文化等方面的各种复杂问题提供了方法论的基础。

四　信息服务理论

在当今信息化的社会，信息服务已经成为研究与实践的热点。通过了解与分析信息服务理论，能够归纳与扩展信息服务理论基础，完善信息服务理论体系，帮助信息服务者深入了解信息服务理论，为信息服务的实践活动提供理论参考与指导。信息服务平台，顾名思义与信息服务理论有着

---

① 常绍舜：《系统科学方法论》，中国政法大学出版社，2005，第45页。

密切的关系。信息服务就是通过服务人员的智力和体力劳动来达到满足信息用户的信息需求的目的。信息人员的劳动价值最终在用户信息利用活动中体现。为了开展好信息服务，信息服务机构必须坚持以下几个原则：针对性原则、及时性原则、精练性原则、准确性原则、方便性原则、效益性原则。空港实验区的信息服务平台建设要充分运用信息服务理论，坚持信息服务原则，提升信息服务质量，打造一个具有较高水平的信息服务平台。

（一）概念

信息服务的概念，有狭义与广义之分，狭义的信息服务指提供信息服务，它是信息提供者根据用户的需要，运用科学的方法，采用先进的技术手段向用户提供特定信息产品的活动。广义的信息服务泛指以产品或劳务形式向用户提供传播信息的各种信息劳动，包括信息的传播报道、信息咨询以及信息技术培训和信息提供等。

（二）信息服务理论的基本原理

1. 信息服务的需求动力原理

信息服务的需求动力原理以信息服务活动的外动力机制为主要表现方式。信息需求与社会发展的关系是相辅相成的，突出表现了信息需求具有一定的规律性。信息用户的需求具有一定的主观性，但受到社会各种因素的影响和制约时，也具有一定的客观性。信息服务的需求特点主要表现为主体性、动态性、广泛性和多样性。另外，信息服务与需求之间存在信息需求与供给之间的矛盾，它们是一种互动机制，其中信息需求又是矛盾的主体，是信息服务发展外在动力的源泉。

2. 信息服务成本与收益原理

信息服务的成本是指信息产品在生产、传递和利用过程中，为了使用各种生产要素而付出的费用总和。信息服务收益是指信息开发者在理论与实践中获得的收益以及信息用户在利用信息商品后所获得的价值参考。信息服务成本与收益原理揭示的是信息服务的内动力机制。信息服务的成本表现为认知资本，其中推理判断成本、注意力成本、时间成本等都是需要信息的开发者付出相应的代价，同时使信息开发者与信息用户均取得收益，实现信息服务的价值。只有客观地理解信息服务过程中成本与收益理论及其在产业中的意义，才能正确看待信息服务产业化的必然性和多种信息服务机制形式并存的现状，也才能依据这一客观规律指导不同信息服务系统进行不同机制选择的实践。

3. 信息服务的信息选择原理

信息选择是信息服务功能存在和拓展的基础。信息的选择与传递是客观存在的，它们贯穿于整个信息交流的过程中，信息的价值体现于其传递性，选择是为了更好地传递，传递则必须进行选择，选择和传递是密不可分、相辅相成的，没有传递就没有信息的流动，也就没有具体价值的转移，信息价值也就无法体现。在具体的信息服务实践中，信息选择比传递更具有本质性的意义。选择是相互的，既有用户对信息的选择，也有信息服务系统对用户需求的满足方式、时机和内容的选择。当这两种选择在互动机制中达成一致时，就实现了信息服务效益最大化。因此，在更多新技术可以代替传递功能的条件下，将信源与信宿双方对信息的认识理解在同构的基础上进行有效匹配的任务，只有通过智能和基于一定智能基础上的选择功能才能完成。

4. 信息服务的增值原理

信息服务的增值体现在相符获取性增值、序化积累性增值、交流服务性增值三个方面。信息服务系统的目标就是信息增值，信息服务的每一个环节目标都是使信息发生增值。根据知识增长原理和信息交合原理，信息在一定量的积累下所产生的质的增长实际上是人们认知空间的扩展和认识能力的提高，信息所具有的可认知性和知识属性使这种增值成为可能[①]。

（三）信息服务理论的研究内容

1. 信息资源开发服务

信息资源开发服务需要遵循满足市场需求、社会效益与经济效益相统一、实行资源共享、保护知识产权等原则，通过对采集到的信息资源进行不同程度的提炼，以满足不同用户的需求。只有经过开发的资源才是最有价值的。空港实验区信息服务平台的建设就要有效地开发信息资源，使其得到充分的利用，为用户提供具有利用价值的信息服务。

2. 信息传递与交流服务

信息传递者与信息接受者之间要想形成互相理解、互相作用的良性循

---

① 艾新革：《信息服务理论基础浅析》，《图书馆界》2011 年第 5 期。

环，就需要彼此之间通过各种信息传递手段进行信息交流与沟通。空港实验区信息服务平台和用户之间就要做好信息的传递与交流，把更好的信息资源传递给用户，并能够从用户那里得到反馈，在互相交流的过程中，使双方都能满足自身的需求，实现共赢。

3. 信息加工与发布服务

信息加工是连接信息搜集与信息发布的关键环节，其主要任务是把原始信息素材转化为完整成熟的信息成果，它对信息服务产品层次和质量起着决定性的作用。而信息发布服务的实施过程是发布主体单位运用一定的发布手段把特定的信息发送到特定的信息需求者手里。空港实验区信息服务平台在建设过程中，在部门设置方面进行分工，做好信息的加工和发布的工作，使信息资源能够快速、有效、安全、完整地传递到用户的手中，提高服务质量和自身的竞争力。

4. 信息保障服务

信息保障是针对信息开发工作展开的系统化信息服务，其内容主要包括根据信息的组织情况以及不同用户的不同需要，通过尽可能多样化的途径和方式为用户提供多种形式的信息及信息获取、传递工具和其他各种信息服务，从而确保能够顺利开展信息开发工作。做好信息保障工作也是空港实验区信息服务平台建设中不可缺少的环节之一，在完成信息开发的前提下，保障信息的有效获取与流通。

通过以上对信息服务理论的研究内容的了解，在空港实验区信息服务平台的建设过程中，能够掌握好每一个环节的运作，从而建设一个合理、高效的信息服务平台。

（四）信息服务的方式

（1）用纸质的或者电子文献满足用户的服务，比如文献借阅以及电子资源服务等。

（2）通过用户的委托，由专门人员辅助或代替用户查找信息，并为用户提供检索结果的信息检索服务。

（3）用户通过利用现代科学知识和现代技术手段、方法，来解决经济建设和社会发展中的各种复杂问题的咨询服务。

（4）在互联网环境下，信息机构和行业以获取信息资源为目的，利用计算机、通信和网络等现代技术对信息进行采集、处理、存储、传递和提供利用等活动的网络信息服务。

我们可以在建设空港实验区信息服务平台的过程中，结合自身实际，巧妙运用上述信息服务方式，打造出一个具有特色的信息服务平台。

（五）网络信息服务

伴随着 Internet 的快速发展和广泛应用，网络信息服务已经渗透到社会生活的各个领域。网络信息服务指信息机构通过网络，利用现代的技术手段向用户提供各种形式的数字化信息的服务。

1. 网络信息服务的主要形式

（1）图文与中介信息电视广播服务；

（2）电子出版物和电子杂志的发布；

（3）电子函件；

（4）电子公告板服务；

（5）联机公共目录查询服务；

（6）光盘远程检索服务；

（7）远程电视会议服务；

（8）用户电子论坛；

（9）用户点播服务等。

2. 网络信息服务的主要特点

（1）信息资源服务数字化；

（2）信息服务领域拓宽；

（3）信息服务手段现代化。

3. 网络信息服务的模式

基于互联网的网络信息服务模式主要有 3 个层次。

（1）基础通信层

是由电信部门（如中国电信、美国 AT&T、Spring、MCI）提供的通信基础设施服务，提供网络干线的租赁和 Internet 出口、升级与分配管理。

（2）网络增值服务层

由网络增值部门，如中国金桥网（ChinaGBN）、中国工程技术信息网（CETIN）等，向大型企业提供的网络接入、管理与运行服务。

（3）信息增值服务

由互联网服务供应商（ISP），如 YAHOO、网易（Netease）、中国信息（Chinainfo）等面向个人用户提供的网络信息服务，包括以提供网络接入服务为主的 IAP 和以提供专业信息内容服务为主的 ICP[①]。

（六）信息服务理论的意义

信息服务理论是一套完整的讲述信息服务的理论体系，能够完善空港实验区信息服务平台的理论基础，从而获得丰富详细的理论知识，能够为信息服务平台的建设发挥指导作用，进而提升了信息服务平台的服务能力和服务质量，以便满足用户的需求，推进信息服务平台的长久建设和发展。

通过对上述三个理论的分析研究，我们对信息论、系统论和信息服务理论有了深入的了解，能够为空港实验区的信息服务平台建设给予充足的理论支持，并对信息服务平台建设的实践活动起到良好的指导作用。

第二节　文献综述

一　国内外空港经济区信息化建设现状

（一）信息化的重要性

在当今世界，信息、物质、能源构成人类社会的三大重要资源，信息化就是人类社会通过现代信息科技手段，充分开发和利用信息资源的过程。自从 20 世纪七八十年代以来，特别是 20 世纪 90 年代互联网蓬勃发展以来，信息技术已经向社会经济各领域广泛渗透，信息化已成为技术转移、投资、资本流动和全球贸易的强大动力，大大地推动了经济全球化的进程。信息化是当今世界发展的趋势，信息化及信息化的科技能力成为衡量一个国家或地区经济、社会发展水平和文明程度的重要标志。并且我党早在十七大报告中就指出：要"全面认识工业化、信息化、城镇化、市场化、国际化深入发展的新形势新任务，深刻把握我国发展面临的新课题新矛盾，更加自觉地走科学发展道路"。"信息化"首次列入党的工作报告，表明了我

---

① 柯平编《信息管理概论》，科学出版社，2007，第 2 版。

们党对当今时代特征的清醒认识和准确把握。空港综合交通枢纽的特点在于：多种交通方式"一站式"整合，可实现无缝对接；单位组成复杂，对综合协调管理、节能环保等要求提升；旅客流线复杂，对信息化要求更高。

1. 信息化可以提高分工程度、降低管理成本

信息化能实现供应链各个环节的信息化共享和管理，提高运作效率，降低运作成本，减少分摊广告费和非生产性支出的份额，使边际成本降低，从而获得劳动生产率的提高及内部的节约。航空经济区在某一区域内的集聚往往使一些厂商可以不花成本或少花成本获得某些产品和劳务，从而获得整体收益的增加。物流信息化可以作为增长极带动周边落后地区经济迅速发展，从而缩小与先进地区的差距，产生增长极的诱发效应、极化效应、渗透效应和扩散效应。航空港区采用大枢纽带动大物流，大物流带动产业集群，产业集群带动城市群，城市群带动中原崛起河南振兴的战略思路①。

2. 信息化是现代化空港经济区的支撑

如果没有信息化的支撑，现代化机场很难适应如今的市场竞争。今天，中国的机场正在努力加快信息化建设，机场不应局限于简单的获取日常的运营数据，其他如机场盈利率、价格等一些具有说服力的数据，也应该是机场信息化建设需要考虑的信息。在西方，机场和航空公司的运营成本由公司自己控制，在中国则受到监管部门的影响。虽然中西方存在差异，但二者都是需要实现数据的标准化，再对数据进行分析，从而加以利用。通过信息化建设引入新的经营理念、运作模式、新的活动规则，努力通过信息化建设实现机场现代化建设。有效利用科学技术加强管理，增强机场核心竞争力。信息化建设可以提高机场资源利用率，为各家航空公司提供更多、更周到的服务。

3. 信息化是空港发展的前提及重要条件

也就是说，空港最需要信息化、网络化支持。在新的世纪，我国确定了实现以信息化带动工业化，以工业化促进信息化的方针，为了推动我国

---

① 平萍等：《航空港调研航站楼明年投入使用》，《河南日报》2014年2月26日。

电子商务的发展，必须大力提高空港实验区信息化水平，利用信息技术手段来满足电子商务环境的需要，它需要对物流运行环境、流程与相关经济背景进行深刻的理解和分析。空港实验区信息化是对整个实验区发展进行的变革，通过信息技术与传统物流功能的融合，形成新的空港实验区核心竞争能力，丰富了其内涵。电子商务环境下物流的信息技术应用全面而深入，如 EDI 技术、条码技术、射频技术、人工智能技术应用等，提高了电子商务的效率。

（二）国外现状

国外关于空港经济的发展与研究相对于国内来说起步较早，最早的临空经济开始于 1959 年在爱尔兰香农国际航空港成立的自由贸易区，该区利用外资发展出口加工业。随着经济全球化步伐的逐步加快和国际贸易的快速发展，机场周边地区的经济发展优势越发显现，因此，研究热点逐步转向机场经济，即空港经济①。信息化作为其建设现代化空港的必由之路成为新的研究对象并引起了国内外学者的高度关注。

美国学者唐纳德·J. 鲍尔索克斯、戴维·J. 克劳斯在其著作中比较详细地叙述了物流的概念、基本理论和有关业务知识，介绍了一些国际物流企业的发展历程和经验，是物流企业进行物流信息化建设的理论基础。Bolumole 等人认为物流信息化并不仅仅具有生产力发展的内涵，同时意味着生产关系的变革。Ketikidis 通过应用物流供应链管理的信息系统来调查物流发展现状和预测未来发展趋势。Novak 认为物流信息化是改变人类物流信息和知识的生产、传播和利用的方式，并产生了物流信息化产业②。

孔繁荣通过对国外空港经济区的调查发现国外已经越来越重视信息化建设。目前国外空港已充分利用条形码技术、数据库技术、电子订货系统、电子数据交换、快速反映及时有效的客户反应、企业资源计划等信息技术，不断完善空港物流信息系统。功能如下。

1. 与用户分享数据

体现在货物跟踪和文件资料查询系统上，以满足用户对货物信息的需

---

① 谈琰：《国外空港经济发展对郑州航空港经济综合实验区的启示与借鉴》，《黄河科技大学学报》2013 年第 5 期。

② 余林：《物流信息化研究文献综述》，《知识经济》2015 年第 6 期。

要，帮助其随时了解货物的具体位置、预计到达目的地时间以及文件的品名、重量、运输方式等信息。

2. 与用户进行业务交易

体现在定舱、运单制作等系统上。这些功能使物流公司与用户之间建立起全天 24 小时的业务联络，任何时候都可以对用户的需求予以响应。

3. 适应客户需要的应用程序

如订单管理系统、库存管理系统、不正常运输警报系统等，这些系统往往是独立的商品化的程序模块，可以与客户的信息系统集成，代替客户完成供应链中的某个特定功能，从而使物流服务成为整个商业活动的有机组成部分①。

国外的物流信息化起步较早，纵观美、日、英、德的物流发展历程，信息技术为其物流发展提供保障并促进现代物流的发展。在空港经济区发展比较完善的美国、日本、新加坡和马来西亚等地区，空港经济区信息化水平的不断提高都是建立在强大的高技术支撑之上的，其发展形势如下：一是区位优势和良好的物流设施；二是国际金融流通，资金进出不受限制，不实施外汇管制；三是法律法规完善，尤其是国际仲裁中心，已发展为全球主要仲裁地之一；四是税制简单而可预知，企业只需缴付 17.5% 的所得税，税率属全球最低之列；五是资讯流通自由，有保障，价格低廉，覆盖率高；六是各类人才众多，积聚各类专业人才；七是信息化趋势日渐兴起，并将在其发展中起到举足轻重的作用。国外物流业信息化技术支撑体系的特点主要表现在以下方面。

1. 应用先进信息技术

在美国、欧洲、日本等国家和地区，利用无线射频识别（RFID）技术对货物进行跟踪、分拣等；基于电子数据交换（EDI）技术进行企业内外的信息传输，实现订单录入、处理、跟踪、结算等业务处理的无纸化，实现企业间的信息传递和交换。由于货物包装形状和规格各异，为便于机械化装卸及各种方式联运，日本制定了一系列标准，统一了货架、托盘、集装箱的尺寸标准，以及带 GPS 系统的先进运输设备、全自动立体仓库、无线

---

① 孔繁荣：《国际航空物流发展状况及趋势》，《商品储运与养护》2005 年第 3 期。

扫描设备、自动提存系统，等等。日本的丰田物料搬运集团以自动搬运技术为基础，将搬运（无人搬运车）、保管（自动仓库）、控制（系统软硬件）技术有机结合起来，全面支持所有行业的物流。

2. 航空物流网络化

物流网络化是物流运作高效和信息交流透明有效的基础。现代物流的特点之一就是通过网络建立公共信息平台，使商流、物流和信息流在物流信息系统的支持下实现互动。例如新加坡、马来西亚等国物流企业高效运作最大的高技术支撑是网络。新加坡政府自 1989 年开始启用"贸易网络"（TRADENET），实行企业与政府部门之间的信息交换。除了政府提供的公众网络平台之外，各个物流企业都建设了适合本公司实际情况的计算机技术平台和专用网络平台，可以为公司和客户监控物流全过程提供可靠、直观和动态的窗口。美国通过建立物流公共信息平台，实现供应商和客户的信息共享，运用准时制、供应商管理库存、协同规划、预测和补给等供应链管理技术，实现供应链伙伴之间的协同商务，降低供应链的总成本，提高供应链的整体竞争力。利用信息技术，为货主、第三方物流公司、运输商提供一个可委托交易的物流交易公共信息网络。美国 CAPSTAN 公司建立了一个公共物流信息平台，以会员制方式提供服务，将采购商、供应商、物流服务商、承运人、海关、金融服务等机构集成到平台上。日本的住友、三井和三菱等三大综合商事，2001 年就共同合作构筑电子物流信息市场，将商品电子贸易与物流运输两大项业务同时在互联网上完成，从而在日本国内构筑起第一座最大的电子物流信息市场。

3. 强调标准的统一

统一的物流运作标准是提高物流运作效率，使现代物流国际化的必要条件。物流业发达的国家特别注重物流运作的标准化建设，主要在基础标准、业务标准和信息化标准方面。在信息化标准方面，美国已经建立了成熟的系统管理软件标准，使得各物流企业得以在统一的管理平台上进行研发[1]。

---

[1] 张秀珍：《加快南京现代物流业信息化水平的技术支撑体系研究》，《电子信息》2008 年第11 期。

（三）国内的相关研究

我国临空经济的发展最早可追溯至 20 世纪 90 年代。1992 年成立的西南航空港经济开发区可谓我国临空经济发展之雏形，现已成为成都市发展战略规划中南部副中心和产业基地的重要组成部分。此后，北京、厦门、上海、广州、武汉、郑州、南京、杭州等地也相继启动了临空经济概念的发展。尽管临空经济在我国发展仅有十多年的时间，但我国航空运量已跃升为仅次于美国的世界第二位置，临空经济作为一种新型经济发展模式越来越受到国内枢纽机场所在地的重视，许多地方重视打造"临空产业""临空经济区""空港产业园""航空城"等园区或者产城融合体，并已产生实实在在的效果。目前我国在空港经济发展中主要以北京、上海、广州等中心交通枢纽发展模式为主，同时发展以西安为代表的丝绸之路经济特色空港经济区、郑州的国家战略层面的郑州航空港经济综合实验区和我国第一个真正意义上以全面开放对接全球化为目标的试验区中国上海自由贸易试验区等。据民航总局信息化"十五"、"十一五"期间的规划，民航信息化总投资超过 60 亿元，其中在航空物流信息化方面的投资占信息化总投资的 13% 左右。可以认为，我国航空物流信息化已具备了一定的基础。

（四）国内临空经济区信息化研究综述

国内对临空经济区信息化的研究由简单提出信息化的必要性逐步发展为针对国内某些大型临空经济区的案例分析，进行实践研究。相对而言著作形式的文献资料则比较少，主要代表成果包括如下方面。刘武君认为国外机场地区综合开发的地域特征可以分为三个层次的九种功能，并总结了这些功能的空间分布规律[①]。三个大层次的功能是机场基础功能、机场相关功能和机场强化功能。九种具体细化的功能分别是：基础功能，物流功能，交流功能，产业技术功能，商务功能，信息功能，疗养娱乐功能，文化、艺术及体育功能，学术研究功能。查洪芳、王小钟、张瑾等撰写的《面向21 世纪建设南京信息化国际空港》，对南京信息化的发展建设做了分析，制定了其信息化建设三年的总体规划，并简述了建设成果[②]。西部机场副总裁张文革在第二届中国机场峰会上作了加快现代信息化建设，建设现代化空

---

① 刘武君：《国外机场地区综合开发研究》，《国外城市规划》1998 年第 1 期。
② 查洪芳等：《面向 21 世纪建设南京信息化国际空港》，《江苏航空》2001 年第 3 期。

港的发言。介绍了西部机场集团在机场信息化建设方面的经验，提出了机场信息化建设的一些思考。信息化是一项国家战略。进入新世纪，全球化竞争程度不断加剧，各行业都在积极探索，努力促进各自的竞争优势，而信息化正在成为保持可持续发展，获取竞争优势最重要的战略手段之一。长期以来，民航总局对信息化建设高度重视，集中了大量的人力、物力、财力，基本上完成了民航分销系统等八大信息化工程，促进了行业的信息化建设，同时民航各单位也把信息化作为提高竞争力的重要手段。目前中国民航信息化建设已经进入了快速发展期①。张军扩、侯永志、高世楫等撰写的《临空经济发展战略与对策——以首都国际机场为例》，对首都机场临空经济区发展现状与未来趋势进行了分析，特别是书中从建设大通关基地的设想来推动首都临空经济的发展，并对大通关基地建设的经济社会影响进行了定性分析与定量研究，在此基础上提出了京津冀地区空港整合资源协同发展的构想②。罗军在《创建以"智慧空运"为路径的我国航空物流信息化项目》一文中提到中国航空货运业的信息化进程呈现乱象③。从总体上来看，整个行业依然处于非常低下的水平，虽然部分国内承运人建立了较为完善的信息系统，但是并不能为全社会所有利益相关方使用，尤其是竞争对手之间更是存在着直接的冲突，全社会至今没有一个可供所有利益相关方共同使用的具有公共、公开、公平和服务性质的查询平台，尤其是对于每件货物的信息查询依然困难重重。虽然按照传统的国际理念，仅对货运单实现的查询就可以代表万事大吉了，但是，我们却发现真正需要全行业采取信息手段关注恰恰是每一件在航空运输中流动的货物。例如我国政府更关心每件航空货物的安全与否，托运人和代理人也更加关注所交运货物实时安全与否，而航空公司和机场也是通过每件货物重量累计来获得利润的，所以说基于货物的信息化需求和重大意义要远远大于对货运单的信息化需求，这或许才是我们中国航空运输业要实现信息化的关键和捷径，

---

① 张嘉宁：《携手打造中国现代化空港——第二届中国机场峰会特别报道》，《中国民用航空》2007 第 4 期。
② 张军扩等：《临空经济发展战略与对策——以首都国际机场为例》，经济科学出版社，2008。
③ 罗军：《创建以"智慧空运"为路径的我国航空物流信息化项目》，《中国民用航空》2012年第 9 期。

同时也是创造出中国理论的源泉。曹允春提出提高临空经济区的软环境水平，香港国际机场和新加坡樟宜机场目前提供的都是"一站式"服务。香港国际机场的空运货物处理系统与海关的空运货物清关系统互相连接，在货物抵港前三小时，已可传送有关的货物资料。樟宜机场航空货运中心更是作为一个自由贸易区，可让各公司不用报关，即可在中心内方便地移动、组合、储存和重新包装货物。只有当货物离开航空货运中心时，才需要通过自由贸易区终点的海关和安全检查。重庆社会科学院研究员王秀模称，现代社会正逐渐演变为通过全面运用信息技术，以知识的加工、整合为内涵，以创造智能工具来改造和更新经济各部门和社会各领域，从而大大增强了工作效率和创新能力。王凯撰写的《航空物流的信息化和人力资源管理的发展》中提到应该从统一的航空物流信息平台的搭建，航空物流信息网络的实时化、智能化和先进化，以客户为中心的货运信息创新和国际化三个层面对航空物流进行信息化建设①。张占仓、孟繁华、杨迅周等在河南发展高层论坛第 60 次会议中提出面对大数据时代到来的滚滚浪潮，紧密结合郑州航空港实验区智能手机、电子信息、航空航材、精密机械、航空金融、综合保税、国际结算、航空物流、智能骨干网建设等发展的实际需要，作为信息化条件下的大型公共基础设施之一，借鉴山东省的做法，建议由省科学院等牵头，以国家工业云创新服务试点平台为基础，研究提出河南省超级计算基地建设方案②。方虹、张军峰、彭博等撰写的《基于空港经济的中国城市经济转型研究》一文中提出加速信息化和绿色生态建设。目前，国际上许多国家如美国、英国、荷兰、意大利等都在利用计算机技术和信息处理技术建立航空港管理信息系统，促进了世界航空运输业的蓬勃发展。在中国航空港信息系统建设中，可以借鉴发达国家民航管理的先进方法和经验，大力推进物联网、云计算、互联网等新一代信息技术的应用，并借助这些技术推动交通物流数字信息化平台建设③。政府监管部门可以通过信息化平台对货物进行跟踪，而沿途航空港也可以通过信息化平台了解最新

---

① 王凯：《航空物流的信息化和人力资源管理的发展》，《天津市经理学院学报》2013 年第 6 期。

② 张占仓等：《郑州航空港经济综合实验区建设及其带动全局的作用——河南发展高层论坛第 60 次会议综述》，《河南工业大学学报》（社会科学版）2014 年第 3 期。

③ 方虹等：《基于空港经济的中国城市经济转型研究》，《四川兵工学报》2014 年第 6 期。

航运动态，从而保证航空运输安全，提升航空运输效率和服务水平，促进智慧港口的建设。与此同时，航空港建设要坚持可持续技术交易平台建设，完善创新成果转化机制。

（五）国内外空港区信息化建设案例调研

下面针对国内外新设新区或空港经济区建设以及其信息化情况进行相关调研分析，主要有以下几个经济区。

1. 荷兰史基浦机场城

荷兰阿姆斯特丹的史基浦机场是欧洲的第三大货运机场、第四大客运机场，是法荷航空、汉莎航空的基地。史基浦机场一直被认为是荷兰经济增长的主要推动力。国家政策特别扶持机场和荷兰皇家航空公司的发展，以使史基浦机场成为全球航空运输的枢纽，进而最大限度地增加该机场的客货流量。依靠这种方式，荷兰网络的连通性得以维持和加强，并在高科技企业的带动下实现经济向现代产业结构的过渡。以航空业为基础，史基浦机场本身已发展成为了"机场城市"，成了阿姆斯特丹市的平衡增长极。

史基浦机场周边园区较多，大致可分为三类：物流园区、商务园区以及工业园区。史基浦机场物流园区是欧洲物流集散中心。发展至成熟期的史基浦机场地区的主要产业类型有航空物流产业、航空制造与维修产业、生物医药产业、电子信息产业、时装产业以及金融咨询产业，并且形成了这几类产业的产业聚集，如电子信息产业有 IBM、美国电报电话公司（AT&T）、BMC Software、思科（Cisco Systems）、惠普（Hewlett Packard）、瞻博网络（Juniper Networks）、微软比荷卢（Microsoft Benelux）、日本电器（NEC）、LG、尼康（Nikon）、理光（Ricoh）、欧姆龙（Omron）等，金融咨询产业入驻的有 ABN Amro（荷兰最大银行）、贝克麦肯思国际律师事务所（Baker & McKenzie）、东京银行（Bank of Tokyo）、三菱 UFJ 金融集团（Mitsubishi UFJ）、花旗银行（Citigroup）、德勤（Deloitte & Touche）、毕马威（KPMG）、美林证券（Merrill Lynch）、普华永道（Price WaterhouseCoopers）、YapiKredi Bank 等，这些电子信息产业、金融咨询产业大大提升了其信息化建设的能力。

2. 美国孟菲斯机场与空港经济区

美国孟菲斯国际机场依托联邦快递超级中心，建成全球最大货运空港，货邮吞吐量增至 263 万吨，连续 17 年领先，其空港经济区为孟菲斯创造了 16.6 万个工作岗位和 207 亿美元的直接经济产值，使其成为田纳西州最大城市，蝉联"全球最大货运机场"称号，其在运营管理、物流信息化建设方面的特点很值得借鉴。首先，聚集众多优秀的快递物流企业，如美联邦快递公司（FedEx）、UPS 等著名快递公司，正是美联邦快递公司、UPS 等世界级的航空货运公司的大规模高效运作，逐步造就了孟菲斯机场的货运大枢纽。其次，基于信息化基础设施实现多种运输模式协同发展。孟菲斯机场与之发达的公路、铁路和水路运输，形成了良好的协同发展关系，便捷迅速的转运系统，是孟菲斯机场对货主及物流商的重要吸引力。

3. 韩国仁川机场与自由贸易区

仁川机场是国际客、货运的航空枢纽。目前，仁川机场共有来自全世界的 70 家航空公司，连接的城市达到 169 个。据国际机场协会（Airports Association Council International，ACI）2006 年和 2007 年的调查，仁川国际机场连续两年获得"全球服务最佳机场"第一名。仁川机场是目前亚洲设计容量最大的机场，2020 年机场建设全部竣工，将成为能处理全年 53 万飞机架次、旅客 1 亿人次以及 700 万吨货物的世界超级规模机场。仁川机场旅客的中转量占总旅客吞吐量的 13%，货运中转量占货邮吞吐总量的 46%，这意味着仁川机场有非常大的潜力而成为货运的枢纽机场。

"仁川经济自由区"是仁川知识经济重点发展的地区，2003 年 8 月确立，面积 209 平方公里，包括永宗、松岛、青罗三个地区。永宗将开发成为航空城；松岛将成为国际化新城，信息、生物工程、研发中心、国际商务交流中心；青罗将成为娱乐、研发和国际金融城市。如今，仁川经过发展已经改变了"首尔之卫星城市"、"灰色工业城市、繁杂的港口城市"等印象。仁川的发展目标：第一，利用机场及港口成为东北亚的物流中心；第二，以松岛新城市为中心建设新技术产业基地；第三，建立国际商务中心成为东北亚商务中心；第四，充分利用旅游资源成为海洋观光城市。由此可见，航空城是仁川经济自由区三大组成区域之一，以机场为核心，结合海港，与其他区域有机联动发展，共同打造仁川知识型经济城市[①]。

---

① 钱静：《韩国仁川经济自由区的案例分析及启示》，《管理理论与实践》2014 年第 4 期。

4. 日本名古屋中部国际机场

日本名古屋中部国际机场是填海而建的海上机场,占地 470 万平方米,现有 3500 米长跑道一条,航站楼面积 22 万平方米,设计年旅客吞吐能力 1700 万人次。中部国际机场地处日本中部,该地区经济活跃,系日本产业中心地带。人口占全国的 17%,工业占全国的 31%,区域内有丰田等一批知名企业,是日本最大的制造业聚集地之一。依托其突出的区位和市场优势,机场积极开辟国内航线,力求以庞大的国内航班网络吸引全日本从北部、东北地区到南部的大量国际游客,目前其国内航线比成田和关西国际机场还多。为方便乘客,机场国际国内航班使用同一候机楼,这使得旅客在此转机变得极为便捷快速,机场顺应现代机场发展趋势,集多种运输方式于一体,综合交通体系更加完善。

5. 迪拜机场与自由贸易区

迪拜国际机场(Dubai International Airport)是全球最大、最先进的机场,作为中东地区最大的航空港,迪拜机场每日有将近 300 个航班飞往世界各地。迪拜机场自由贸易区是迪拜较为著名的经济贸易区。尽管迪拜的自由贸易区设立在本国领土内,却被认作海外生产中心。在自由贸易区内经营的公司均被视为境外实体,或独立于阿联酋法律监管的公司。

迪拜政府在自由贸易区的基础设施方面进行了大量的投入,包括交通、通信和高速数据传输。自由区管理局可以直接向投资者颁发营业执照,提供行政管理、工程、能源供应和投资咨询等多种服务。这些服务,都使得在自由区的投资者能更好地集中精力关注他们的市场成长。相对集中的管理机构能够更好地协调海关、商检等关键部门的工作,提供更加高效快捷的服务,提高自由区的运营效率,有利于长期战略目标的实施和政策的连续性。

6. 洛杉矶国际机场

洛杉矶国际机场是美国加州大洛杉矶地区的主要机场,洛杉矶国际机场 1948 年投入商用航班营运,一直是洛杉矶地区的主要机场。洛杉矶国际机场紧邻太平洋,位于洛杉矶市中心西南方约 15 英里(约 24 公里)处,占地 425 英亩(约 14 平方公里)。洛杉矶国际机场的客运业务为全球第五大,货运业务则是第六大。在 2005 年,服务超过 6000 万旅客和 200 万吨货物[①]。

7. 云南省工业园区

云南省工业和信息化委员会于 2012 年对云南省工业园区信息化建设情况进行调研分析，包括玉溪研和工业园区、曲靖经济技术开发区等，玉溪研和工业园区建立于 2007 年 4 月，分为"一园三片区"，规划总面积 31.86 平方公里。其中，研和核心片区规划面积 20.82 平方公里，为研和物流、重工业、加工制造业和城镇片区；峨山双小片区规划面积 8.62 平方公里，为有色金属冶金、铸造片区；洛河片区规划面积 2.42 平方公里，为洛河硅铁、硅系列产品加工及铸造片区。目前园区已基本形成钢铁及钢铁延伸加工片区、数控装备制造产业片区、新能源产业片区、中小企业特色创业片区、现代仓储物流片区五大产业片区以及研和新型工业卫星城市片区的格局[②]。通过调研，掌握了云南省工业园区信息化建设现状，了解了工业园区信息化建设需求和工业园区无线技术应用的情况，获取对"两化"融合相关工作的意见和建议，推进"两化"深度融合。

8. 海峡西岸经济区

海峡西岸经济区发展战略 2006 年 3 月被纳入国家"十一五"规划之中，海峡西岸经济区（下称"海西"）是以福建为主体，涵盖周边区域，对应台湾海峡，北承长江三角洲地区，南接珠江三角洲地区，东临台湾海峡，与台湾隔海相望，中部通过大京九与江西、安徽等省相互贯通，是一个经济联系紧密、中心城市支撑、要素流动聚集的经济综合体，具有对台优势，凭借作为香港、台湾、两大三角洲连接点的区位优势和向内陆腹地梯度推进的口岸优势，这几年其物流信息化建设发展势态良好[③]。

物流信息化发展本质上意味着区域物流信息一体化发展。物流信息一体化是通过对区域内的物流相关信息的采集与处理，为生产、销售及物流企业的信息系统提供基础物流信息，满足企业信息系统对物流公用信息的需求，支撑企业信息系统各种功能的实现。海西经济区各级政府职能部门

---

① 《洛杉矶国际机场简介》，2016 年 6 月 1 日访问，http://travel. sina. com. cn/air/2008 - 08 - 19/105416775. shtml。

② 鲁倩南、金肇元：《云南省工业园区信息化建设情况调研》，《无线应用》2012 年第 6 期。

③ 李晓青：《海峡西岸经济区物流信息化发展研究》，《电子信息》2009 年第 8 期。

和企业也都在积极建设公共物流信息平台，例如，2003 年厦门市物流信息平台建设启动，依托计算机应用、通信网络和数据化等现代化治理手段，与口岸查验部门、运输企业、中介机构、银行等联网，从而形成包括了三大电子商务应用系统的现代化公共信息平台，实现物流、信息流、资金流的高效运转。

目前，按照从点到面的分析思路粗略提出三阶段发展模式：经济区物流节点企业内部物流信息化模式设计——物流节点企业间物流信息平台模式设计——经济区公共物流信息平台模式设计，分阶段有步骤地构筑海西公共物流信息平台。

此外，西方发达国家从 20 世纪 80 年代开始，一些发展中国家从 90 年代开始，陆续建立起了一批交通运输信息服务网络，其建设经验是值得我们借鉴的。例如："社区网络服务系统（Community Network Service，CNS）"是南安普敦集装箱码头公司于 1987 年作为其专业化信息服务网建立的，到 1993 年的服务范围是 5 个海港、2 个空港和欧洲的 40 个地区，共 850 个用户，主要是些港航企业和货运代理商①。马来西亚 1994 年开始建立"港口社区应用系统"，使信息服务网在港口、集装箱公司、陆海联运和内外贸易相结合方面发挥巨大作用。我国的一些港口大城市，如广州、上海、青岛、大连、天津等，是所在经济区域的交通运输枢纽和商贸中心，应该建立港航社区信息服务网络系统，使港口伙伴群体（货主、船公司、货运代理、运输公司、航运供应公司等）共享港口的船动态、泊位、库场和设备等信息，实现船货单证处理的电子化和自动化；使进出口企业与海关、商检、税务等部门联网，实现报关、审单、征税、核销、查验、放行等进出口贸易通关的各个环节电子化，并与国内外贸易伙伴的商务实现电子化。

二 国内外空港经济区信息服务平台建设现状

（一）信息服务平台建设的必要性

大型的航空港经济区从信息的角度来说同样是一个大型的信息港。经济的发展使全球信息流动日益频繁，信息流动量也逐渐增加，航空港经济

---

① 高复先：《交通运输信息化与信息资源规划》，《交通信息与安全》2000 年第 6 期。

区中快捷、便利是最主要的竞争力，但是新的大数据环境的形成给航空港区信息的处理带来了新的挑战，迅速地对信息尤其是大数据进行深度加工，使信息流动与物资流动、资金流动等相结合，同时也能够自由顺利地流通，让在航空港经济区内的各个市场参与主体都能够快速有效地了解市场信息，一方面有助于空港经济区经济贸易的良性发展，另一方面也有助于空港经济区加强与外界的交流与联系。因此，在航空港经济区建设信息服务平台是时代进步的需要，也是经济发展的必然趋势。

1. 信息服务平台建设是提升信息服务水平和质量的有力支撑

信息服务平台的建立可以将大量杂乱的信息资源进行组织整理，成为多层次、有序、广覆盖、高质量、国际化的信息系统。在信息时代，地区发展与信息发展息息相关，对信息服务的要求日渐提高。信息服务平台的建设可以为空港经济区的发展提供一个强有力的支撑，是一个开放、共享的多学科、多用户、多功能资源保障与服务系统。综合各个部门、各个学科、各个行业的资源，为各个市场参与主体提供全面、专业、快速的信息服务，使其各项事务高效率、高质量地完成。

2. 信息服务平台建设是保障信息安全的重要途径

信息服务平台作为公民、企业、政府获取信息、传递信息、共享信息的中枢交换系统，对信息安全的保障和实现肩负着重要使命。根据国际标准化组织的定义，信息安全性的含义主要是指信息的完整性、可用性、保密性和可靠性。信息安全是任何国家、政府、部门、行业都必须十分重视的问题，是一个不容忽视的国家安全战略。信息服务平台是政府对信息安全监管的一个重要窗口，从个人层面来看，信息服务平台的建设与规范，能够保障公民基本的网络信息安全，包括网络运行安全、公共财产安全和个人隐私权、个人接入数字网络的自由和安全以及对所需信息安全获取等；从企业角度来看，能够有效促进信息资源共享，遏制商业欺诈和商业泄密；从国家层面来看，能够在网络信息安全维护中占据主动权，保障国家安全和利益。

3. 信息服务平台建设是实施产业监控的必要手段

党的十八届三中全会指出："经济体制改革是全面深化改革的重点，核心问题是处理好政府和市场的关系，使市场在资源配置中起决定性作用和更好地发挥政府作用。"换言之，除了强调市场在资源配置中的主导作用外，政府也发挥着重要的宏观调控作用。特别是一些信息化产业，由于存在巨大的规模收益和网络外部性，多数国家都对其实行不同程度的监控。随着我国工业化和信息化的逐步推进，信息服务平台为政府实施产业监控提供了重要依据。事实上，作为信息化产业的基础设施，信息服务平台本身在某种程度上已经替代政府监管机构履行着产业监控和管理的职能。从经济学的角度看，信息服务平台不仅为市场双方搭建了桥梁，同时也充当了一个许可权威角色，对参与主体身份进行确认以便为交易带来保障，让经济的正向外部性得到最大程度的发展。总之，政府可以借助各类信息服务平台高效率、低成本地了解产业发展现状，进而实施有效监管。

（二）国外信息服务平台建设研究现状

20 世纪 90 年代以来，随着互联网的产生与发展，国外西方发达资本主义国家着重信息技术的革新与应用，重视信息基础设施的建设。美国继1994 年信息基础设施（National information infrastructure，NII）立项后，1998年提出了"数字地球"（Digital Earth）战略，以"掌握全球信息"（Information of whole world in my hands）替代"星球大战"战略，兼具军民两用意义。1999 年起，美国大力开展国家空间数据基础设施（National Spatial Data Infrastructure，NSDI）建设，作为"数字地球"战略的重要组成部分，这个浪潮很快席卷全球[①]。众多部门包括政府机构、高等院校、科技研究部门、IT 行业统筹规划、分工合作，构建了种类众多、技术先进、标准统一、服务多样的信息基础平台，大大推动了社会信息化的进程。电子商务、电子政务的应用也越来越广泛，凭着其雄厚的信息技术基础，各行各业依靠建设多年的信息基础平台，能够为社会公众用户提供多样性、个性化的信息服务。总结起来，国外信息服务平台建设过程主要呈现以下三个鲜明特点：

1. 技术层面，重视先进技术的开发与应用

各行各业在信息服务平台的建设和完善中，始终贯彻着技术路线，为推动行业发展和地区发展做出了重要贡献。国外相关技术的研究主要包括：

---

① 陈庆涛、邓敏：《国内外空间信息基础设施建设进展及其应用中的启示》，《测绘通报》2014 年第 7 期。

数字参考服务的异步服务（A synchronous）与实时交互服务（Real-time）；有关文本的分类聚类、自动摘要、智能信息检索与相似性检索的技术研究；解决广域分布异构信息源互联与互操作的网格技术研究（欧洲侧重对计算和数据的网格技术研究、美国加紧网格技术在国防与军事领域的应用研究）；J. Pearce 提出"信息地图、代理结构（Broker Architectures）与整合资源提供商系统"等整合检索的三层次理论，即旨在探讨不同层次信息资源与服务整合检索的技术问题；搜索引擎技术发展趋势研究，旨在探讨各种搜索引擎的融合技术（例如，元搜索引擎）、人机交互界面、智能个性化搜索技术、多媒体搜索技术（例如，瑞典研发的"第三代搜索引擎"——动态、有声的多媒体搜索引擎）、专业搜索引擎本土化；无线网络技术研究（例如，无线保真技术 WiFi、个人数字助理 PDA、无线射频标识技术 RFID），旨在探讨无线网络技术应用对信息服务策略与服务途径的影响与促进作用。

2. 理念层面，以面向用户为根本

近年来，国外信息机构在加快数字化研究的同时，推进了信息服务系统构造与服务平台开发。全球信息网格（Global Information Grid，GIG）研究，旨在建成一个以成熟的商业技术为基础的真正分布式的运行与传送信息平台；学科信息门户研究，例如，美国的图书馆员互联网索引（Librarians，Index to the Internet，LII）等；SFX（Special Effects Cinematography）参考链接服务平台研究，旨在探讨实现异构分布信息系统之间的无障碍导航服务；个性化服务平台研究，例如，My Gateway-University of Washington Libraries、My Library-California Polytechnic State University Library 等；虚拟学习环境平台研究（例如，美国 Web 公司的 Top Class、布里斯托尔大学的 Blackboard），旨在提供读者一体化虚拟学习环境；学习中心平台研究（例如，英国北伦敦大学新图书馆学习中心 Learning Center），旨在构建涵盖图书馆、电教中心、计算机中心、教授、辅导员及一对一的辅导咨询人员的综合学习平台。这些信息服务平台都抓住了面向用户这个根本，推动了满足用户心理需求服务模式的新进展[①]。

---

① 叶锦青：《国外信息服务体系研究进展》，《高校图书馆工作》2011 年第 2 期。

美国 511 出行信息服务系统就是以用户需求为先导的典形例子。20 世纪 90 年代，全美范围内共有 300 多种不同的电话号码用于向公众提供有关公路和公共交通运输方面的信息服务。美国运输部于 1999 年 3 月 8 日向联邦通信委员会申请确定一个全国通用的用于出行信息服务的三位电话号码，目的是摒弃难以记忆的多位数字号码，为公众打造一个更加方便快捷的信息服务平台。2000 年 7 月 21 日，联邦通信委员会正式批准将 511 确定为全国统一的出行信息服务系统。2005 年 7 月 21 日，在此信息服务平台运行的五周年内，511 系统在美国 26 个州实现推广应用，目前可为 9000 万美国人服务，占全国人口的 32%。全国电话来电要求服务的人次超过了 3000 万。511 系统以用户需求为先导，以各地可相互兼容的电话运营系统为基础，通过电话和个人通信方式，为出行公众提供全国统一的高质量的信息服务[①]。

3. 政策层面，强调资源共建共享

随着技术更新加快、竞争日益加剧，信息服务平台建设中，合作成为必然。移动网络基础设施共建共享尤为明显，逐步由"单赢"演变到"多赢"局面。欧洲电信运营商于 2001 年提出电信网络共享概念。网络共享被各国电信监管机构批准以后，很多国家的运营商都开始寻找合作伙伴，洽谈网络共享。近几年，欧洲地区及全球其他地区的网络共建共享协议签署速度明显加快。同时电信基础网络共建共享的趋势在世界范围内如火如荼地普及。资源共建共享，大大减少了信息服务平台的重复建设，也大大提高了基础设施的利用率[②]。

信息服务平台要想更好地发挥作用，离不开资源共享政策的扶持与保障。法国是欧盟最大的农业生产国，也是世界第二大农业食品出口国和第一大食品制成品出口国，农业生产经营中，信息化程度很高。政府高度重视资源共享的巨大价值。法国农业部整合集结了多方信息服务主体的资源和力量，建立统一信息服务平台，同时开发一系列应用软件，将这些系统集成于袖珍计算机上，生产各种便携式产品，受到了用户的高度青睐。

---

① 顾敬岩等：《美国 511 出行信息服务系统介绍》，《中国交通信息产业》2006 年第 8 期。

② 《国际通信网络共建共享发展状况》，2015 年 9 月 25 日访问，http://wenku.baidu.com/link?url=4BCgx5JvASar8r6dmdkkkDexqUwtdBbUg2whU__8RD6O42V7ZKB2oaI1__8INmmxaEbLafSBXK25G4VShB5jnb5jMDgnTzF1KicJY__cxoF7Cu。

（三）国内研究现状

国内关于信息基础平台的技术开发比国外稍晚，发轫于 20 世纪末。1999 年我国召开了首次"数字地球"国际会议，时任国家主席江泽民发表了"早日实现'数字中国'，是我国争先抢占技术产业和经济制高点，是我们走向 21 世纪知识经济时代的发展战略"的讲话，之后我国"数字省区"、"数字城市"、"数字行业"等一大批以"数字中国"为总目标的信息化工程建设在全国范围内如火如荼地开展起来。1999 年 1 月 22 日，"政府上网工程"正式启动。此项目由中国邮电电信总局和国家经贸委经济信息中心等 40 多家部委（办、局）信息主管部门联合策划发起，各省、自治区、直辖市电信管理局作为支持落实单位，联合信息产业界的各方面力量（ISP/ICP、软硬件厂商、新闻媒体），推动我国各级政府各部门在 163/169 网上建立正式站点并提供信息共享和便民服务的应用项目，构建我国的"电子政府"[①]。各级政府部门大力支持，电信部门、软硬件厂商、ISP/ICP 和新闻单位的大力协助支持，目前已有 50 多家部委作为发起单位正式加入政府上网工程，在社会上引起很大反响，取得初步成效。信息基础平台建设由此逐渐进入了一个蓬勃发展的时期，并且大都注重国外信息基础平台技术的介绍，并初步引进国外信息基础平台技术。但是，国外的信息基础平台建设的缺陷表现在信息基础平台构建模型不适合中国国情，因此在一定程度上依赖于国内的增值开发商进行再开发。我们目前所看到的大部分平台都是分层的平台系统，而非单层的平台，也就是说在基础平台上叠加更多的应用平台或增值服务，基础平台实施免费和全面开放的策略，而应用平台和增值服务则通过差异化获得利润收入。

2006 年，中共中央办公厅、国务院办公厅印发《2006～2020 年国家信息化发展战略》也在多个地方提到"信息平台"，"优化网络结构，提高网络性能，推进综合基础信息平台的发展"，"整合各类信息系统和资源，构建统一的社区信息平台"，"构建面向中小企业的信息服务平台"；2009 年，广电总局在《关于加快培育和发展战略性新兴产业的决定》（国发〔2010〕

---

① "政府上网工程"，百度百科，2015 年 9 月 25 日访问，http://baike. baidu. com/link？url＝T3jd5o4eGKS985tQdDVoNwZz2eZefmJnTduNG-bwuMLvxj3lwszQIPB8jMZM5oTUW-Sp1EqE7dWJVdAOIGbKq。

32 号）中再次强调"各有线网络运营机构要积极争取政府支持，把有线网络作为信息化服务的重要支撑平台"；2011 年，国务院《我国国民经济和社会发展十二五规划纲要》中，"平台"几乎成为与信息相关的各大新兴战略性产业发展规划的主题词和关键词，"加强云计算服务平台建设"，"加快建设家庭服务业公益性信息服务平台"，"加快社区信息化建设，构建社区综合管理和服务平台"，"着力提高科技创新能力，加快创新型城市和区域创新平台建设"。十八大将信息化列为"新四化"（新型工业化、信息化、城镇化、农业现代化道路）之一，意味着信息化将成为推进我国经济社会转型的核心力量之一。大数据、云计算、物联网等新技术的发展，为我国信息基础平台建设带来了新的巨大发展契机。

从研究内容来看，信息基础平台的研究主要集中在以下几个方面：

1. 信息基础平台管理政策、标准、法规研究

发布和实施与国家信息资源开发利用相关的法规，制定相应的规划，加强信息资源开发利用的统筹管理，规范信息服务市场行为，促进信息资源共享；积极开展试点示范工程，在国民经济和社会各领域广泛利用信息资源，促进信息资源转化为社会生产力；建设若干个国家级数据交换服务中心和一批国家级大型数据库，形成支撑政府决策和社会服务的基础资源；加大中文信息资源的开发力度，鼓励上网应用服务，鼓励信息资源的共享；协调信息资源开发利用标准的制定工作。

2. 国内外信息基础平台技术开发和现状的调查与分析

对信息基础平台建设中所涉及的平台总体架构、平台基本功能、数据库、平台安全管理等问题和关键技术进行研究和探讨，为信息基础平台建设提供技术支持和建设解决方案。

调查国内外信息平台开发应用情况，从国内外研究发展现状出发，分析目前信息基础平台的不足以及开发过程中遇到的障碍。在此基础上，进行信息基础平台的总体设计，提出信息基础平台的总体框架。在总体框架的指导下，确定系统的建设方案。结合其他地市信息基础平台的开发实践，为信息基础平台建设的发展和规划建设提供建议。

3. 信息基础平台安全与应用支撑平台设计与开发

加快完善信息安全相关规章制度，提升信息安全意识，推动建立健全

信息安全保障功能架构，形成地区信息服务平台建设强有力的信息安全保障体系。

完善信息安全制度和规范。强化电子政务安全标准体系建设，研究和制定信息安全分级测评制度、信用管理、安全认证、信息资源管理等安全规范。完善安全监管平台，推进网络安全监管的全区覆盖，实现高度自动化与智能化的运维调度功能。全面推进数字认证系统应用，拓展认证手段、认证对象，构建统一的安全认证平台，健全认证机制，实现政务应用全覆盖。

建设信息安全综合保障体系。以国家 863 信息安全基地为依托，建设面向社会的信息安全公共服务平台，积极引进大中型信息安全咨询、评测和技术服务企业，支持信息安全产品研发与应用，促进信息安全产业化、规模化发展，全面提升信息安全公共服务、技术防范、安全监测、应急处置能力。

4. 信息基础平台服务系统的设计与开发等几个方面

人们信息行为产生的海量信息，势必会给信息处理带来更加艰巨的挑战。在信息基础平台服务系统的设计与开发方面，设计开发者应着重考虑系统的信息吞吐能力问题。信息基础平台服务系统底层面对海量的数据，顶层面对庞大用户群，且服务形式多样，所以对信息基础平台服务系统的框架设计成为系统设计的重中之重，以满足不同用户的多样化需求，然后通过数据挖掘技术，以更好地提高信息服务质量和信息服务效率。信息服务系统的可信性是确保信息服务有效实现的重要条件。现阶段，相关研究成果已经比较全面地指出了信息服务面临的安全、隐私保护和可信性问题，而对具体安全保障技术的研究主要集中在信息系统感知层和网络层，对信息服务系统层的安全、隐私保护和可信问题研究有待进一步深入。针对信息基础平台服务系统的特点，有待进一步深入研究更加系统全面的信息系统安全保障机制。

目前我国已建成初步的信息基础平台及服务体系，但依然存在着以下几点突出问题：

1. 重硬轻软，信息基础平台体系建设资金严重不足

从信息化进程的成功经验看，往往是三分信息技术，七分信息设备，

十二分的信息资源。在建设信息基础设施时，其直接目的都是使全社会能够快速有效地获取、使用信息资源，但对软件和信息资源开发利用的投入不足。对信息资源开发利用投入不足会导致巨大硬件投资效益递减。实践表明，信息资源的开发需要较高的资金投入。但是目前我国对信息的投资中，也存在重硬件、网络建设，而轻视信息资源开发的问题。2010 年 10 月，《国务院关于加快培训和发展战略性新兴产业的决定》指出要加快新一代信息技术建设，力争到 2020 年新一代信息技术产业成为国民经济的支柱产业。近年来，我国信息技术产业的产品结构不断优化，产业链逐步形成，正在向高技术、高附加值方向发展，具备了一定的基础。但是在产品研发，尤其是信息技术基础研究方面投入有限，缺乏风险投资机制，产业环境不够稳定，这些都制约了信息服务平台等基础设施的建设与开发，也制约了我国信息技术产业的发展。

信息资源开发是一个具有高投入、高风险的投资领域。国际上通行的做法是政府采取积极的姿态，通过政府直接投资、补贴和实行税收优惠等财税手段，推动信息资源的开发。我国政府可结合我国的国情，借鉴国际通行的做法。一是从战略高度出发，加大政府对信息资源开发的直接投资总量；二是对从事公益性信息开发的商业信息企业给予一定的补贴，鼓励和促进这类企业的发展；三是通过税收减免政策，促进信息服务企业的发展；四是发挥国家银行的作用，通过优先安排、低息或贴息等信贷倾斜政策，贯彻国家的信息产业政策，扶持信息资源的开发和利用。

2. 缺乏权威性的管理协调机构

信息资源是企业生产及管理过程中所涉及的一切文件、资料、图表和数据等信息的总称。它涉及企业生产和经营活动过程中所产生、获取、处理、存储、传输和使用的一切信息资源，贯穿于企业管理的全过程。信息同能源、材料并列为当今世界三大资源。信息资源广泛存在于经济、社会各个领域和部门，是各种事物形态、内在规律、和其他事物联系等各种条件、关系的反映。随着社会的不断发展，信息资源对国家和民族的发展，对人们工作、生活至关重要，成为国民经济和社会发展的重要战略资源。它的开发和利用是整个信息化体系的核心内容。

但是长期以来，我国信息资源管理实行的是一种按行政职能划分的分散化的信息资源管理体制，这种管理体制不可能对全国的信息资源进行总体规划和合理安排，不仅造成了信息资源割据和行政性垄断，而且造成信息资源的重复开发，浪费大量的人、财、物资源。目前我国80%的信息资源掌握在政府信息机构和有政府色彩的信息企业（指这些信息企业隶属于一定的行政部门，带有明显的政府色彩）中，由于人们信息意识的不断提高，都感受到了掌握信息资源的重要性，为了本单位的利益，都利用自己的职权掌控这些信息资源，使其只局限于本系统内部使用，因此信息资源的内向性较强。

信息资源的开发利用需要跨部门、跨行业、跨地区的协同作战，而这又需要政府有效地参与、做出有效的管理、规划与协调，保证这一产业链条的有效转动。在我国，缺乏全国层次的全省性、跨行业、强有力的管理协调机构。这对实施我国的发展战略、发展协作性的生产体系、规范行业行为等不利。当务之急是要组建一个代表国家统一意志的信息管理机构，具备协调部门间、地区间利益冲突的能力，从信息产业的客观发展规律出发，以促进信息资源的有效开发为根本目的，以信息资源的社会化利用为目标，由它对我国的信息资源开发进行统筹规划、合理安排，避免信息资源的重复开发，减少人、财、物资源的浪费；根据现实情况，选择开发重点，打破部门割据、封锁的现象，推动相互合作，使我国信息资源的开发健康、协调发展。

同样，信息化以及信息服务平台的建设都是一项既需要技术支撑，又需要跨部门、跨地域组织协调的工作，在传统体制下，交通部门很难打破行业和部门间的壁垒，这也成为信息化发展过程中的一个瓶颈。中国交通通信信息中心（China Transport Telecommunications & Information Center, CT-TIC）积极履行被赋予的行业信息化发展支持保障新职能，在行业信息化推动方面，为行业搭建沟通交流的平台，积极跟踪行业信息化发展态势，为行业信息化顶层设计和总体规划建言献策，积极介入民用定位导航应用、道路运输信息化、水路运输信息化、物流信息化等相关领域的研究，主持开展以北斗交通运输行业应用策略研究、北斗重大专项交通运输应用示范、高分辨遥感卫星交通运输应用需求研究等为代表的卫星导航产业化工作。坚持"发展带动整合，整合促进发展"的原则，以积极的服务态度和坚实的技术基础，努力占领信息通信服务制高点，以满足国家、社会、行业和公众对现代交通运输的新需求。在涉及行业信息化的全局性、整体性、系统性和基础性建设方面，不断提高技术创新能力、提升服务质量、完善运行体系、拓展业务空间、增强自主研发能力、营造和谐发展氛围，努力提高为政府、行业、社会公众的服务能力和整体竞争能力，打造综合交通信息港、缔结现代物流产业链，为建设畅通高效、安全绿色的交通运输体系做出积极贡献。深化并拓展职责范围，从单纯的技术保障部门转变为为监测评价提供评价标准及依据的综合部门，拓宽服务领域，提高服务效能，增加信息服务手段，对交通内外部用户提供全方位的信息服务支持，也为信息服务平台的信息资源综合开发管理提供了发展思路。

3. 没有完善实用的技术解决方案及缺少具有自主知识产权的产品

目前各行业信息化工作重点从基础设施建设向深化应用逐步转移，信息技术应用和业务之间已形成良性互动发展趋势。在此背景下，信息服务平台的建设和运行维护的重要性与日俱增。然而，我国尚没有多个部门共同参与、完善实用的技术解决方案，且部分行业各自开发自己的信息基础平台，造成资源的严重浪费，也不能形成规模优势和效益，没有充足的具有自主知识产权的产品。

因此，在平台运行维护信息服务平台过程中，可能面临各种问题（如硬件故障）、风险（如安全漏洞）以及新技术和前沿技术应用所提出的要求，信息服务平台供方应根据需方要求或技术发展趋势，具备发现和解决问题、风险控制、技术储备以及研发、应用新技术和前沿技术的能力。

（四）信息服务平台建设案例调研

《国家信息产业科技发展"十二五"规划》中，提出"重点发展电子商务、工业设计、现代物流、系统外包、制造业服务等，改造提升生产性服务业"，并将此作为重点领域核心关键技术。《河南省自主创新体系建设和发展规划（2009~2020年）》的总体要求和重点任务，围绕现代产业体系和产业集聚区建设，以高成长性产业、传统优势产业和先导产业的骨干企业为重点，面向产业技术创新战略联盟、公共服务平台、创新型（试点）企业、高新技术企业、节能减排科技创新示范企业和知识产权优势企业，实施自主创新体系建设。自1992年起，国务院批复设立上海浦东新区、天津滨海新区、重庆两江新区、浙江舟山群岛新区、兰州新区、广州南沙新区以及西咸新区、贵州贵安新区等 8 个国家级新区。上述 8 个国家级新区都有明确的定位及发展目标，已经构建较为成熟的信息基础服务平台，并且提供完善的信息服务，这些都可以为郑州航空港经济综合实验区建设提供有益的借鉴。

1. 上海浦东

上海市浦东新区位于上海市东部，内连长江，外眺太平洋，境内地势东高西低，平均海拔 3.87 米。因地层为长江冲积层，地形略呈三角形，海岸线全长 115 公里，面积 1210 平方公里，常住人口 500 余万[①]。自 1990 年 4 月 18 日中央宣布开放至今，经过 26 年的开发开放，浦东已经成为推动上海经济社会发展的引擎，城市面貌日新月异，一个外向型、多功能、现代化新城区已经形成，浦东新区实现了经济社会高起点、跨越式的发展，荣获"全国文明城区"等称号，成为"上海现代化建设的缩影"和"中国改革开放的象征"。

在信息建设方面，重点建设浦东新区地理信息系统、智能化道路交通信息系统以及政务管理共享平台。已建成公务网、政务外网和应用专网"三网"为架构的基础骨干网络，为各类应用开展提供了有力的基础支撑。建有全市最大的公安网、教育网，以及张江新网、外高桥城域网等应用专网。基础数据库架构基本形成，GIS 数据库应用成效明显。浦东新区公务人员工作平台上线运行。至 2010 年，基本形成资源共享、信息安全的智能化政务管理和城市管理信息网络。

上海浦东网 http://www.pudong.gov.cn 是浦东新区信息服务的门户网站，由上海市浦东新区人民政府主办，如图 1 - 1 所示。

网站首页由新闻、政务、投资、生活四个分类版块组成。下设 17 个特色子站，为用户提供更加明确精准的服务，如浦东廉政、浦东教育、浦东卫生、浦东科技等。此外还提供 11 项特色服务，如政府公报、统计报告、价格监测、市民办事、智能导航等。"上海浦东"门户网站作为网络枢纽，致力于进一步整合各部门、各区域网站和信息服务资源，拓展和对接更多的

---

① "上海浦东"，2016 年 1 月 15 日访问，http://www.pudong.gov.cn。

图 1-1　上海浦东门户网站首页①

行政办公系统；建设专门的 www.iPudong.net，按用户群体进行主题设置，整合政府各部门和相关社会组织的资源，为市民百姓提供全面优质的贴身服务；进一步发挥"浦东市民中心"物理平台和网络受理大厅的便民功能，完善线上和线下一体化的服务架构，达到行政事务"在线互动处理"的高级阶段。

　　此外，浦东信息化 http://www.pdxxh.gov.cn 作为浦东新区信息化建设的另一个窗口，在信息服务（主要针对信息化的各项政策及信息）中也发挥着重要作用，其网站从图 1-2 可见：

图 1-2　浦东信息化网站首页②

①　"上海浦东"，2016 年 2 月 26 日访问，http://www.pudong.gov.cn。
②　"浦东信息化"，2016 年 1 月 15 日访问，http://www.pdxxh.gov.cn。

浦东信息化平台，由上海市浦东新区国民经济和社会信息化推进中心、上海市浦东新区信息化协会联合主办。上海市浦东新区国民经济和社会信息化推进中心为上海市浦东新区经济和信息化委员会下属事业单位，协助上海市浦东新区经济和信息化委员会开展新区信息化应用和信息产业发展相关工作。该平台由"政务公开、规划计划、政策法规、数据统计、区外经验、热点聚焦"几大信息服务版块构成。以官方权威的信息向浦东新区社会各界提供信息服务。

2. 天津滨海新区

滨海新区位于天津东部沿海，面积 2270 平方公里，海岸线 153 公里，常住人口 263.52 万。地处环渤海经济带和京津冀城市群的交会点，距首都北京 120 公里，内陆腹地广阔，辐射西北、华北、东北 12 个省区市，是亚欧大陆桥最近的东部起点；拥有世界吞吐量第五的综合性港口，通达全球 400 多个港湾，是东、中亚内陆国家重要的出海口；拥有北方最大的航空货运机场，连接国内外 30 多个世界名城；四通八达的立体交通和信息通信网络，使之成为连接国内外、联系南北方、沟通东西部的重要枢纽。

进入 21 世纪，滨海新区作为国家重要发展战略，将在推进京津冀和环渤海区域经济振兴、促进东中西互动和全国经济协调发展中发挥更大作用，努力成为我国带动区域经济发展的第三增长极。国务院对滨海新区开发开放做出了全面部署，明确了功能定位：依托京津冀、服务环渤海、辐射"三北"、面向东北亚，努力建设成为我国北方对外开放的门户、高水平的现代制造业和研发转化基地、北方国际航运中心和国际物流中心，逐步成为经济繁荣、社会和谐、环境优美的宜居生态型新城区①。

2009 年 11 月 9 日继深圳经济特区、上海浦东新区之后，又一带动区域发展新的经济增长极天津滨海新区管理体制改革启动。国务院批复同意天津市调整部分行政区划，撤销天津市塘沽区、汉沽区、大港区，设立天津市滨海新区，以原来 3 个区的行政区域为滨海新区的行政区域。2014 年，

---

① 《滨海新区概况》，2016 年 6 月 1 日访问，http://www.bh.gov.cn/html/BHXQZWW/XQJJ22377/List/index.htm。

预计天津滨海新区全区生产总值 9000 亿元，增长 15.5% 以上；规模以上工业总产值 1.73 万亿元，增长 10%；一般公共预算收入 1028 亿元，增长 17%；全社会固定资产投资 5780 亿元，增长 15%；社会消费品零售总额 1227 亿元，增长 3%；实际利用外资 123 亿美元，增长 12%；实际利用内资 892 亿元，增长 20%；外贸进出口总额 959 亿美元，增长 6%，其中出口 329 亿美元，增长 5.5%。城乡居民人均可支配收入分别增长 10%、12%。万元生产总值能耗下降 4%，节能减排完成年度目标任务。2015 年，坚持拓展空间与提升功能并重，大力发展海洋经济、绿色经济、循环经济，提高产业聚集度，打造强力发展引擎①。

开发区深入实施制造业倍增、战略性新兴产业跨越和现代服务业跃升计划，加快推进南港工业区开发，促进一汽大众整车厂等重大项目开工。保税区、东疆保税港区、中心商务区全力推进自由贸易试验区建设，努力成为京津冀协同发展高水平开放平台、全国改革开放先行区和制度创新试验田。保税区着力搞好营运、结算、维修、检测、市场五大中心建设，加快建设航空物流区，做强航空航天、装备制造等支柱产业，壮大新一代信息技术、生物医药等主导产业。东疆保税港区加快推进国家进口贸易促进创新示范区建设，全面拓展融资租赁领域，打造北方大宗商品交易中心和区域定价中心。中心商务区积极吸引优质总部资源，努力成为金融创新运营示范区核心区和北方高端服务业聚集地。滨海高新区围绕建设国家自主创新示范区，加快推进未来科技城和京津合作示范区起步区建设，培育壮大光热发电、信息安全、新能源汽车等产业集群。中新天津生态城有序推进中部片区、生态岛片区建设，抓好国家海洋博物馆建设，大力发展绿色生态、文化创意等特色产业。临港经济区开工建设智能装备产业园，壮大海洋经济版块，打造一批生产性服务业集群。

天津滨海新区网（http://www.bh.gov.cn），是天津滨海新区的官方网站，由天津市滨海新区人民政府主办，中共天津市滨海新区委员会宣传部主管，天津市滨海新区互联网信息管理中心承办并负责网站的日常维护和运行，从图 1-3 可见：

---

① 《天津滨海新区网：新区概况》，2016 年 1 月 15 日访问，http://www.bh.gov.cn。

图 1-3　天津滨海新区政务网首页①

天津滨海新区政务网是由政务网主站、区政府各部门子网站及各专题网站共同组成，是新区政府、各单位利用互联网优势履行职能、面向社会提供服务的官方网站，是全区政务公开的"公告栏"，为民服务的"办事厅"，听取民声的"会客室"，是宣传滨海新区，反映滨海新区的建设发展进程、介绍滨海新区的风土人情概况的窗口。整个网站简单大方，网站首页共设有四个版块，分别是"我想了解新区"、"我想投资新区"、"我想生活在新区"、"我想和新区说"，用第一人称缩短了用户与政府之间的距离，点击每个版块下面的子站，就可以了解到所需的信息，非常方便快捷，能够为用户节省时间，提供更好的服务。在网站下面还有许多相关链接，比如国家各部委政务网站、各省市相关政务网站链接、全国主要城市网站链接、滨海新区重点网站链接等，从而为用户提供更加丰富的信息服务。

3. 重庆两江新区

重庆两江新区，成立于 2010 年 6 月 18 日，是我国内陆地区第一个国家级开发开放新区，也是继上海浦东新区、天津滨海新区后，由国务院直接批复的第三个国家级开发开放新区。设立两江新区，是中国改革开放从沿海区域推向内陆腹地的重大标志，是中国政府应对全球金融危机、繁荣内部市场、扩大内需的重大战略部署。两江新区地跨重庆都市功能核心区、都市功能拓展区两大重要功能版块，是丝绸之路经济带、长江经济带、21

---

①　《天津滨海新区网》，2016 年 1 月 15 日访问，http://www.bh.gov.cn/。

世纪海上丝绸之路"两带一路"战略交会的内陆枢纽和战略节点，是新一轮全球产业大转移的热点区域，内陆新兴大市场的重点区域，全球资本投资内陆的重要投资目的地，也是连接欧亚大陆的综合交通物流枢纽和战略走廊，担负着内陆开放门户、重要发展引擎的国家使命①。

两江新区因长江、嘉陵江得名，位于重庆主城区长江以北、嘉陵江以东，辖江北区、渝北区、北碚区3个行政区部分区域，以及北部新区、保税港区、两江工业开发区3个功能区，江北嘴金融城、悦来国际会展城、果园港等3个开发主体，规划总面积1200平方公里，常住人口221万人。两江新区作为新一轮全球产业大转移的焦点地区，欧亚国际物流大通道的枢纽地区，中国发展战略转型的热点地区，内陆新兴大市场的核心地区，国务院赋予其五大功能定位，要求在国家战略层面成为内陆开放门户、科学发展示范窗口、统筹城乡综合配套改革试验的先行区，内陆重要的先进制造业和现代服务业基地，长江上游地区的金融中心和创新中心。国家"十二五"规划更进一步要求"加快推进重庆两江新区开发开放"。两江新区成立以来，努力探索内陆改革开放发展新路子，取得了积极进展，已经成为全球最大的汽车生产基地、笔电生产基地之一，国际贸易高速发展，成为全球瞩目的重要投资目的地。

两江新区的发展愿景是预计到2025年，实现GDP翻3番，达到6400亿元，工业总产值10000亿元，常住人口规模500万人左右，两江新区将基本实现"再造一个重庆经济，再造一个重庆工业，再造一个重庆主城"的宏伟目标，成为功能现代、产业高端、总部集聚、生态宜居，具有国际影响力和我国内陆开放示范效应的新区。

两江新区网（http://www.liangjiang.gov.cn），两江新区唯一官方网站，由重庆两江新区党工管委会主办，两江新区新闻宣传办执行。网站主页有新闻频道、审批政务、招商投资、人才特区、生活导航、英文频道六大版块，对社会信息资源进行开发整合，为用户提供丰富多样的信息服务，从图1-4可见：

---

① 刘春雪：《重庆两江新区概况》，2016年1月15日访问，http://www.liangjiang.gov.cn/。

图 1 - 4　重庆两江新区网站首页①

　　网站主要有以下几点特色：全景两江栏目中，采用动态立体图文及视频等可视化的方式向用户展示两江新区建设概况，更具可感性；网站首页右上角提供相关移动服务链接，包括官方 APP、官方微博、官方微信公众平台以及各政府职能部门、招商服务、审批服务的电话通信录，同时扫一扫右上角二维码，移动用户可直接进入官网首页，快速链接对于用户来说省时省力。开发有网站导航功能，投资、办事、求职、公众分类一目了然，但是与上海浦东门户网站相比，欠缺站内搜索功能；点击"英文频道"可进入英文官网，界面设计简洁、内容详尽、分类清晰，有助于国际社会更多地关注两江新区、了解两江新区，有助于两江新区的开放政策和经济发展。

　　4. 浙江舟山群岛新区

　　2011 年 3 月，十一届全国人大四次会议审议通过的《国民经济和社会发展第十二个五年规划纲要》中，明确提出了重点推进浙江舟山群岛新区发展。浙江舟山群岛新区，一个崭新的名词，写进了"十二五规划"。舟山的建设与发展，由此成为国家战略。

　　舟山新区处在我国东部海岸线和长江出海口的组合部，是我国南北海运和长江水运的"T"形交汇要冲，是江海联运和长江流域走向世界的主要海上门户。目前已形成海、陆、空三位一体的集疏运网络，其中普陀山机

---

　　① 《重庆两江新区网》，2016 年 1 月 16 日访问，http://www. liangjiang. gov. cn/。

场开通了至北京、上海、厦门、晋江等多条航线；海上客运通达沿海各大港口城市，远洋运输直达韩国、日本、新加坡、中国香港、中国澳门等国家和地区的港口；总长近50公里的舟山跨海大桥于2009年12月25日全线通车，使舟山本岛及附近小岛成为与大陆连接的半岛。此外，还有多条高速客轮航线、汽车轮渡航线与上海、宁波连接，水、电、通信实现了与大陆联网，全市口岸开放面积1165平方公里①。

浙江舟山群岛新区网（http：//www.zhoushan.cn），是浙江舟山群岛新区的官方网站，信息服务包括新区概况、规划蓝图、行进新区、第三只眼、舟山风光、视频、海洋经济、海洋文化、海洋旅游、招商动态等十项内容，从图1-5可见：

图1-5 浙江舟山群岛新区网首页②

用户可以通过网页了解到有关海洋经济、海洋文化、海洋旅游等方面的一些政策，还可以点击网页中心的图片，欣赏到舟山群岛美丽的风景，有助于社会各界更多地关注舟山群岛新区、了解舟山群岛新区，有助于舟山群岛新区的开放政策和经济发展。网页最下方的友情链接部分，提供了更多的新区链接，比如上海浦东新区、天津滨海新区等。

5. 兰州新区

兰州新区是甘肃省下辖的国家级新区，是国务院确定建设的西北地区重要的经济增长极、国家重要的产业基地、向西开放的重要战略平台、承接产业转移示范区。兰州新区位于秦王川盆地，是兰州、白银两市的接合

① 《浙江舟山群岛新区网：新区概况》，2015年10月6日访问，http：//www.zhoushan.cn。

② 《浙江舟山群岛新区网》，2015年10月6日访问，http：//www.zhoushan.cn/rdzz/gjjhhzhkf/。

部，地处兰州、西宁、银川 3 个省会城市共生带的中间位置，也是甘肃对外开放的重要窗口和门户。南北长约 49 公里，东西宽约 23 公里，距兰州市38.5 公里，白银市 79 公里，西宁市 195 公里，距西安 560 公里，经景泰到银川有 470 公里，经河西走廊直通新疆，距乌鲁木齐 1805 公里，是丝绸之路经济带和欧亚"大陆桥"的重要连接点。2010 年 12 月，甘肃省设立兰州新区。2012 年 8 月，国务院批复为国家级新区，这是继上海浦东新区、天津滨海新区、重庆两江新区、浙江舟山群岛新区后的第五个国家级新区，也是西北地区第一个国家级新区。

兰州新区网（http://www.lzxq.gov.cn），是兰州新区官方门户网站，信息服务内容包含新区要闻、信息公开、新区视频、新区廉政、投资热点、新区导航、政民互动、在线办事等十项，从图 1-6 可见：

图 1-6　兰州新区网首页①

该网站由兰州新区管理委员会主办，兰州新区管理委员会、新华网甘肃频道建设维护。在新区微博栏目，兰州新闻发布官方微博，发布的微博内容不断滚动播放，成为政府信息公开的新窗口。兰州新区获批国家级新区三周年回顾展，分别从"媒体"和"数字"角度展示兰州新区三年以来的发展、改革与进步；便民直通车栏目中，为用户提供细致的办事指南、社保医保、公共交通、人才招聘等信息服务；与其他网站的站内搜索功能不同，兰州新区网采用"新华搜索"，输入关键字方可检索出新华网站发布的所有相关新闻信息；在网站首页最下方友情链接部分，提供了更多相关网站链接，包括新闻网站，如中国政府网、新华网、中国甘肃网等，省内链接以及新区链接，如兰州新区服务投诉平台、新区政务中心网站、兰州

---

① 《兰州新区网》，2016 年 2 月 26 日访问，http://www.lzxq.gov.cn/。

新区招商局、兰州新区人才网等，这样联合多方信息平台的力量，可以为用户提供更加丰富的信息服务。

6. 广州南沙新区

南沙地处珠三角地理几何中心，东临狮子洋与东莞市隔洋相望，西隔洪奇沥水道与中山市相对，北依沙湾水道与番禺区相邻，南滨珠江入海口，距香港 38 海里，距澳门 41 海里，是广州通向海洋的通道，也是连接珠江口两岸城市群和港澳地区的重要枢纽性节点。以南沙为中心，方圆 100 公里范围内覆盖珠三角 9 大城市和 5 大国际机场，区位优势十分明显。全区面积 803 平方公里，总人口 72 万人，下辖六镇三街，即万顷沙镇、黄阁镇、横沥镇、东涌镇、大岗镇、榄核镇、南沙街、珠江街和龙穴街。

1993 年 5 月，国务院批准设立广州南沙经济开发区。1997 年，南沙资讯科技园成为国家级广州高新技术产业开发区"一区多园"的重要组成部分。2001 年 8 月，广州市成立了南沙开发区建设指挥部，统筹南沙开发建设。2005 年 4 月，国务院批准设立南沙行政区。2008 年 10 月，国务院批准设立广州南沙保税港区。2012 年 9 月，国务院正式批复《广州南沙新区发展规划》，广州南沙新区成为继上海浦东新区、天津滨海新区之后，国家在经济发展引擎地区设立的又一个重要的国家级新区。同年，并批准番禺的东涌、大岗、榄核三镇划入南沙区。2015 年，广东自贸区总体方案通过，其中包括南沙新区片区 60 平方公里。至此，南沙进入了国家级新区和自贸试验区双重国家战略叠加发展的时期①。

南沙区政府网（http://www.gzns.gov.cn），包含了广州南沙经济技术开发、广州南沙保税港区、广州市南沙区的相关政务信息。从图 1-7 可见：

图 1-7 南沙区政府网站首页②

---

① 《南沙区政府网：走进南沙 - 南沙概况》，2015 年 11 月 12 日访问，http://www.gzns.gov.cn。

② "南沙区政府网"，2016 年 2 月 26 日访问，http://www.gzns.gov.cn。

网站首页由走进南沙、政务公开、办事大厅、政民互动四个版块组成，每个版块下面还有若干项内容，网站还提供社区服务、企业服务、投资指南、旅游指南等服务，可以使用户全方位地了解到有关南沙新区的信息。

7. 西咸新区

2013 年 9 月和 10 月，国家主席习近平在出访中亚和东南亚国家期间，先后提出共建"丝绸之路经济带"和"21 世纪海上丝绸之路"（简称"一带一路"）的战略构想。2014 年 1 月 6 日，经国务院批复，西咸新区成为全国首个以创新城市发展方式为主题的国家级新区。2015 年 3 月国家发展和改革委员会、外交部、商务部联合发布了《推动共建丝绸之路经济带和 21世纪海上丝绸之路的愿景与行动》，其中明确指出将支持西安建设航空港，发挥陕西综合经济文化优势，打造西安内陆型改革开放新高地。

在西咸新区建立之后，国家领导人不止一次地表现出对新区建设的关怀，并给予支持和鼓励。2014 年 10 月，中共中央政治局常委、国务院副总理张高丽在视察西咸空港保税物流中心时指出："西咸新区现代田园城市这个理念很好，在空港新城这个地方发展航空物流潜力很大。"2015 年 2 月，国家主席习近平来陕视察时指出："发挥西咸新区作为国家创新城市发展方式实验区的综合功能，形成具有陕西特色和优势的创新驱动发展体系。"2015 年 5 月，中共中央政治局委员、国务院副总理汪洋在视察西咸空港保税物流中心时指出："西安咸阳国际机场区位优势明显、临空产业基础好，作为商贸物流枢纽的发展潜力巨大，新区项目建设进度快，创造了西咸速度。"

西咸新区位于陕西省西安市和咸阳市建成区之间，区域范围涉及西安、咸阳两市所辖 7 县（区）23 个乡镇和街道办事处，规划控制面积 882平方公里，西咸新区由空港新城、秦汉新城、泾河新城、沣西新城、沣东新城五个新城组成①。西咸新区是关中—天水经济区的核心区域，区位优势明显、经济基础良好、教育科技人才汇集、历史文化底蕴深厚、自然生态环境较好，具备加快发展的条件和实力。在深入实施西部大开发战略、推进西（安）咸（阳）一体化、引领大西北发展，建设丝绸之路经济带

---

① 《西咸新区空港新城网：区情概况》，2015 年 11 月 15 日访问，http://www.xxanc.gov.cn。

重要支点、打造向西开放重要枢纽等方面具有重要作用，在探索中国特色新型城镇化道路、健全城乡发展一体化体制机制等方面具有示范和引领作用①。

空港新城是西咸新区的五大组团之一，规划总面积 144.18 平方公里，建设用地 36 平方公里，分为机场核心区、国际航空物流枢纽、临空产业区、国际文化区、优美小镇和临空农业区五大版块，其发展定位是丝绸之路经济带对外开放的国际门户、现代航空高端制造科研聚集区、临空现代服务业引领区、国际内陆型空港城市示范区。于 2014 年 5 月 14 日被中国民航局批复为西安国家航空城实验区，成为我国首个以发展航空城为定位的国家级临空经济区。如图 1-8 所示。

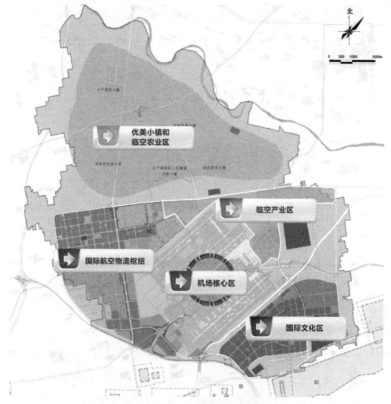

图 1-8　西咸新区空港新城概况②

① 《西咸新区网：新区简介》，2015 年 11 月 15 日访问，http://www.xixianxinqu.gov.cn。
② 《西咸新区空港新城网：区情概况》，2015 年 11 月 16 日访问，http://www.xxanc.gov.cn。

西咸新区空港新城的重点发展产业有很多，具体如图1-9所示。

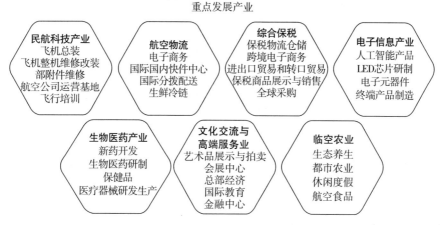

图1-9 西咸新区空港新城重点发展产业

西咸新区网（http://www.xixianxinqu.gov.cn），由陕西省西咸新区开发建设管理委员会主办，陕西省西咸新区开发建设管理委员会信息中心承办，是西咸新区的官方网站，如图1-10所示。

图1-10 西咸新区网首页①

网页包含咨询、简介、战略、规划、政务、投资等18项版块，每个版块的下属内容在网站首页都有所体现，要闻和相关动态都处于不断更新的状态。网站首页还包含一些关于西咸新区新闻的网站和报刊，如陕西日报、新华网和西部网等。西咸新区网还设有"微话题"，利用微博向用户传递热点信息。

---

① 《西咸新区网》，2015年11月16日访问，http://www.xixianxinqu.gov.cn。

西咸新区空港新城网（http://www.xxanc.gov.cn），是西咸新区空港新城的官方网站，由陕西省西咸新区空港新城管理委员会主办，空港新城宣传策划中心承办，如图1-11所示。

图1-11　西线新区空港新城网首页①

主要为用户提供有关西咸新区空港新城的区情概况、新闻动态、政务公开、项目建设、媒体关注及公共服务等方面的信息服务。用户可以通过账号登录，也可通过邮件登录，网站还提供了西咸新区空港新城的微博公众号，用户可以通过加关注的方式来获取西咸空港新城的有关信息。

8. 贵州贵安新区

贵安新区位于贵州高原中部、贵阳市和安顺市中心地带，规划范围涉及贵阳市花溪区、和安顺市的平坝区、西秀区，共2市4县（市、区）20个乡（镇），规划控制面积1795平方公里。其中直管区所辖范围为贵阳市花溪区湖潮乡、党武乡，清镇市红枫湖镇7个村（居），安顺市平坝区的马场镇、高峰镇，面积约470平方公里，人口约14.4万人。贵安新区是黔中经济区核心地带，区位优势明显，地势相对平坦，人文生态环境良好，发展潜力巨大，具备加快发展的条件和实力，将建设成为经济繁荣、社会文明、环境优美的西部地区重要的经济增长极、内陆开放型经济新高地和生态文明示范区。

2011年，在研究黔中经济区的规划时，时任贵州省委书记栗战书和时任省长赵克志首次提出贵安新区的概念。在贵州省委省政府主要领导的支持下，一些基础建设项目也先行开工建设。2012年初，国发〔2012〕2号文件提出，把贵安新区建设成为内陆开放型经济示范区。《西部大开发十二五规划》中明确提出把贵安新区建设成为黔中经济区最富活力的增长极。2012年4月13日，《贵安新区总体规划方案》正式出台。2013年，贵州省人民政府正式上报设立贵安新区②。2014年1月6日，国务院印发了《国务

---

① 《西咸新区空港新城网》，2015年11月16日访问，http://www.xxanc.gov.cn。
② 《中国贵州贵安新区网：贵安新区诞生记》，2015年12月10日访问，http://www.gaxq.gov.cn。

院关于同意设立贵州贵安新区的批复》（国函〔2014〕3 号）同意设立国家级新区——贵州贵安新区①。2014 年 6 月 19 日，贵州省人民政府正式作出批复，原则同意《贵安新区总体规划（2013 – 2030 年)》。根据批复，贵安新区发展规模为：到 2020 年，贵安新区城镇人口达到 90 万人左右，城镇建设用地控制在 94.5 平方公里左右；到 2030 年，城镇人口达到 200 万人左右，城镇建设用地控制在 220 平方公里左右②。

　　贵州省计划通过 5 到 10 年的努力，把贵安新区打造成为内陆开放型经济新高地、创新发展试验区、高端服务业聚集区、国际休闲度假旅游区、生态文明建设引领区。经过 5 到 10 年的建设，贵安新区将发展成为贵州省乃至西南地区跨越式发展的重要经济增长极，成为西南地区产业集聚，功能完善、服务配套，环境优美、安全宜居，特色鲜明、景象良好的组团式山水园林城市和全国最具特色的一流城市新区之一。贵州贵安新区将建设成为内陆开放型经济示范区，形成以航空航天为代表的特色装备制造业基地、重要的资源深加工基地、区域性商贸物流中心和科技创新中心。

　　中国贵州贵安新区网（http：//www. gaxq. gov. cn），是贵安新区的官方门户网站和主要信息服务平台，由贵州贵安新区党工委管委会主办，贵安新区新闻中心承办，如图 1 – 12 所示。

图 1 – 12　中国贵州贵安新区网首页③

---

①　《中央政府网：国务院关于同意设立贵州贵安新区的批复》，2015 年 12 月 11 日访问，http：//www. gov. cn/。

②　百度百科："贵安新区"，2015 年 12 月 11 日访问，http：//baike. baidu. com/link? url = eOe2pcdJBeZngZUkr3eFi9D8URqOzvviMeobqCNalm7kEy＿QwDmOgEJpxnIwKPhgvR6mCBfPoy2ay2MIYMu6WoBWr0＿807N9TcnCwMKr9YpPmjqDrAf6QHi0b89wTSGTPpVM3hcTzZAaUpF3Lzrgly6meI0zGXnb9SsWNdWvhDQ9vv – yKA5P4＿wmUc0Tlu＿-–kS6YF – C26ZilyPR9XVs – a。

③　《中国贵州贵安新区网》，2016 年 2 月 26 日访问，http：//www. gaxq. gov. cn。

网站包含新闻动态、政务公开、在线服务、贵安旅游、政民互动、贵安招商和专题专栏等 8 项信息服务内容,以宣传贵州、构架桥梁、信息服务、资源共享、辅助管理、支持决策为宗旨,发布各类政务信息,提供网上服务和引导公众参与为主要任务。为贵州省经济社会发展和对外文化交流做出积极贡献。

9. 广州空港经济区

广州空港经济区位于羊城之北,流溪河蜿蜒涌翠,帽峰山、凤凰山群山披绿,全国三大枢纽机场——广州白云国际机场坐落其中,多条高速公路、国道、轨道交通贯穿区内,是山水交融、交通便利,创新活力的未来之城①,广州空港经济区网站主页如图 1 – 13 所示。

图 1 – 13　广州空港经济区网站主页面

广州空港经济区以白云国际机场（全国三大枢纽机场之一）、广州火车北站为核心,进一步加快地铁、城际轨道、高快速路、城乡路网建设,构建世界级综合性交通枢纽。积极推进钟港大道、白云六线、雅瑶中路、三东大道与机场连接线等区内主干道建设,完善公交网络,形成覆盖广、效率高、成本低、污染小的客运体系,并按照市场需求,打造枢纽性物流园、区域性物流园、物流站点,进一步形成快捷便利的货运体系,实现

① 《广州空港经济区:空港概览》,2016 年 3 月 16 日访问,http://gzkg. gov. cn/cuep/kggl/index. htm。

"客运零距离换乘、货运无缝衔接"①。经济区以空港为核心，按照功能互补、协同发展的港城一体化发展模式，规划建设有航空维修制造区、航空物流区、公共服务区、高端产业制造区、航空总部商务区、机场综保区、生态保护区、生活区、机场控制区等，通过临空功能（总部、商务、展贸等）集聚与辐射，推进空港与花都、白云城市功能（商业、商贸、文化休闲等）相互融合，形成功能互补、协同发展的世界级空港大都市，如图1-14所示。

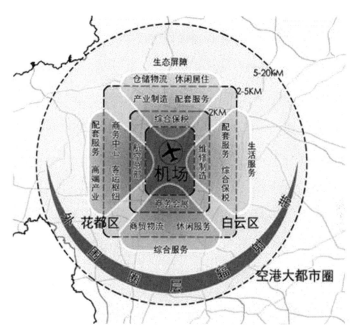

图1-14　广州空港经济区临空产业圈层聚集辐射发展示意

第三节　本章小结

本章第一节分别介绍了信息论的概念、产生背景、研究内容、影响，系统论的概念、来源、研究对象与属性、内部的基本关系、意义，信息服务理论的概念、基本原理、研究内容、意义等方面。信息论支撑着现代通

① 《广州空港经济区：空港概览》，2016年3月17日访问，http://gzkg.gov.cn/cuep/kggl/index.htm。

信理论和技术的发展。系统论更是改变着人们的思维方式，促进各门学科的发展，并逐步渗透到每个领域。信息服务理论则是一套能够完整讲述信息服务的理论体系。信息论、系统论、信息服务理论都对完善空港实验区信息服务平台的理论基础发挥着不可磨灭的作用。

第二节主要介绍了国内外空港经济区信息化建设现状和国内外空港经济区信息服务平台建设现状。详细介绍了国内外空港经济区建设的成功范例，对相关研究成果进行归纳总结，方便我们在研究和实践过程中的借鉴。信息化在空港实验区建设过程中有着重要作用，可以提高分工程度、降低管理成本，是航空港区发展的前提及重要条件，是现代化空港实验区的支撑。

第二章

空港实验区的信息化建设现状调查分析

信息化建设的中心是信息应用平台与网络基础设施的建设，在大数据、云计算的大环境下，我们通过文献调查法、实地考察法、访谈调查法、归纳对比法、系统分析法这一系列的调查法，对郑州航空港信息化发展现状有了比较明确的了解，同时也进一步明确了国内外其他港区的发展优势，通过对比并结合大数据时代的特点总结出郑州航空港在信息化发展方面存在的一些问题，并且提出一些合理化建议。

第一节　郑州空港实验区信息化建设现状调研背景

一　郑州空港实验区的发展历程

2007 年 10 月，为加快郑州国际航空枢纽建设，郑州航空港区在我省省委省政府的指导下设立。2010 年 10 月 24 日，经国务院批准正式设立郑州新郑综合保税区。2011 年 4 月，根据中央编办批复精神，经河南省委、省政府批准设立郑州新郑综合保税区（郑州航空港区）管理委员会，为省政府派出机构。2012 年 11 月 17 日，国务院批准《中原经济区规划》，提出以郑州航空港为主体，以综合保税区和关联产业园区为载体，以综合交通枢纽为依托，以发展航空货运为突破口，建设郑州航空港经济综合实验区。2013 年 3 月 7 日，国务院批准《郑州航空港经济综合实验区发展规划（2013 ~ 2015 年）》，标志着全国首个航空港经济发展先行区正式启航①。

　　郑州航空港经济综合实验区发展规划于 2013 年 3 月 7 日获得国务院批复，是目前全国唯一一个国家级航空港经济综合实验区，也是河南省三大国家战略重要组成部分。实验区位于郑州市东南方向 25 公里，规划批复面积 415 平方公里，是集航空、高铁、城际铁路、地铁、高速公路于一体，可实现"铁、公、机"无缝衔接的综合枢纽。郑州作为国家批准的第一个以航空经济为引领的国家级新区与中原经济区的核心增长极，将通过政策创新、体制创新与模式创新，积极承接国内外产业转移，大力发展航空物流、航空偏好型高端制造业和现代服务业，以河南省郑州市新郑国际机场附近的新郑综合保税区为核心，朝着国际航空物流中心、高端制造业基地和服务业基地方向发展，力争建设成为一座联通全球、生态宜居、智慧创新的现代航空大都市②，并于 2015 年 6 月成功入选河南省第四批新型工业化产业示范基地名单。

　　其土地使用模式由空港区、控制区和城市化引导区组成，空港区是直接为航空运输和管理服务的区域，功能包括客货运输服务、旅客服务、航空服务三个服务区域；控制区是保障飞行安全和机场正常运转的控制发展范围；城市化引导区是结合交通干线或现有建成区，经济、交通上同时受到中心城市和机场作用，并直接受机场带动的相对集中的城市区域。其战略定位是全国首个国家航空经济发展先行区。行政级别是省辖市级管理权限。从这两个方面来看，郑州航空港经济综合实验区具有一定的发展优势，也将会是全国航空经济发展区的一个实验性代表。同时，港区经济的发展将会充分带动整个中原地区经济的发展。

二　战略定位③

　　2013 年 3 月 7 日，中国政府批准设立"郑州航空港经济综合实验区"。规划面积 415 平方公里，定位于：国际航空物流中心、以航空经济为引领的

---

① 《郑州航空港经济综合实验区（郑州新郑综合保税区）：区情概览》，2016 年 1 月 12 日访问，http://www.zzhkgq.gov.cn。

② 大河网：《郑州航空港经济综合实验区简介》，2016 年 6 月 1 日访问，http://zt.dahe.cn/2013/03 - 13/102039119.html。

③ 《郑州航空港经济综合实验区（郑州新郑综合保税区）：区情概览》，2016 年 1 月 13 日访问，http://www.zzhkgq.gov.cn。

现代产业基地、中国内陆地区对外开放重要门户、现代航空都市、中国中原经济区核心增长极。

（一）国际航空物流中心

建设郑州国际航空货运机场，进一步发展连接世界重要枢纽机场和主要经济体的航空物流通道，完善陆空衔接的现代综合运输体系，提升货运中转和集疏能力，逐步发展成为全国重要的国际航空物流中心。

（二）以航空经济为引领的现代产业基地

发挥航空运输综合带动作用，强化创新驱动，吸引高端要素集聚，大力发展航空设备制造维修、航空物流等重点产业，培育壮大与航空关联的高端制造业和现代服务业，促进产业集群发展，形成全球生产和消费供应链的重要节点。

（三）内陆地区对外开放重要门户

提升航空港开放门户功能，推进综合保税区、保税物流中心发展和陆空口岸建设，完善国际化营商环境，提升参与国际产业分工层次，构建开放型经济体系，建设富有活力的开放新高地。

（四）现代航空都市

树立生态文明理念，坚持集约、智能、绿色、低碳发展，优化实验区空间布局，以航兴区、以区促航、产城融合，建设具有较高品位和国际化程度的城市综合服务区，形成空港、产业、居住、生态功能区共同支撑的航空都市。

（五）中原经济区核心增长极

强化产业集聚和综合服务功能，增强综合实力，延伸面向周边区域的产业和服务链，推动与郑州中心城区、郑汴新区联动发展，建设成为中原经济区最具发展活力和增长潜力的区域。

三　产业发展[①]

重点发展具有临空指向性和关联性的高端产业，培育临空高端服务功能和知识创新功能，构筑中原经济区一体化框架下具有明显特色和竞争力的空港产业体系。

---

① 《郑州航空港经济综合实验区（郑州新郑综合保税区）：区情概览》，2016 年 1 月 13 日访问，http://www.zzhkgq.gov.cn。

（一）航空物流业

以国际中转物流、航空快递物流、特色产品物流为重点，完善分拨转运、仓储配送、交易展示、加工、信息服务等配套服务功能。

（二）现代服务业

大力发展专业会展、电子商务、航空金融、科技研发、高端商贸、总部经济等产业，打造为区域服务的产业创新中心、生产性服务中心和外向型经济发展平台。

四　空间布局

（一）空间结构

以空港为核心，两翼展开三大功能布局，整体构建"一核领三区、两廊系三心、两轴连三环"的城市空间结构。

1. 一核领三区

以空港为发展极核，围绕机场形成空港核心区。以轴线辐射周边形成北、东、南三区。

2. 两廊系三心

依托南水北调和小清河打造两条滨水景观廊道，形成实验区"X"形生态景观骨架。同时结合城市功能形成三大城市中心：北区公共文化航空商务中心、南区生产性服务中心、东区航空会展交易中心。

3. 两轴连三环

依托新G107、迎宾大道打造城市发展轴带，形成实验区十字形城市发展主轴。同时结合骨干路网体系形成机场功能环、城市核心环、拓展协调环的三环骨架。

（二）总体布局

1. 空港核心区

主要发展航空枢纽、保税物流、临港服务、航空物流等功能。

2. 城市综合性服务区

集聚发展商务商业、航空金融、行政文化、教育科研、生活居住、产业园区等功能。

3. 临港型商展交易区

主要由航空会展、高端商贸、科技研发、航空物流、创新型产业等功能构成。

4. 高端制造业集聚区

主要由高端制造、航空物流、生产性服务、生活居住等功能构成。

五 经济社会发展情况

郑州航空港经济综合实验区自成立以来，就力图打造属于自己的优势。积极融入国家"一带一路"战略，实施东联西进，借势发展①。加快推进枢纽体系、开放平台、营商环境建设，实现"一个突破口、三个层次"构想。强化航空枢纽地位，实现八大区域枢纽机场之一、三大经济圈地理中心、2.5 小时航空圈覆盖全国人口 90%、覆盖全国经济总量 95%、"一网"、"两链"、"四港一体"的目标；构建多式联运体系，建设国家米字形高铁枢纽、郑欧班列、国家高速公路、干线公路重要枢纽、中原城市群城际轨道枢纽等项目；打造开放载体平台、开设综保区、出口加工区、保税物流中心、E 贸易、电子口岸、铁路集装箱中心站、中原国际港、航空和铁路一类口岸；提升国际营商环境，实施"两级三层"管理体制和复制上海自贸区政策，全面深化改革体制机制创新示范区。

"十二五"期间，在全球经济复苏乏力、国内经济增速放缓的大背景下，郑州航空港经济综合实验区（郑州新郑综合保税区）逆势而上，各项经济指标持续快速增长。2015 年地区生产总值完成 520 亿元，是 2010 年的 6 倍，同比增长 21%，年均增长 43.3%；规模以上工业增加值完成 430 亿元，是 2010 年的 11 倍，同比增长 25%，年均增长 61.4%；固定资产投资完成 520 亿元，是 2010 年的 14.2 倍，同比增长 30%，年均增长 69.9%；一般公共预算收入完成 29.5 亿元，是 2010 年的 18.4 倍，同比增长 39.4%，年均增长 79.1%；进出口总额完成 490 亿美元，是 2010 年的 3487 倍，同比增长 30.1%，年均增长 411.1%，约占全省的 67.4% 以上②。各项指标都远高于全国、全省、全市平均水平。

2015 年，郑州新郑国际机场开通航线 171 条，其中全货运国际航线 30

---

① 华夏经纬网：《积极融入国家"一带一路"战略》，2016 年 6 月 1 日访问，http://www. huaxia. com/ytsc/hnyw/2015/02/4275814. html。

② 《"十二五"圆满收官，经济总量再创新高——郑州航空港实验区召开 2016 年度工作会议》，2016 年 1 月 30 日访问，http://www. zzhkgq. gov. cn/zwyw/134056. jhtml。

条，居内陆第一，基本形成覆盖全球主要经济体的航线网络；旅客吞吐量达到 1729.7 万人次，五年实现了翻番，居全国第 17 位；货邮吞吐量达到 40.3 万吨，五年增长 3.7 倍，居全国第 8 位①。

六 设立门户网站

2016 年 1 月 20 日，郑州航空港经济综合实验区新版门户网站正式上线试运行，网站域名 http://www.zzhkgq.gov.cn（可实现手机浏览、电脑浏览，更加美观，如图 2 - 1 所示）。

图 2 - 1　郑州航空港经济综合实验区（郑州新郑综合保税区）门户网站

新版网站遵循清新大气、简约实用的设计理念，按浏览者需求分为"首页、区情、政务、投资、企业、生活、英文、部门直通车"8 大版块。新版网站在进一步强化政府网站"政务公开、互动交流、网上办事"三大基本功能的基础上，共新增 29 个二级栏目，54 个三级栏目②。

（一）增加了乐活航空港

该栏目通过食、住、购、游、行、娱、教育、医疗和便民查询 9 个版块，为浏览者提供丰富的与生活息息相关的各种资讯和服务，向大家集中展示一个日益成熟宜居宜业的航空港。

---

① 《郑州航空港经济综合实验区（郑州新郑综合保税区）：区情概览》，2016 年 1 月 14 日访问，http://www.zzhkgq.gov.cn。

② 郑州航空港经济综合实验区：《党政办信息处：航空港实验区新门户网站正式上线试运行》，2016 年 2 月 1 日访问，http://www.zzhkgq.gov.cn/zwyw/133216.jhtml。

（二）增加了图说航空港和视听航空港

通过摄影摄像镜头记录下航空港实验区的建设发展历程和日新月异的变化，向大家展示一个生机勃勃、欣欣向荣的航空港。

（三）同步启动"我眼中的航空港"摄影图片征集活动

面向社会征集航空港实验区建设发展过程中的美图美照，您既可通过新门户网站上传专业相机拍摄图片，又可通过手机客户端上传随手拍图片。我们将通过互动点赞功能，评选出您眼中最美的航空港。

（四）最大限度地方便用户查询办事

新网站政务版块办事栏目实现了与郑州市政务服务网的无缝衔接，最大限度地方便企业和个人网上查询、办事和相关咨询。

（五）航空港实验区新媒体平台初步搭建

至此，实验区建立起网站、手机 APP、微信等新媒体相互连接的展示服务平台。网站建设二期，我们将要依次计划推动区直部门（内设机构）、各办事处（社区服务中心）、各驻区单位子网站建设，最终形成一个互联互通、信息共享的门户网站群，并通过规范化运行、创新型服务、高效率运转，真正成为与群众互动的桥梁，网上办事的通道，公共服务的门户和宣传航空港实验区的窗口。

第二节　郑州空港实验区信息化建设现状调研过程

一　郑州空港实验区信息化建设发展现状

（一）在网络基础设施方面

郑州市信息化建设不断加快，信息基础设施建设发展迅猛，在响应国家建设"数字城市"的号召下，按照国家、省、市有关数字城市工作的重要部署，郑州市国民经济和社会发展第十二个五年规划（2009－2012）提出建设信息化城市，并且在网络基础设施建设方面做出了较大的成就。在通信网络基础设施建设方面，郑州的有线电视网络、TD－SCDMA 网络、宽带主干网络实现了全方位的覆盖，形成了"无线城市"规模，并且建设在有序地推进，从而初步形成了集区域性信息中心、网络中心和全国通信枢纽于一体的郑州信息港；在地理空间框架建设方面，郑州市 GPS 大地控制网建设、郑州卫星定位连续运行综合服务系统（ZZCORS）在 2009 年已经投入使用。这一系列的基础性建设的完善有力保障了数字城市建设的信息通畅。

郑州通信基础设施及计算机网络建设取得较大的成就。有关河南省网络基础设施的地方法规《河南省通信基础设施建设与保护办法》已经在 2014 年 9 月 10 日省政府第 39 次常务会议通过，已予以公布，自 2014 年 11 月 1 日起施行，至今已有一年多的时间，并且在这之前，河南省政府已经出台了一系列相关政策，大力促进发展省内的网络通信基础设施。正是在省内大力发展信息化城市的大环境下，郑州航空港的网络基础设施也逐渐完善。从 2014 年 12 月 11 日河南省通信管理局在郑州航空港经济综合实验区召开航空港区通信基础设施建设领导小组第一次会议，研究部署《郑州航空港经济综合实验区通信信息网络基础设施规划》实施工作起，河南省人民政府不断加大对郑州航空港基础设施的投资和扶持，在 2014 年的第一季度政府已经对基础设施的建设投资 201 亿元人民币，其中包括住房、通信、绿化等。由于政府的高度重视和大力的支持，郑州航空港在仅仅两年多的时间里，在经济、网络设施、物流、航空等方面有了明显的成就，并且产业逐渐成熟。自 2010 年 1 月 13 日国务院提出"三网融合"政策并确定试点城市名单起，郑州市作为第二阶段试点城市，电信、广播电视和互联网三网融合技术在郑州航空港经济发展的各个方面得到了充分的应用和发挥，同时也为航空港经济发展提供了极大的便利。

郑州空港实验区在运输线路网络方面也具有很大的发展。首先，在郑州航空口岸航线建设方面，航空口岸航线基本已经覆盖全球，国际货邮量大于国内货邮量以及进出境货邮量已基本达到平衡。其次，郑州新郑综合保税区的业务总量在全国 42 家综保区中排名第二；在郑州航空、铁路口岸，开通台胞落地签、外国人口岸签证、国际快件等业务基础上，我省在进口水果、进口食用水生动物指定口岸、进口冰鲜水产品等业务不断拓展，并且进口汽车整车口岸已验收运行。郑州空港实验区在各个方面的不断突破，使得空港实验区经济发展带动全省经济发展，使得河南省在经济地位和进出口贸易地位等方面进一步得到提升。

（二）在信息应用平台方面

1. 河南省电子口岸平台的建设

为了落实国家《电子口岸发展"十二五"规划》、国务院办公厅关于加强电子口岸建设和河南省政府《关于进一步加快口岸发展的意见》的一系列要求，河南省逐步认识到口岸发展是完善河南省口岸开放平台体系的关键举措，加快口岸发展是建设郑州航空经济综合实验区的迫切需要。

河南省电子口岸是我省立足郑州新郑综合保税区对外开放的主要窗口，同时也是建立河南大通关机制的唯一公共政务服务平台，其利用先进的信息技术，推动口岸通关的纸质单证向电子单证转化的进程，并且整合现有海关特殊监管区域和口岸通关系统资源，构筑一个连接政府与政府、政府与企业、企业与企业的公共信息平台，同时完成信息录入、转换、传递及存储，实现与口岸联检单位、口岸经营单位以及政府部门之间的业务系统对接，逐步形成集"监管"、"物流"、"交易"、"支付"四大环节为一体的全流程无纸化服务通关体系。

自 2015 年 2 月 6 日正式上线运行以来，河南电子口岸平台开启了河南与国家电子口岸相连接，并且立足郑州、服务全省、辐射中部、连通全国乃至全球的电子口岸通关服务。通过河南电子口岸，与所有进出口相关部门（监管单位或企业）的信息系统互联互通，河南电子口岸为企业办理进出口业务提供"三个一"政策，分别是"一次申报、一次查验、一次放行"，同时也是实现"三互"的重要载体，即实现"信息互换、监管互认、执法互助"。河南省电子口岸平台的职能包括平台服务对象、平台系统简介和平台应用效能三个方面。其服务对象包括在物流运输企业、货主企业、政府监管和决策部门，包括海关、国检、工商、外汇、国税、商务、机场、铁路、综保区、出口加工区等管理部门。这些部门通过平台，可以实现信息共享，提高办事效率，进行数据统计和分析，为政务决策提供准确的数据化信息。其平台系统简介方面主要包括"通关一体化"系统、关检合作"三个一"系统和跨境贸易电子商务服务通关平台三个系统平台。这三个平台为河南省的口岸管理和执法部门，开展进出口业务的相关企业，口岸和特殊监管区域三个服务对象提供了唯一的公共政务服务平台。

2. 在信息服务平台方面

根据国家发改委 2012 年 11 月批复的《中原经济区规划（2012 ~ 2020)》，对郑州航空港经济综合实验区的总体阐述为：以郑州航空港为主体，以郑州新郑综合保税区和关联产业园区为载体，以综合交通枢纽为依托，以发展航空货运为突破口，加强政策支持，深化改革创新，积极承接国内外产业转移，大力发展航空物流、航空偏好型高端制造业和现代服务业，推进跨境贸易电子商务服务试点，建设全球网购商品集散分拨中心，不断拓展产业链，带动产业结构升级和发展方式转变，力争到 2020 年基本建成全国重要的航空港经济集聚区，成为生态、智慧、和谐、宜居的现代航空都市和中西部地区对外开放的新高地、中原经济区的核心增长区域①。郑州航空港经济综合实验区（郑州新郑综合保税区）管理委员会（http://www.zzhkgq.gov.cn/Port/jcq/index.html）建设有门户网站，可提供政务公开、政府信息公开、公众服务、网络咨询等项目，通过航空港实验区信息化建设的前期基础，一期、二期工程项目已经完成或正在进行中，已经能够看到一定的成效，用户可以通过门户网站享用简单的一站式信息服务，航空港实验区门户网站 2014 年访问量达到 576 万人次，同比增长 9 倍；其中省外访问量达到 240 万人次，同比增长 8.3 倍；国外访问量达到 16 万人次，同比增长 4.7 倍，现已成为我区对外宣传、扩大影响、招商引资的重要平台。

3. 企业门户网站的建设和完善

一方面，从郑州空港实验区自身的信息门户来看。空港实验区门户网站包括的热点资讯、社区论坛、房产频道、招聘求职、网上购物等一系列比较完善的内容，已经给外界提供了一个可以了解航空港实时信息的平台，通过这个平台，也可以让航空港区及时获取外界的信息，以达到实时互动的效果。

另一方面，从入驻空港实验区内的企业门户网站来看。郑州光华灯具有限公司、普尔泰动物药业集团公司、桑达能源、郑州富士康科技集团、"菜鸟"网络科技公司等一些入驻企业的加入，给空港实验区经济增加了很大的动力。其中的河南省普尔泰动物药业有限公司的门户网站包括首页、供应、样品、求购、招商、企业、资讯、会展、地区商机、国际通币、数

---

① 国家发展和改革委员会：《中原经济区规划（2012 ~ 2020 年）》，2016 年 6 月 1 日访问，http://www.zzldcn.cn/Panoramic/Pages/121204/164107388.html。

据、商城 12 个版块，每个版块都详细介绍了企业各个方面的情况，充分展示了企业在商品生产、供应、招商以及合作企业的实时情况，让外界及时了解企业各个方面的情况。同时，门户网站的商品展示和招商为企业开通了多个供应渠道，极大地促进了企业经济的发展。在空港实验区内这样的企业很多，也都有相对完备的企业门户网站，在"三网融合"的大环境下，大多数客户群都可以很方便地浏览门户网站并且及时了解企业信息，最终刺激企业销售额，扩大企业规模，促使经济发展。

最后，空港实验区内物流业的发展同样离不开入驻企业的支持，在如今"掌上购物"的潮流下，物流业发展迅速，对于空港实验区经济发展是机遇也是挑战。郑州空港实验区独特的地理优势和良好的空域条件吸引马云率"菜鸟"网络科技公司入驻空港实验区。阿里巴巴自成立以来一直致力于为全球所有人创造一个便捷的网上交易渠道，并且提供多元化的互联网业务，其业务涵盖多个领域。在如今网上购物、网上支付、网上通信等潮流趋势下，作为中国首个航空港经济区发展先行区的郑州航空港和具有能够建立一张独立支撑巨大销售额的智能物流骨干网的企业合作，对于两者来说都无疑是最好的选择，强大的智能物流网作支撑，独具地理优势的生产和转运基地作后盾，这样的结合，对于国家来说都是一个有利于经济高速发展的状态。

4. 在跨境贸易电子商务平台建设方面

自空港实验区 2013 年起提出"买全球、卖全球"的目标以来，河南省在质量安全、通关模式、业务流程、平台建设等方面积累了极具复制推广性的经验。首先，郑州市作为全国首批"E 贸易"试点城市，在河南保税物流中心、郑州出口加工区现场全面开展的业务相对都很顺利。此外，截至 2015 年 10 月 25 日，郑州保税物流中心跨境 E 贸易日处理量已超过百万包，并且跨境贸易电子商务服务试点共备案的商品有 107629 种，其中备案进口商品有 106643 种，出口商品有 986 种，实现进出口货值达到 29.37 亿元。截至 2015 年 10 月，共计有 971 万人已经通过郑州试点网购进口，收货人分布在关境内的所有省份。出口业务量现已居世界第六，仅次于英国、美国、法国、加拿大、日本。最后，河南本土的"世界工厂网"现已成为全国最大的装备制造业 B2B 外贸平台，进出口贸易总量已经达到了相当高的水平。并且有专家预测，郑州作为全国跨境电子商务首批六个服务试点城市之一，跨境电子商务产业具有一定的优势，预测到 2017 年跨境电商成交规模有望超过 1000 亿元，郑州有望成为新的商都——跨境电商之都①。

二 国内外其他港区的发展模式

（一）国内航空港发展现状

1. 在网络基础设施方面

自国家"十二五"规划之后，全国各个机场都开始重视网络基础设施的建设，其中首都国际机场、上海浦东机场等在近几年中发展迅速。在 2014 年，上海浦东机场无线网络服务位列全球第四、国内第一。浦东机场信息通信管理部门还专门组建了无线网络课题攻关小组，经过设备升级、系统优化、信号覆盖补点等一系列技术改造，进一步提高了无线网络覆盖率、数据处理能力和带宽速度，为旅客提供更好的上网体验。在物流、航运、出口方面，良好的网络基础设施为其三个方面的发展奠定了基础，浦东机场良好的网络基础设施，引来了不少世界大型航空物流公司和企业在此落户，极大扩展了航空货运枢纽规模。

2. 在信息应用平台方面

北京首都国际机场是中国地理位置最重要、规模最大、设备最齐全、运输生产最繁忙的大型国际航空港。随着移动互联网的迅速发展，移动应用越来越分散，首都机场信息管理部门利用 SOA 等服务平台，以及 AppCan 移动平台，实现机场移动服务、移动办公、后台监控、电子监察、自动化协同决策系统的开发和应用，尽可能简化旅客流程，减少服务环节，提升首都机场管理效率，让旅客享受"一站式"的中转服务②。首都机场在 IT 平台建设方面也逐渐完善，不仅打造了共享实验室，还建立了用户体验中心，完善了测试中心和新一代的培训中心，搭建了一个把 IT 技术服务转变成使 IT 引领整个行业发展的平台。继上海、杭州、重庆等地的机场之

---

① 《郑州正在成为跨境电商"新都"》，河南日报，2016 年 6 月 1 日访问，http://hn. cnr. cn/zytj/20151102/t20151102 _520357794. shtml。

② 吴晓莉：《首都国际机场信息化面临的挑战及其发展规划》，2016 年 6 月 1 日访问，http://news. carnoc. com/list/123/123068. html。

后，首都机场也加入"未来机场"计划的行列。首都机场现已全面接入支付宝"城市服务"平台，为旅客带来更加高效便捷、轻松舒适的乘机体验。在大数据、云计算的发展趋势下，首都机场还在旅客服务、智能物流方面和云计算、大数据等领域进行深度合作，共同打造基于互联网的"机场生态"①。

上海浦东机场一期工程引进了国际上一系列的先进信息网络技术，一方面，从飞机进场到落地、靠桥均采用计算机管理的航空报文网络系统（AFIN）、航班信息管理系统（FIMS）、综合查询系统（IQS）等；另一方面从旅客进港到出港提供的全方位服务，采用了航显系统、离港系统、广播系统、行李分检系统、安检系统等；最后在空港的安全保卫方面采用了CCTV监控系统、门禁系统等。同时，为了加强空港安全管理，还配备了停车库管理、消防报警、BA楼宇自控、电梯监控等系统。这20多个系统共同组成了一个大型的中央计算机系统，从而将信息技术运用到航班生产、应用系统中，实现了信息系统集成化、信息传递自动化和信息管理自动化的目标。此外，上海机场（集团）有限公司与阿里巴巴集团已经正式签署战略合作框架协议，共同加快推动"互联网＋"的行动在上海浦东机场推进，携手打造全国首个"互联网—机场产业创新基地"②。随着浦东机场"智慧机场"的目标的逐渐贴近，多种便利旅客的信息化自助手段也逐渐推出。

（二）国外航空港发展现状

1. 爱尔兰香农港区

香农国际航空港是首个利用外国技术和外资进行加工出口的特区，并且建立了世界上第一个免税工业区和第一家机场免税店。至今几十年，香农国际航空港不仅推动了爱尔兰经济的快速发展，也为其他国家开放型经济的发展做出了不可磨灭的贡献。例如，中国建设经济特区、上海浦东新区、天津滨海新区等都汲取了不少香农开发区的有益经验③。

---

① 《首都机场接入支付宝750芝麻分可走专用通道》，环球网，2016年6月1日访问，http://tech. huanqiu. com/news/2015 – 09/7494231. html。

② 《上海机场集团与阿里巴巴集团签署战略合作框架协议》，证券日报，2016年6月1日访问，http://finance. sina. com. cn/roll/20150617/015222449253. shtml。

③ 《习近平参观考察爱尔兰香农开发区》，新华网，2016年6月1日访问，http://news. xinhua. net/politics/2012 – 02/19/c __111542251. htm。

在网络基础设施方面，香农国际航空港在开发区内建立了香农（Shan-non）和利默里克（Limerick）两个宽带网络，其光纤通信与宽带网络连接欧美主要大城市。2004 年，香农开发公司提出《香农开发区 2020 发展规划》，该规划拟通过提升区内基础设施和其他各种服务支持，建立以利默里克市、恩尼斯镇（Ennis）和香农镇为核心的战略中心网络，逐步使该网络带动整个开发区成为爱尔兰经济增长的引擎，同时拟建立连接格尔威（Gal-way）、利默里克（Luimneach）和科克（Cork）的包含技术、旅游和相关领域的"大西洋联盟"，并利用各地相对优势大力发展区内重点城镇，吸引外资流向这些地区。另外，还充分利用当地的自然资源和潜在的增长及竞争因素，引进新的技术和创造性地利用各种信息，进行区内欠发达的农业开发①。积极推进实现香农开发区从服务型经济向知识型经济的飞跃。

在信息应用平台方面，香农自贸区的东西两区分别以生产制造业和信息通信业为主，由于自贸区面积比较小，其内部仅解决生产制造、现代服务等核心的产业发展功能，科技研发、生活服务等配套支撑功能则全面依靠城区优势解决。在其经济转轨变型过程中，香农国际航空港始终都坚持一个主要目标，就是利用机场优势吸引外资，不断促进区内产业结构的优化。良好的基础设施，发达便利的海陆空运输，再加上通信、电子产品制造、软件开发等高技术产业的引入，使得香农自由贸易区逐渐向航空产业升级，政府还在其附近设立了爱尔兰国家航空研究中心。

2. 史基浦临空经济区

荷兰阿姆斯特丹的史基浦机场，在欧洲机场一直保持客运量第四、货运量第三的名次，其优越的交通条件吸引了 200 余家国际物流商在此运营，还有 40 多个世界 500 强企业欧洲总部入驻，此外紧邻史基浦机场的世界贸易中心成为众多跨国贸易公司总部所在地。截至现在，其经济区涉及的产业包括花卉蔬菜、汽车、航空航天、IT、医药、金融、娱乐购物等。

在网络基础设施方面，史基浦机场除了无线网络的全面覆盖之外，一系列高科技技术的采用使得机场管理越来越智能化。例如，由英迪高（In-digovision）的荷兰授权集成商（GTN）设计并安装的视频及报警管理软件

---

① 《浅析爱尔兰香农开发今与夕》，网群国际，2016 年 6 月 1 日访问，http://www.cnzsyz.com/ouzhou/ShowArticle.asp？ArticleID＝363435。

系统。若有车辆或人出现在飞机跑道上的危险情况，控制室就会显示出摄像机对应的画面用以报警。

此外，"机场的自动化程度非常高，除了常规的自助值机设备、自助托运行李设备之外，还有先进的自助转机服务系统和自助过境服务系统。"施为恩说。比如，史基浦机场是全球第一个引进条形码行李牌、使用机器人装卸行李货柜、使用虹膜辨识通关的机场。另外，史基浦机场还斥资3300万欧元，把RFID（Radio Frequency Identification，无线射频识别技术）引入了旅客行李处理系统，其在行李提取大厅安装了多个大型电视，能够让旅客实时地看见行李处理的情况，并掌握行李领取时间的信息[1]。

在信息应用平台方面，快捷便利的通关条件是航空港发展的基础，高效的货物运作效率和完善的各项海关服务，在很大程度上能够提高航空港对临空产业的吸引力和竞争力。史基浦机场在仓储电脑化的技术基础上，其海关允许企业进行自主管理，并依靠企业的仓管系统做货物确认，加上采取有效率的"网上清关"系统，在机场通常半小时内就能清关完毕、把货拉出来[2]。

第三节　郑州空港实验区信息化建设发展现状调研结果

一　采用归纳对比法和系统分析法总结郑州空港实验区的优劣

（一）郑州空港实验区信息化建设发展优势
与国内对比，具有以下几点优势：

1. 网络基础设施方面

（1）郑州空港实验区内网络基础设施建设相对完善

郑州市拥有GPS大地控制网建设、郑州卫星定位连续运行综合服务系统（ZZCORS），这些系统在一定程度上加快了郑州航空港区物流业、机场服务业等行业的发展。其次，郑州市作为我国"三网融合"第二阶段试点

① 宋婷：《国际枢纽机场：转型升级的博弈之道》，2016年6月1日访问，http://editor.caacnews.com.cn/mhb/html/2013-09/16/content_125530.htm。
② 刘晓萍：《国外航空港的发展模式及启示》，《城乡建设》2015年第1期。

城市，电信、广播电视和互联网三网融合技术为空港实验区经济发展提供了极大的便利，集区域性信息中心、网络中心和全国通信枢纽于一体的郑州信息港初步形成。

（2）郑州空港实验区连接的交通网络体系比较发达

其主要以新郑国际机场附近的新郑综合保税区为核心的航空经济体和航空都市区为主，并且空域条件良好，有利于接入连接四面八方的航路航线。有关数据显示，我国共计 1000 多条航线经过郑州。从新郑国际机场出发，在 2 个小时以内航行路程可以飞抵全国 90% 以上的地区。同时郑州是在陆路交通上唯一形成"双十字"的汇聚点城市，也是全国七个公路主要枢纽之一。

（3）郑州空港实验区的迅速发展，使得越来越多的电商企业入驻

在 2013 年，菜鸟集团已经正式落户郑州空港实验区。郑州成为"菜鸟网络"布局在全国的又一个重要物流节点城市，这意味着郑州空港实验区的物流运输规模在不断地扩大，物流设施也在不断地完善。在电商企业的入驻规模逐渐增大的趋势下，空港实验区内物流业的发展也会具备越来越多的优势。

（4）郑州空港实验区内的产业基础较好

在空港实验区内智能手机生产基地已经初步形成，主要的生产企业是富士康等；在郑州机场货邮吞吐量方面，现已经居全国重要机场前列，另外，有关生物制药、电子信息、航空运输和物流等企业逐渐积聚在港区内，呈现出良好的发展态势。

2. 信息化应用平台建设方面

（1）河南省电子口岸的发展已相对成熟

河南省电子口岸于 2015 年 2 月 6 日正式上线运行。在 9 月，其承担了郑州海关"通关一体化系统"的开发建设；10 月，参与了关检合作"三个一"系统的开发建设；12 月底，启动了河南跨境贸易电子商务通关服务平台及管理平台的集中建设工作。"三个一"的通关模式和"三互"政策的实现大大提高了通关效率。其广泛性、功能全、覆盖广的特点也为不同的监管部门和通关口岸逐步实现"三个一"、"三互"奠定了良好的基础。

（2）电子口岸的进一步完善促进空港实验区经济发展

电子口岸的进一步发展使得空港实验区在操作流程的规范，通关服务的强化，运行维护的进一步优化，与沿海、沿边口岸合作的深化，高效便捷的口岸通关模式探索，对外开放高地的努力建设，产业集聚和资金集聚洼地的打造等方面发展态势良好，为河南省外向型经济的发展提供了有力的口岸信息化支撑。

（3）郑州空港实验区 E 贸易建设方面取得初步成果

郑州作为全国唯一一个综合性的"E 贸易"试点。在经过试错实验之后，逐渐建立起了政商一体化的 E 贸易综合服务平台，以及线上选购交易的 O2O 电子商务、线下展示展销服务平台。E 贸易大大降低了物流成本，使得空港实验区经济发展更加迅速，从而带动河南省成为一个极具现代特色的消费都市。

与国外的对比，郑州市具有地理上的绝对优势，并且空港实验区面积比较大，相对于爱尔兰国际机场，没有过多地理面积的限制。在大数据技术的广泛运用下，无线和有线网络的无缝隙互联、无死角覆盖，对于空港实验区发展具有很大的促进作用。

（二） 郑州空港实验区信息化建设发展劣势

与国内相比，在通信网络基础设施建设方面，虽然郑州市"无线城市"初具规模，且郑州信息港已初步形成，但与位居全球第四全国第一的上海浦东机场相比还是相差甚远。在信息化应用平台建设方面，郑州机场发展相对较晚，而首都机场现已全面接入支付宝"城市服务"平台。此外在大数据、云计算的发展趋势下，首都机场还在旅客服务、智能物流方面和云计算、大数据等领域进行深度合作，共同打造基于互联网的"机场生态"[①]；上海机场（集团）有限公司也较早就与阿里巴巴集团正式签署战略合作框架协议，共同加快推动"互联网＋"行动在上海浦东机场的推进，携手打造全国首个"互联网—机场产业创新基地"[②]。

---

① 《首都机场接入支付宝 750 芝麻分可走专用通道》，环球网，2016 年 6 月 2 日访问，http://tech. huanqiu. com/news/2015 - 09/7494231. html。

② 《上海机场集团与阿里巴巴集团签署战略合作框架协议》，证券日报，2016 年 6 月 2 日访问，http://finance. sina. com. cn/roll/20150617/015222449253. shtml。

与国外相比，史基浦机场在有关机场安全方面的技术已经达到了很高的水平，面对任何潜在的突发事件或者安全隐患能够及时作出响应，从而减少事故发生，为旅客提供一个安全有保障的乘机环境，而目前郑州空港实验区机场暂时还没达到这样的技术水平。在机场服务自动化方面，史基浦机场自动化程度非常高，除了常规的自助值机设备、自助托运行李设备之外，还有先进的自助转机服务系统和自助过境服务系统①。相比而言，郑州空港实验区在这方面还是相对落后的。香农国际航空港始终利用机场优势吸引外资，其光纤通信与宽带网络技术已经相对成熟，另外香农自由贸易区已逐渐向航空产业升级，政府还在附近设立了爱尔兰国家航空研究中心，而郑州空港实验区刚刚起步，对于自身发展特色的定位并不清晰。

二　郑州空港实验区信息化发展需要改进的方面

（一）信息化意识及信息化建设认识还需加强

信息化建设管理、运行体制不完善，信息化推动经济社会发展的作用尚未充分发挥。实验区相关政府部门及个别单位对信息化重视程度不够，个别单位对信息化工作的重要性缺乏足够的认识，不能从全局高度来认识，个别二级单位的门户网站还没有开通，信息化建设重复无序建设现象也很严重，统筹协调力度需加强，信息化组织建设有待完善。

（二）信息化建设管理体制有待进一步理顺

在空港实验区管理部门机制的建设方面，创新力度不大。航空港的税务、消防、海关、检验检疫等管理部门大多是在空港实验区获批之前设立，其部门的管理机制和目标与空港实验区的高速发展不相适应，这种不协调严重阻碍了空港实验区的经济发展。对照国务院信息化办公室组织编写的《关于加强信息资源开发利用工作的若干意见》，目前，空港实验区信息化建设缺乏对全区开发利用信息资源的总体规划，信息化建设涉及众多行业和部门，管理制度和岗位设置不健全，管理职能分散，缺乏有效的协调机制，建设和运营效率亟待提高，空港实验区及各部门机构尚未建设成由统一主管部门负责的信息资源管理中心。

---

① 《习近平参观考察爱尔兰香农开发区》，新华网，2016年6月2日访问，http://news.xinhuanet.com/politics/2012 - 02/19/c __ 111542251. htm。

（三）统一的电子政务网络尚未形成

虽然目前建设有空港实验区管委会门户网站，能够提供简单的政务公开、政府信息公开、公众信息服务、网络咨询等内容，但是相比较国内经济开发区的电子政务一站式服务网络平台，如苏州市开发区电子政务一站式开发平台，还具有很大的差距，并不能提供统一的电子政务一站式信息服务，如工商、税务、交通、医疗、人才等部门统一于网络平台开展网上审批、网络办公等业务。因此，统一电子政务网络并未形成，电子政务应用水平不高，尤其是在重点产业领域，由于公共服务平台的不完善，同一产业链上企业间业务协同的举步维艰。

（四）信息化建设及信息资源共享机制尚未建立

空港实验区缺乏统一的信息资源管理基础标准，无法整合已积累的信息资源，"信息孤岛"大量存在，因此，造成信息共享程度低。四大基础数据库仍在建设过程中，标准规范不统一，各部门普遍存在信息资源垄断问题，信息烟囱和信息孤岛现象严重；各部门内部、不同部门之间不同程度地存在信息系统单项应用、资源分散、缺乏协同的问题，在电子政务领域方面主要表现在一是横纵的矛盾，即指一个部门或行业内政务信息流和业务流在上、下级部门间可进行跨区域交换流转，但在一个区域内这些同级部门间横向业务流、信息流不能实现交换和共享，使电子政务未能发挥出最大效益。其二是信息资源共享难，在信息化建设的过程中，不同的软件开发商采用不同的平台、使用不同的技术，采用不同的标准建设出不同的信息管理应用系统，这导致信息化建设中产生的信息资源不能共享，未能发挥出最大效益。因此，信息协同能力较弱，信息产业总量不高，自主创新能力不足，产业集聚受到限制。

（五）空港实验区产业结构不协调

河南省的传统支柱性产业是重化工业、装备制造业等航空指向性不强的产业，从而使货物运输的成本和综合性商务成本大大增加。空港实验区入驻的大部分企业更多地处于产业价值链的低端，国际竞争力较弱。同时，原驻企业大多是以传统产业为主，产品附加值不高，对于航空运输、航空物流产业的支撑作用有限。空港实验区内的金融业、物流业、电子信息产业等第三产业目前处于欠发达阶段，不能够满足航空大都市发展的需求。

（六）空港实验区内网络化基础配套设施有待完善

首先，新郑市与郑州主城区、空港实验区的全面网络衔接还有待加强，由于是新建的城区，在网络基础配套设施方面相对比较薄弱。其次，机场内全面的无线网络覆盖率还需要提高。最后，在个性化公共网络服务设施建设方面有较大提升空间。

（七）空港实验区内创新型人才匮乏

技术创新与信息技术人才是信息产业以及实验区发展的核心动力，以企业为主体，产、学、研、用一体化的技术创新体系尚未真正建立，加之空港实验区是新区，其所拥有的国家级科研机构相关较少，专业技术人员总量偏小，人才行政分布不平衡，专业领域内复合型信息人才匮乏。随着空港实验区的建设与发展，越来越多的国际知名企业入驻，对于机务维修、空港管理、现代物流、出口保税等高端复合型人才和专业技术人员的需求增加。然而，由于其自身创新能力不足，人才流入量与空港实验区发展需求不适应。这些矛盾在一定程度上影响了空港实验区的进一步发展。

（八）在机场自动化方面

郑州机场仍然没有达到国际先进水平，大规模先进技术的引进相对匮乏，例如虹膜辨识通关，机器人装卸行李，还有无线射频识别技术等。

（九）在发展智慧航空港方面需解决几个重要问题

2015 年 6 月 23 日，智慧航空港规划发展论坛在郑州航空港经济综合实验区开幕。会议上指出，下一步智慧航空港发展建设重点要关注四个方面，包括通过科学合理的制度确定建设主体、做好顶层设计、注重信息资源共享和重视解决好建设资金的来源问题。空港实验区应努力发展智慧航空港，打造成为国内智慧型港区的模范。

三　针对郑州空港实验区发展现状提出合理化建议

（一）针对空港实验区入驻企业的规模问题

首先，发展不同产业的企业数量要达到均衡；其次，对于仍处于价值链低端的入驻企业，应该引导其逐渐向价值链高端产业转型；最后，对于目前欠发达的第三产业，在大数据环境下，应及时把握机遇，加快创新，提高竞争力，以适应空港实验区经济发展的需求。

（二）　在网络设施基础逐步完善方面

空港实验区要充分利用国家公共网络资源，推进无线网络覆盖，进一步实施信息惠民工程，加强构建智慧管理、智慧健康、智慧社区、智慧教育等信息应用系统，逐步完善空港实验区网络设施，为其经济发展提供有力平台。在电子政务方面，不断优化"网上一站式"行政审批流程。

（三）　针对空港实验区的管理部门的机制的建设问题

首先，高效协同的跨部门网上运作模式亟待构建与完善，争取政府服务模式从"一个政府、多个部门"向"多个部门、一个政府"方向转变；其次，完善空港实验区新区行政审批平台功能，将有效提高行政审批的效率，为企业和公民提供规范化和快捷化的优质服务；再次，要不断完善空港实验区的权力公开透明运行系统，打造真正的"阳光政府"为人民服务；最后，要建设空港实验区无线政务应用平台，开发移动办公系统，方便各部门的沟通，大大提高办公效率。

（四）　优化管理制度健全法律体系

实验区建设的现代化与信息化的同时，也意味着相关管理制度的调整与变革。无论是政府部门还是企业机构，都需要及时对传统落后的管理制度进行调整，以适应信息化建设的发展。此外，在法律层面，需要政府部门制定和完善相关法律法规体系，以期为空港实验区的信息服务提供更有利、更全面的法律保障。

（五）　针对空港实验区内创新型人才匮乏问题

在人才引进方面，空港实验区在引入人才时要适当提高引进门槛，以确保人才水平和质量；在人才培养方面，极力发挥高校的人才孵化器作用，采用与高校的"合作订单"模式，重视空港实验区建设所需的专门技术的培养，使人才的培养更具定向性与针对性。此外，不仅要积极引入人才，更要注重留住人才。企业要鼓励员工勇于创新，注重对员工的业务能力培训，实行进阶式培养，同时提高内部员工的福利待遇，有助于提高员工的创造性和忠诚度。

（六）　在信息化应用平台发展方面

空港实验区需要建设通达的国际物流中心、高效的开放商贸平台、具有竞争优势的制造业集聚区、中西部现代服务业中心、宜商宜业宜居的国际化大都市等。针对郑州机场自动化建设相对滞后问题，空港实验区应大力引进先进技术，实现旅客服务全面智能化，为旅客的出行提供快捷便利的服务。首先，要打造统一开放的基础数据平台，基础数据平台对航空港各项业务的开展起着重要支撑作用，要确保人口中的人口数据与社保、安防、房地产等产业部门数据相一致；其次，要建设完善的空间地理信息数据库，强化开发各方面基础信息资源，以方便其他社会主体对信息资源的共享与利用；再次，要推进空港实验区公共数据中心功能建设，有助于实验区政务水平的不断提升；最后，要加强各个信息化平台间的数据共享，推动部门业务信息化的深度应用。

（七）在打造成为智慧航空港方面

迄今为止，国外发达国家航空运输业之所以发展迅猛，得益于其先进的航空港信息管理系统。在郑州空港实验区信息化建设中，可以借鉴发达国家航空港管理方面的先进经验和方法，加速推进互联网、物联网、云计算的运用，推动航空物流数字化迅速发展，有关管理部门可以通过相关信息系统对运输货物进行全程跟踪，便于沿途港口随时了解航运状态，从而提高航空港运营的效率和服务水平，更贴近打造智慧航空港的目标。智慧航空港体现了航空港与智慧城市建设的结合，启动智慧航空港协同创新促进战略，实现协同开展智慧航空港建设标准研究，构建众创空间健康成长协同模式，共同打造航空港新型智库郑州模式，协同搭建智慧航空港协同创新云平台，协同推进智慧枢纽和智慧物流平台建设，协同推进智慧产业和智慧都市平台建设。

（八）在加快郑州空港实验区经济发展的同时，也要注重生态保护

郑州航空港综合经济实验区应继续坚持可持续发展的原则，不断满足经济发展的需要，同时又要与周围生态环境实现协调发展；坚持生态优先，优化空港实验区绿化布局，严格控制开发边界。严格遵守国家的排污规定，加大环境保护力度，为空港实验区生态保护构筑坚固防线。

（九）在推进郑州空港实验区企业信息化的进程方面，以信息化驱动 E 贸易的发展

一方面，相关政府部门要致力于完善空港区信息化基础设施的建设，为信息化的建设和发展铺平道路，指导和协调相关技术标准的统一化，为

拓展世界市场创造有利条件；另一方面，E 贸易的发展更加凸显了电子供应链管理的重要性，为确保其中的货物流、资金流和信息流的通达性，企业需要不断完善自身的信息化建设。

（十）要始终坚持自己空港实验区发展特色，走特色化发展道路

由于郑州空港实验区地理位置的绝对优势，自其建立以来，始终致力于打造成为中国的"孟菲斯"。作为未来国际航空物流的核心枢纽，理应努力保持自己的发展特色。

第四节　本章小结

本章介绍的是郑州空港实验区的信息化建设现状。从网络基础设施、信息应用平台等方面分析了目前发展过程中所取得的成绩以及存在的问题，并结合国内外其他空港经济区的发展模式等经验，提出相关建议，可供实践建设参考。

第三章

空港实验区信息基础设施建设规划

第一节　基础设施规划

一　规划基础、发展环境和趋势

（一）规划基础

郑州航空港经济综合实验区成立以来，政府不断加大投入，空港实验区基础设施建设初见成效，信息化覆盖领域不断拓展，技术水平明显提升，综合效益日益显现。通信网络以及郑州新郑综合保税区（郑州航空港区）公共管理信息化平台和统计信息处理系统平台等基础设施的建设为空港实验区建设国际航空物流中心、发展高端制造业以及空港实验区建设提供了重要支撑。信息化基础设施建设也促进了相关产业技术水平提高，凝聚和培养了一批高水平信息技术和信息化管理人才。在初步发展的同时，空港实验区在信息化基础设施建设方面也存在些许问题：缺少整体的规划、信息化基础设施项目不多、前瞻性不够、技术水平需要提升，管理体制亟待健全、管理队伍建设亟待加强等。

（二）发展环境和趋势

1. 发展环境

从全球看，国际金融危机以来，主要经济体均将宽带信息网络作为支撑可持续发展的重大基础设施优先布局，全球已有百余个国家推出了国家宽带战略或行动计划，围绕信息产业的竞争日趋激烈。

从全国看，我国加快转变经济发展方式，积极稳妥推进城镇化，实施扩大内需战略，为信息通信技术持续创新和深入应用提供了巨大动力。

从空港实验区看，"十三五"是郑州航空港经济综合实验区加快实现"国际航空物流中心、以航空经济为引领的现代产业基地、内陆地区对外开放重要门户、现代航空都港区、中原经济区核心增长极"的重要时期。"十三五"期间，空港实验区面临建设竞争力强的国际航空货运枢纽、建设高端航空港经济产业体系、建设绿色智慧航空都港区以及内陆开放型航空港区的发展要求。两化融合、三网融合的深入发展，对信息基础设施服务经济转型、空港实验区管理和民生发展提出更高要求。同时，移动互联网、物联网、云计算等技术和应用迅速普及，三网融合全面推进，共建共享、绿色低碳的建设理念被业界普遍接受，对信息基础设施建设和运营管理的创新带来深远影响。

2. 趋势

（1）信息通信网络向宽带、泛在、融合、安全的下一代网络演进

以 FTTx 光纤接入、LTE、802.11x 等有线、无线宽带接入技术为代表的下一代接入网将进一步向高速率、泛在化发展；以 IMS 为代表的下一代核心网为业务功能的融合化、智能化提供技术支撑；以 IPv6 为标志的下一代互联网将进一步向可管可控可信可扩的目标网络演进。以无线射频识别（RFID）、近场通信（NFC）和无线传感器网络（WSN）为代表的短距离无线通信技术将不断融入信息通信网络，将物联网的发展逐步推向可运营、可管理。

（2）信息通信业务模式发生巨大变革，服务化趋势更趋明显

云计算、物联网、移动互联网等领域的新技术推动信息基础设施发展方式和服务模式变革。基于云计算技术，分散的信息基础设施资源得以实现规模化、集约化和专业化利用，逐步改变其建设和服务模式。通过信息采集和智能感知等物联网技术，推动信息服务广泛应用和深入渗透，实现城空港实验区智能高效运作。基于移动互联网的应用创新、模式创新，推动信息通信服务方式变革。

（3）信息通信领域的融合创新，促进行业管理与服务水平提升

技术进步加速了业务融合、网络融合和行业融合。集约化建设由管道、机房等无源基础设施逐步向光纤、基站等有源基础设施扩展，由信息通信

行业内部共享逐步拓展至与其他空港实验区政府基础设施共享。业务的融合创新推动产业链垂直整合，新的产业生态系统正在形成，要求进一步加强行业管理，完善服务措施，促进公平接入和互联互通，消除壁垒，规范空港实验区服务。

（4）新型智能信息应用创造全新生活体验

智能信息终端设备和新型信息通信网络的应用的普及，推动教育、医疗、娱乐、社交等领域发生从以"事"为中心的服务方式转向以"人"为中心的服务方式，为人们提供更大服务范围、更加高级智能、更优用户体验的数字化生活方式。

（5）智慧港区建设将助力空港实验区智慧发展

基于新一代信息通信技术的开发和应用，为基础用所确立的智慧空港实验区发展战略，是信息化与航空港区化、工业化融合发展的必然产物，目前已经成为国内外空港区发展的新趋势。建设智慧港区就是通过全面感知推动物理空间和网络空间的一体化，促进港区安全高效运转；就是通过多种系统的整合互通来实现精准性和人性化的管理和服务，推动港区管理和服务模式创新；就是通过无处不在的智能手段实施参与互动，丰富港区幸福生活体验；是经过知识的创新促进经济高端化发展，驱动经济发展转型；是经过建立高质量的居民终身学习、人才聚集和创新创业的环境，不断提高居民现代文明素养，为空港实验区的繁荣发展提供不竭的智力资源。

（6）信息产业技术创新与信息安全可控对信息通信网络提出更高要求

在新的产业生态系统下，信息产品和服务的竞争已演化为集服务、应用、网络、终端乃至芯片、操作系统等于一体的产业生态系统之间综合实力的全方位竞争。电子信息制造、信息通信网络、软件和信息服务相互融合、互动发展，云计算、移动互联网等新应用带来了新的安全需求，安全保障对信息通信网络提出更高要求。以信息通信网络为代表的信息基础设施成为信息产业技术创新和信息安全可控的基本要素，为新一代信息技术的应用示范和产业发展提供了重要基础。

二　指导思想、建设原则和建设目标

（一）指导思想

深入贯彻落实科学发展观，按照"国际航空物流中心、以航空经济为引领的现代产业基地、内陆地区对外开放重要门户、现代航空都港区、中原经济区核心增长极"的重大战略构想，以构建绿色智慧航空都港区为着力点，积极迎接信息化向高端发展、促进经济社会转型带来的机遇和挑战。顺应网络融合、业务融合、应用融合、行业融合的发展趋势，注重机制、管理、技术、业务创新，以加快提升信息基础设施服务水平和普遍服务能力为主线，加大投入力度，在空港实验区基础设施建设中优先发展信息基础设施，构建具有国际先进水平的业务和服务体系，充分发挥信息基础设施在转变经济发展方式、提升空港实验区功能、保障民生发展的基础支撑作用。

（二）建设原则

1. 满足需求，适度超前

充分满足政府机构和人民群众快速增长的信息通信服务需求，适度超前建设，持续提升信息基础设施能级，技术实现上具备前瞻性、安全可靠和可扩展性，实现全面可持续发展。

2. 总体规划，突出重点

遵循"十三五"经济社会发展和港区建设要求，做好港区信息化基础设施建设顶层设计，港区和区县两级政府统筹协调推进，支持区县先行先试，加快重点领域、重点区域、重点项目的示范建设。瞄准港区经济社会发展的瓶颈和突出问题，主攻信息化发展关键技术和重点领域的基础建设，通过建设重要领域和关键环节的基础设施来推动港区整体信息化水平提升。

3. 立足应用，智慧发展

以提升产业为重点，以服务民生为导向，充分发挥信息技术的"倍增器"、"转换器"、"放大器"作用，强化港区各个领域、各个行业、各种群体中信息技术的应用，向低成本、高效益的发展模式转变，以完善的基础设施条件支撑港区建设及全民的信息化发展环境。

4. 政府引导，企业主体

强化政策及法律规定、规范标准建设，完善港区监管机制，创建公平有序的港区环境。充分发挥港区配置资源的基础作用，坚持以需求为导向、以企业为主体，推进信息基础设施建设。

5. 集约化建设，低碳发展

避免重复建设，港区应充分发挥规划的引导作用，注重规划的衔接和有效实施，持续深入推进信息基础设施共建共享的集约化模式，顺应低碳经济发展理念。

（三）建设目标

开展智慧港区建设和应用，到"十三五"期末，智慧化、信息化水平显著提升，智慧港区建设取得新的重大进展和协调发展，信息化指数位居全国前列。具体目标：

1. 建设宽带无线港区

基本完成全港区覆盖光纤宽带网络，95%以上港区家庭宽带有百兆接入能力。采取多种技术手段建设宽带无线港区，基本实现3G网络100%的覆盖率，在全国率先进行新一代移动通信网络的建设，重要的公共场所本实现WLAN全覆盖，全港区无线宽带接入能力实现1Mbps以上，城镇化地区实现3Mbps以上，中心城区、重点区域实现10Mbps以上。互联网国际出口带宽、省际出口带宽均提高5倍以上。实现港区的NGB覆盖，基本建设完成适应物联网和云计算业务发展环境。

2. 综合服务水平明显提升

基础通信业务服务质量进一步提高，增值服务进一步创新，业务复杂度和资费水平明显降低，业务融合程度大幅提升。到"十二五"期末，形成规模化、节能环保和服务创新的数据中心，应用服务能力保持国内领先。外包呼叫中心服务层级和服务水平大幅提升。网络互联互通质量显著提高，本地互联网交互中心作用进一步发挥。率先建成可规模化运营的云计算服务平台，实现由资源出租向计算能力出租的模式转变。

3. 提升信息化基础设施管理水平

规范管理、完善流程，通过信息化基础设施布局规划与城乡规划体系的有效对接，推进规划的有效实施。完善相关法律法规和工作机制，进一步规范基站等基础设施的布局建设和运营管理。集约化建设领域持续拓展，加强对重要的基础建设资源的保障力度，积极有效地推进基础设施建设和改造。增强对信息基础设施的监管力度和对重大项目、活动的信息通信综合保障能力，完善应急通信保障体系，提高应对突发事件的能力。

4. 增强信息技术的应用普及

家庭宽带用户普及率不低于70％，平均互联网接入带宽不低于30Mbps，进一步提高家庭宽带的应用水平，丰富信息服务内容；移动宽带用户普及率不低于85％；提高数字电视和IPTV用户数量，普及家庭多媒体生活。IPv6商用环境基本形成，IPv6应用和用户规模逐步扩大。面向行业的一体化云计算基础设施和平台服务得到广泛应用，网络资源使用效率不断提升。

5. 加快建设功能型信息基础设施

整合优化存储和运算资源，增强超级计算中心与通信运营商互联网数据中心的资源共享和功能互补。建立面向应用的城市公共云计算设施，改进传统单一的云计算商业模式和服务模式，拓展政务、商务和民生等各个领域云计算应用，提高网络资源和信息资源的利用率，加速推动信息基础设施的服务化进程，有效降低全社会信息化成本。

6. 全面完善信息安全基础设施

完善PKI（Public Key Infrastructure，公钥基础设施）建设，为电子政务和电子商务等网络应用提供全面的身份标识和认证、保密、数据完整性以及不可否认性等信息安全保障。健全PMI（Privilege Management Infrastructure，访问控制与授权管理基础设施），提供操作系统、数据库和应用系统权限管理与授权服务，规范权限和证书的产生、管理、存储、分发和撤销，保障用户合法、安全的使用信息系统。强化重点领域和行业的灾难备份建设，满足新时期信息化发展对数据安全与不间断服务的需要。

三 "十三五"时期建设重点专项工程

构建泛在信息基础设施，统筹政务信息化建设，深化信息技术在产业发展、公共服务和空港实验区管理领域的应用，推进区域信息化合作，完善电子商务发展环境，不断增强信息安全保障能力，打造智慧港区。

（一）信息网络跃升工程

将宽带网络作为优先发展的空港实验区公共基础设施，建设适度超前、具有国际先进水平的信息通信网络。

1. 光纤到户

加强骨干网的传输和交换能力，提升骨干网互联互通水平，改提高网络服务质量。以大芯数光纤为主要传输媒体，以 PON（Passive Optical Network，无源光纤网络）为主要传输手段，以空港实验区更新单元为重点，加快已建区域的"光进铜退"网络改造，新建区域直接部署光纤宽带网络。制定新型住宅区、居民楼、办公楼光缆网络的布线机制。加速光纤到户、光纤到桌面的推进，提供 100Mbps 以上高速可靠的宽带网络。鼓励提倡政府和行业应用光纤宽带网络，促进在电子政务、医疗卫生、空港实验区管理、社区服务等领域宽带网络的普及。以空港实验区实际情况为导向，开发适合光纤宽带网络的特色业务，加快宽带服务和应用的创新，逐步发展各类综合多媒体接入平台，实现固定电话、移动电话、宽带上网、数字电视的融合，推动三网融合业务高速发展。

2. 无线空港实验区

大规模开展无线空港实验区建设，实现无线局域网对主要公共场所全覆盖，融入"中原无线城市群"。推动移动互联网应用，促进移动互联网发展。加快无线网在空港实验区无缝覆盖与人口密集地区的深度覆盖。在各高校、图书馆、交通枢纽站点等公共场所部署无线热点，为空港实验区内居民提供免费可靠的无线宽带服务。构建无线网络应用信息管理服务平台，快速发展无线宽带业务在政务、商务、民生生活、教育学习、娱乐等领域的深入应用服务，提高政府管理和公共服务水平。在交通安全、应急指挥、空港实验区管理等方面，以无线港区业务系统作为有力的、方便快捷的信息载体，最大限度提高效率、方便群众。

3. 通信管网

创新通信管道建设维护管理模式，推进网络基础资源的统一规划和共享，促进网络资源高效利用。结合空港实验区道路网、高速公路网、轨道交通网等设施的建设，全面统筹空港实验区通信管道、杆路、光缆和机房等通信网络基础设施建设，在审批新建住宅区、居民楼、办公楼、地铁等项目时，需为光纤宽带及移动通信网建设预留管道、场地、基站位置、电力配套等资源，保证通信运营商平等进入，维护用户的选择权。探索利用地下空间，推进通信机房集约化建设，鼓励共享共用。高起点、高标准推进新型功能区通信管网布局。

4. 国际通信专用通道

争取国际通信专用通道资源，满足软件和信息服务外包企业国际通信需求，提升空港实验区国际信息通信服务能力。

（二）空港实验区物联网支撑平台

以融合推动发展，渗透创造价值，促进物联网在国民经济与社会发展的深度应用。

1. 技术和标准

建立物联网技术研发中心，建立跨行业、跨领域的物联网标准化协作机制，鼓励科研机构、大专院校和企业成立物联网产业联盟，建立物联网技术参考模型，涉及物联网统一标识和解析等标准，积极开展对物联网技术体制和核心基础标准的研究。

2. 支撑平台

围绕企业技术创新需求的共性，搭建空港实验区物联网技术研发平台，提供检测验证、技术支持、研究咨询和培训交流等服务。成立适应物联网产业发展的具有公开、公平、公正性的第三方认证机构，开展物联网产品测试验证和合格评定等相关试验和验证工作，构建测试评价体系，为物联网相关技术研发和产业化提供开放测试环境。部署特定区域、特定范围的物联网网关，推动传感与控制信息的集中采集、存储和处理、并与通信网络标准化对接融合。充分发挥已有网络能力和计算资源，推动物联网和云计算的应用整合，构建开放智能管理平台，支撑大规模的物联网应用。

3. 应用示范

推动物联网规模应用的商业模式创新，促进物联网在各领域的应用，促进物联网传感设备、通信设备产业与信息服务业融合发展，加快产业链形成。围绕空港实验区管理与公共服务、航空物流、交通、医疗卫生、环境监测、水资源监测及调度、检验检疫等重点行业，以及家庭、社区等消费领域，建设智慧交通、智慧物流、智慧电网、智慧水务、智慧环保、智慧民生等一批实用性强、经济效益高、社会效益明显的应用示范工程，形成可复制、可推广的新型物联网商业应用模式。支持空港实验区建设物联网技术研发基地和产业化基地，支持建设物联网应用示范区。

（三）空港实验区政府云、公共云、行业云、专属云应用体系

1. 政府云

按照循序渐进原则，逐步形成涵盖党、政、人大、政协及重点企事业单位的政府云。积极推动电子政务机制体制创新，以物理集中为切入口，加快虚拟数据大集中进程，推动两级政府电子政务信息系统、信息资源、计算存储资源的整合，逐步构建起统一的电子政务平台，推动政府云应用的快速发展。

2. 公共云

围绕空港实验区管理、交通运输、公共服务等重点领域，以提高政府公共服务能力为目的，大力推动云计算、4G 等新兴技术的应用，建设具有感知、处理和反应能力，具有示范、包容的"公共云"平台，提高政府公共服务能力。

3. 行业云

以空港实验区大型骨干企业和重点产业为重点，以提高行业经济运行效率和盈利能力为目的，加快建立基于物联网和云计算技术等新一代信息技术的电子商务平台。形成具有示范带动作用的"行业云"交易平台，壮大一批物流、信息服务等龙头企业，使空港实验区成为河南省重要的交通枢纽、信息枢纽、交易中心的经济交流平台。

4. 专属云

以云存储与数据智能处理为支撑，建立"专属云"，为空港实验区公众提供 TB 级容量的个人云空间。以人口数据库为基础，逐步整合分散在各部门的个人信息资源，集中存储涵盖空港实验区公民个人医疗、教育、社保、税务、信用、人事、民政、住房等的全方位信息，实现空港实验区公民终生动态信息的全过程覆盖，根据空港实验区个人、政府部门、企事业单位等不同领域的需求，提供个性化的数据服务。

围绕 IaaS（Infrastructure-as-a-Service，基础设施即服务）、PaaS（Plat-form-as-a-Service，平台即服务）和 SaaS（Software-as-a-Service，软件即服务），转变用户独立建设信息系统的传统方式，通过云计算平台向用户动态配置提供所需的计算与存储能力，实现计算资源充分共享，降低各行业领

域信息化成本，提高信息系统的运营效率。不断拓展应用服务领域，在教育、医疗卫生、社会保障、电子政务、水利、环境、金融服务、交通运输、航空物流、企业信息化等领域实施云计算示范应用项目。基于云计算的新型商业模式，重点面向中小企业，加速培育云计算用户，支持重点行业企业应用云计算服务。

（四）三网融合推进工程

发挥空港实验区的优势，推动空港实验区基于互联网、通信网、广播电视网的产业转型和融合。

1. 业务融合

推动广电、电信试点业务双向进入，重点发展基于广电网的电信增值业务、互联网接入业务和电信运营商的 IPTV（Internet Protocol Television，交互式网络电视）业务。建成符合三网融合双向进入要求的综合业务管理平台和 IPTV、手机电视集成播控平台以及 PB 级的融合视频存储分发平台，研究探索网间结算的具体办法，实现运营企业业务本地网间互联互通。推进国标地面数字电视单频网和移动多媒体广播电视网、手机电视网建设。加快有线电视网络数字化建设和双向升级改造，完成有线广播电视网络数字化和资产重组，形成空港实验区统一有线广播电视网。

2. 数字家庭

发展具有三网融合、高清互动、智能控制功能的新型高端数字家庭系列产品。依托三网融合，建设面向多终端、多运营商的控制集中化、功能多样化的数字家庭综合信息服务平台，普及家庭高清互动娱乐、视频通信、节能管理、安全监控、远程教育、家庭医疗保健等智能化信息应用。实施"空港实验区数字家庭"计划，提供智能家居、家庭商务、家庭金融等数字家庭业务，实现电子政务应用进入家庭，开展政府信息公告、办事流程、在线服务、民意调查等服务。推广家庭远程医疗监控、网络就诊、医疗保健咨询服务。重点开展家庭远程互动教育、专业技能培训和科学普及等服务。建立煤气、水、电远程抄表与安全监控系统。推广安防预警系统、智能灯光控制系统以及家电互联遥控系统等智能家居系统。

3. 建立三网融合工程实验中心

重点支持无线通信接入技术实验室、移动网络和移动多媒体技术实验室、云媒体研究中心等，构建产学研一体化的三网融合技术创新和产业孵化公共平台，推动三网融合技术的应用示范。重点突破数字电视、数字机顶盒、智能终端、芯片设计、嵌入式软件、数字家庭网关、新媒体内容集成与分发等领域的核心技术。

（五）空港实验区数字资源中心

数字资源中心作为空港实验区电子政务数据中心，是空港实验区电子政务的重要基础设施。部署核心交换机，通过万兆链路，保障高带宽，核心设备采用全冗余架构设计，保障高可靠，安全设备采用万兆防火墙，保障高性能；按托管单位进行安全域划分，最小化安全区域，搭配入侵防御系统、审计系统，将资源中心网络系统建成安全、高效、可靠、可管理的高带宽的平台。

整合完善人口库、法人库、地理空间库三大基础数据库，规范信息的采集、维护和更新，实现"一数一源"，保障数据的准确性和一致性，避免信息资源的重复建设，为空港实验区各部门业务系统提供基础数据来源。面向政府管理、宏观决策以及社会行业应用，深化基础数据库和公共信息资源库的共享与开发利用。鼓励和引导社会力量参与公共信息资源库的增值开发，促进信息服务产业发展，深化交通物流、高端制造业、信息服务业、文化教育、生态环境等行业信息化，为实现智慧港区提供强有力的信息资源保障。

（六）智慧空港实验区统一感知中心

构筑感知网络，建设数据采集与汇聚软硬件体系，物联网信息采集与交换平台，搭建空港实验区物联网控制台。

建设涵盖 RFID 感知、位置感知、视频感知、网络感知等的感知网络，建设空港实验区传感网和数据采集与汇聚体系，实现传感器感知数据向数据中心的汇聚。满足智慧交通、智慧环保、智慧城管、智慧公安、智慧物流、智慧旅游等城市功能的需求，覆盖公共室外部区域、公共室内部区域和私人领域，监测公共区域的环境，感知人、车的活动。

建立空港实验区物联网信息采集与交换平台。搭建统一的物联网信息采集与交换平台，支持感知信息的应用系统之间资源和服务共享，为系统内部和外部之间的信息融合和协作提供数据支撑。

搭建空港实验区物联网控制台。智慧空港实验区统一感知中心必须配置基于统一服务的空港实验区物联网控制台，是空港实验区运行状况的信息汇聚点，中心控制台可以全景式显示港区系统运行状况，可视化图形和增强现实技术在信息空间中，完整地实时重现空港实验区的活动。可以与空港实验区应急指挥中心按照需求对接，相互支撑，确保城市的健康、安全、平稳地运行。

（七）信息安全与应急平台

增强信息安全测试评价、建立网络信任体系和应急基础平台等公共基础设施，提高基础网络信息安全保障和空港实验区信息安全的基础防护和应急避险能力。

1. 网络与信息安全应急基础平台

组建空港实验区网络与信息安全应急管理中心，依托国家和空港实验区相关资源，统筹建设应急基础平台。基本建成城域网信息安全综合监测预警、应急指挥支撑和智能终端信息安全状态感知评价等系统，完善信息安全应急处置技术支撑设施，及时应对信息安全突发事件。

2. 信息安全测评认证平台

建设无线网络、云计算、物联网等新兴技术安全检测系统、智能卡和工业控制系统安全检测系统、商用密码产品检测系统和涉密信息系统深度检测试验环境等设施，切实提升信息安全综合检测能力。

3. 统一网络信任体系

建设无线网络环境下的电子认证系统及其应用接口，及时应对3G、TD－LTE等技术发展；建设电子政务外网电子认证系统和密钥管理设施，完善电子政务外网电子认证服务体系；建设可信数据保全系统、可信时间戳系统和电子认证系统公钥密码算法升级改造项目，提供可信数据保全、可信时间戳、电子签名举证、可信标识等新型信任服务。

4. 基础网络信息安全保障提升

升级分布式拒绝服务攻击（Distributed Denial of Service，DDOS）防护平台，提升流量清洗能力，保障银行、证券、保险等重点行业信息安全；加固域名系统（Domain Name System，DNS），强化容灾备份能力，保障域名系统解析稳定、安全、可靠；完善不良信息监测系统，建设手机防病毒系统，升级绿色上网服务和基于云计算的病毒查杀服务平台功能，净化网络环境。

（八）社会民生智能化应用集成平台

大力推进空港实验区医疗卫生、社会保障、教育等民生领域的信息化建设，促进人民生活向便捷化、智能化方向发展。

1. 医疗卫生

加快医疗卫生信息化标准体系建设。加快医疗卫生信息化标准体系建设。以电子病历和电子健康档案为基础，搭建医疗卫生信息平台，构建空港实验区各级各类医疗卫生机构信息共享的合作服务机制，优化医疗卫生服务流程，实现港区医疗卫生协同共享，逐步实现不同医疗机构的医学资料、症状、用药等诊疗信息，减少患者重复检查，减少时间、财力的消耗，提高医疗效率和医疗品质。建设空港实验区范围的重大疫情监控网络，提高对重大及突发卫生事件自动预警及应急指挥能力。选择符合条件的社区，进行远程医疗系统的试点工作，支持和鼓励医疗卫生机构利用物联网对社区居民远程医疗，提供自助式的健康管理和监护服务，联手医院、健康管理机构，将远程医疗监护逐步延伸到家庭。

2. 全民教育

搭建空港实验区虚拟教学平台，实施优质教育资源全民共享计划，开发引进基于网络应用的、探究型的学习工具，拓展广阔的网络教育教学空间，提供按需定制的优质教育资源服务和网上课程服务。选择符合条件的学校，实行电子书包的试点工作，建设自主化、交互性、协作式学习环境。制定一套统一的空港实验区教育信息数据标准，逐步构建涵盖学生、教师、学习、安全等方面的信息教育基础德尔数据库，提高动态的预测、预警、干预、指导功能。完善教育信息服务门户，为空港实验区公民提供全方位、便捷的校园管理信息获取、家校互动、学习机会管理等各种社会教育服务。

3. 社保民政

不断拓展社会保障卡的应用范围，加大就业、劳动关系、社会保障、人力资源引进、专业技术人员及技能人才服务的业务系统数据资源整合力度，构建内容全面、及时、准确、一致的用人单位、人力资源、基金管理信息资源体系。加快社会综合救助信息化建设，提升低收入家庭的生活、医疗、教育、住房以及临时性的救助水平。提高民生服务信息化水平，实现婚姻、养老慈善、社工服务、社会组织等事项的便捷服务。

4. 社区信息化

实施社会建设的织网工程，以网格化管理为基础，编制服务网、民心网、工作网，加快完善社区服务体系。推动社区综合信息统一获取和管理，推广基于移动智能终端的信息动态采集，实现港区房屋、人口及居住信息的分级分类跨部门共享，构建集社区服务呼叫中心、社区服务网、社区管理信息系统"三位一体"的社区服务与综合管理信息平台。全面梳理和整合各个部门的社区服务，将行政审批和为民办事服务延伸到社区工作站服务窗口，为社区居民提供人口计生、卫生医疗、教育培训、劳动就业、社会救助、法律救援、慈善捐款、房屋租赁等公共服务。以图书馆、文体中心等社区服务机构为依托，结合空港实验区更新，建设面向社区居民的社区信息服务中心，为社区居民提供互联网信息服务。建设一批具有示范效应的智慧社区，使信息技术广泛地应用到社区的物业管理、家政服务、节能环保等各个方面。

四 智慧型航空港实验区的信息基础设施案例分析

（一）信息基础设施建设必要性

信息基础设施的建设和其他基础设施一样，都有着不可或缺的重要意义。随着实际需求的增加，信息基础设施建设的效率越来越高，规模越来越大，成本反而越来越低。由于信息基础设施起步较晚，航空港实验区在收集处理信息时，提供服务的成本就相对较高，各个航空产业间的交易被约束，航空服务业得不到充分发展。不断完善信息基础建设，降低航空产业交易成本，扩大贸易范围，推动航空港经济发展。更为重要的是在航空服务业上，信息基础设施的使用者越多，在隐私范围外所获得的信息量越多，信息的有效性得到提高，相对应的信息的转换也得到了增强。由此可见，信息基础设施对航空港的发展有积极的促进作用。

（二）信息基础设施建设构成

信息基础设施的建设可分为两大部分，第一部分是普遍意义的物理信息基础设施，包括光纤传输线路，电脑机房及配套的电源、建筑设备。第二部分是包括交通通信等商业、社会信息基础设施和网络公司的互联网数据中心。交通信息基础设施负责航空港实验区的各种资源的统计、处理，通信信息基础设施负责信息的安全快速传递。互联网数据中心以应用的不同负责不同的逻辑信息处理、存储和应用展现。

（三）信息基础设施建设战略规划

航空港的建设规划要充分发挥自身产业集群、快速物流的优势，加快相关产业和服务业的转移融合，快速融入全球物流产业链和产业分工体系，同时建立自己的独立特点，吸引召集更多的人力物力在航空港实验区集聚，建设与众不同的经济大枢纽，扩大国际影响力。智慧航空港实验区定位要高，战略规划要具有前瞻性，利用新一代信息技术，建设智能化的交通体系，通畅的信息通信设施，充分挖掘各种资源的隐藏价值，对已有资源科学管理调配，加快实验区的经济发展。

（四）智慧航空港实验区信息基础设施规划的关键问题和解决策略

信息基础设施的建设是在保证基本使用功能和服务的前提下，有效支持相关业务，提高信息基础设施的服务质量，降低信息基础设施的建设和运营维护成本。在信息基础设施建设的过程中，需要遵从以下建设原则：强化政府的整体规划，政策保证方面的作用，积极发动企业和公众相互协调，调动全方位的积极性；从实际需求出发，普遍建设，超前规划，采用新技术、新知识，为未来的发展需求做铺垫；统筹规划，在旧的信息基础设施上节能化改造，减少资源的消耗，建设绿色环保的信息基础设施；所有信息基础设施的选择以及操作系统，应用软件等需要保证其安全性。

1. 信息基础设施规划的关键问题

只有利用有限的信息基础设施广泛获取信息，对其深入研究分析处理，才能达到智慧航空港实验区的要求。同时在信息基础设施中的物理设备都是单独部署，有很多计算机硬件资源得不到充分发挥，信息的传递相对较为费时费力，同一信息多次存储也造成了资源的浪费。智慧航空港实验区在提供高效信息资源服务时面对众多的信息来源，分别不同的信息类型，信息的个体大小均衡不一，需要构建一个统一的数据接入、数据处理系统，这也是在规划信息基础设施时必须要考虑的问题。

2. 信息基础设施规划的解决策略

整个航空港实验区信息基础设施要赋予实验区灵敏、高效，广泛的信息感知获取能力。利用各种不同用途的信息基础设施，来采集获取实验区的交通情况，环境状况等，将实时信息向总的处理中心汇集。建立一个统一的信息汇聚交换系统，制定出一致的标准，有利于对信息数据的分类管理储存。如图 3 – 1 所示。

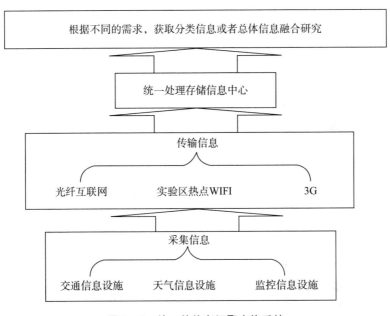

图 3 – 1　统一的信息汇聚交换系统

在建立统一的数据中心的同时，我们需要搭建云计算平台，将实验区的计算机硬件资源，数据资源统一管理配置，提高资源的使用效率。同时未来的信息系统和信息功能的拓展创新对信息基础设施的建设需求降低。如图 3 – 2 所示。

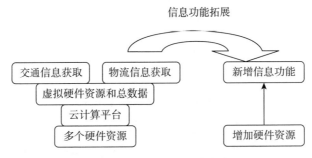

图 3 – 2　信息系统和信息功能的拓展

智慧航空港实验区信息中心信息来源多，信息类型复杂，信息量大。建立信息间的关联，通过众多数据之间的连接，来为航空港实验区航空产业做优化生产管理，航空服务水平提高做贡献。在云计算平台建设的同时采用资源描述框架模型，利用统一的资源标识符来命名所有对象，方便所有使用者的访问获取。

（五）智慧航空港实验区信息基础设施的建设规划

1. 信息基础设施总体规划

信息基础设施的建设是在保证基本使用功能和服务的前提下，有效支持相关业务，提高信息基础设施的服务质量，降低信息基础设施的建设和运营维护成本。在信息基础设施建设的过程中，需要遵从以下建设原则：强化政府的整体规划，政策保证方面的作用，积极发动企业和公众相互协调，调动全方位的积极性；从实际需求出发，普遍建设，超前规划，采用新技术、新知识，为未来的发展需求做铺垫；统筹规划，在旧的信息基础设施上节能化改造，减少资源的消耗，建设绿色环保的信息基础设施。

（1）建立信息采集基础设施，明确信息采集的对象，实现智慧航空港实验区信息的全面获取和实时采集。

（2）保证信息传输畅通，互联网光纤、WIFI 热点、3G 网络等多种技术结合实现智慧航空港实验区信息及时安全传输。

（3）实现数据存储连接，信息的统一规划存储在云计算平台上，用户根据可用的信息应用设施，方便快捷获取相关的信息。

（4）根据已有的统一信息来改进航空港实验区产业的生产经营流程，提高相应的航空港服务业水准。

2. 信息基础设施具体规划

（1）航空港实验区光纤普及、无线覆盖

加快光纤宽带网络和无线局域网建设，实现航空港实验区所有区域光纤宽带网络覆盖、无线局域网普及。提升信息网络基础设施宽带规模，建设宽带航空港实验区。进行广播电视网的改造，将电信、广播电视和互联网进行三网融合，使各自独立转变为综合性统一网络，网络的性能得以提升，资源利用水平进一步提高。无线局域网的建设要围绕航空港实验区的公共场所、服务场所来建设，同时提升无线宽带的承载能力。具体的建设规划如图 3 - 3 所示。

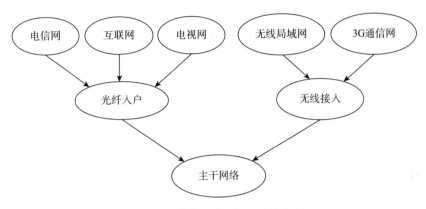

图 3 - 3　综合性统一网络建设规划

（2）航空港实验区数据汇聚、资源统筹规划

统一布局航空港实验区的视频监控网络、交通信息设施等，建立统一的互联网数据中心，整合信息资源，如图 3 - 4 所示。基于互联网数据中心提高智慧航空港实验区的信息系统业务能力，云计算中心通过虚拟化技术，将所有的计算机资源统筹规划、按需调用。当城市信息系统有应用服务需求时，通过云计算中心，将相应资源进行合理调配。基于互联网数据中心和云计算的资源配置，利用资源描述框架技术，对各种信息资源进行标示，利用整合过后的信息，来为航空港实验区的产业生产做出调整，为服务业的服务水平做出改进。如图 3 - 4 所示。

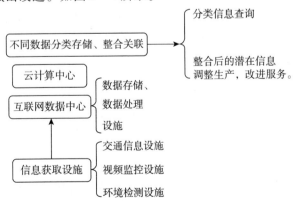

图 3 - 4　统一的互联网数据中心

3. 智慧型航空港实验区

建设智慧型航空港实验区离不开完善的信息基础设施，利用上述快速的信息传输通道，良好的信息采集处理设施，以需求为导向，开发使用有利于航空港实验区经济发展和政府管理的智能应用，使市民生活更便捷。例如在城市交通方面，加强交通各个部门间的信息共享和交换，道路交通方面通过对道路拥堵情况实时播报到所有道路上的公众中去，同时为公共交通提供建议，及时调整公交的调度，公共交通根据道路的实时情况又为交通指挥和事故应急处理提供了支持。本节以智慧航空港目标，分析了航空港实验区的信息基础设施建设的必要性，提出信息获取设施的信息统一融合、信息管理设施的云计算管理配置和利用统一的数据信息中心完善航空港实验区的信息获取设施的建设规划，但在规划过程中未对信息数据的安全问题加以探讨，在实践规划过程中应该进一步针对信息基础设施的安全防护，网络攻击预防开展深入研究。

第二节　相应的保障措施

一　加强组织保障

成立由空港实验区领导任组长，发展改革、经济和信息化、科技、财政、住房城乡建设、交通运输、税务、广电、通信等部门为成员单位的空港实验区信息化建设领导小组，带领指导信息化基础设施建设各项工作的顺利实施。领导小组下设办公室，负责制定和实施空港实验区信息化基础设施建设行动计划，督促和推动信息化基础设施重点工程建设，协调解决信息化基础设施建设和运营中的问题。成立空港实验区信息化基础设施建设专家咨询委员会，聘请国内知名专家作为咨询委员会成员，为信息化基础设施建设工程和项目的实施提供智力支持与咨询服务。加强目标管理，建立信息化基础设施建设目标管理责任制，空港实验区信息化建设领导小组办公室将按年度与港区各有关部门、各区县签订建设目标责任书，年底对工程和项目的实施推进情况进行考核，建立奖惩机制。

二 完善政策扶持

（一）纳入规划

把信息化基础设施建设规划列入城乡建设规划当中去，最终完成与经济和社会发展信息化等规划的衔接与同步。增强对通信管道、线路等信息化基础设施以及建设用地的保护，避免在改造过程中对已有基础设施（如管道线路、基站、机房等）造成损坏或浪费，规范市政建设对信息化基础设施破损等的赔补。在城市建设规划中，应充分考虑信息化基础设施的再建，对被拆除的设施提供政策支持，保障重建工作顺利进行，保障拆一还一，保障用户通信质量。

（二）加大投入

空港实验区各有关部门全面实施空港实验区人民政府与中国电信、中国移动、中国联通等基础电信运营企业签订的"十三五"战略合作框架协议，把协议具体落实到投资方案和实施项目中。空港实验区财政根据实际的资金和信息化基础设施建设水平，采取用奖励代替补助的方式支持和鼓励信息化基础设施建设，引导社会各种资金投入信息化基础设施建设中。空港实验区各个专项资金优先考虑向信息化基础设施建设倾斜，在申报国家科技重大项目、技术改造、新兴产业发展专项补助或引导资金时，应优先考虑申请信息化基础设施建设方面的项目。增加项目建设融资支持，鼓励担保公司等机构为信息化基础设施建设单位提供信贷和担保。

（三）强化支持

空港实验区有关部门和单位抓紧研究制定信息化基础网络管道租用以及信息化基础网络管线穿越公路、铁路、桥梁、河道、运河堤岸收费减免标准以及地铁线路无线网路覆盖接入费用减收标准；研究制定信息化基础设施重建改造的补偿办法，对因城乡建设造成拆迁、损坏的信息化基础设施给予补偿。在云计算等新兴信息化基础设施的电力建设方面给予支持，吸引国家级云数据中心落户空港实验区；对通信和广电网络枢纽、互联网数据中心、云计算中心、呼叫中心等信息基础设施建筑工程所在城市的道路挖掘占用费原则上减半收取，人防部门在有关费用上予以优惠。

三 健全标准体系

落实住房城乡建设部审核通过的《住宅小区光纤到户通信配套设施建设标准》，出台小区共同推进和维护信息化基础设施的管理意见。积极推动向综合管廊等先进市政建设模式的转变，研究住宅内布线的标准、归纳各种信息服务应用平台的建设标准，实现统一标准、统一规划、协同建设，加快推进资源共建共享，提高资源利用效率。

四 优化项目管理

（一）加强规划引导

突出规划的引导作用，对列入空港实验区信息化基础设施建设"十三五"规划的工程和项目，加快完善建设方案和前期工作，确保项目按计划实施。强化计划目标管理，按年度细化分解项目实施计划，并根据信息化技术和市场变化情况及时进行调整，确保各项建设目标顺利实现。

（二）优化审批流程

对信息化基础设施项目建设，在严格履行项目审核程序的前提下，按照简单高效的原则，在项目立项、土地利用、工程报建、电力报装等方面简化审批程序，缩短审核时间，提高行政效率，为项目建设方提供便捷高效的服务。

（三）强化建设保障

国土资源、规划、环保等部门要贯彻落实国家出台的相关政策措施，为信息化基础设施建设创造条件，在项目用地、规划审核、环评审批等方面提供必要的保障。国土资源部门要优先保证信息化基础设施建设项目的用地需求，符合条件的建设项目由省直供土地。市政建设中，规划部门要预留出未来信息化基础设施所需要管道、电力设备、场地、站址等相关资源，逐渐将信息基础设施、室内配电建设要求列入房屋竣工验收的标准中。

（四）协同项目推进

空港实验区各地、各相关部门在省信息化基础设施建设领导小组的统一领导下，明确分工和责任，协同推进项目建设，及时解决项目建设中遇到的困难和问题，确保各项工程和项目顺利实施。重点加强对农村信息化基础设施建设、移动通信系统、宽带互联网等项目的扶持。对符合条件的项目要优先纳入空港实验区重大项目年度投资计划，对项目前期工作、用地、融资等方面给予支持。项目单位要加大项目组织实施力度，确保列入规划的项目有序规范实施。

五　营造良好环境

空港实验区政府部门率先开放办公楼宇、院落，支持通信管道、基站以及室内分布系统等信息化基础设施的建设。加快制定公共设施向通信运营商开放的措施，如开放市政灯杆、信号灯杆等资源，用于 WLAN、TD/TD - LTE 等无线系统建设。各种专用通信网络尽量选用公共信息化基础设施建设，避免形成信息孤岛。各级规划主管部门应按照国家资源共享工作的整体要求，将信息化基础设施的建设纳入到城乡规划中，特别是对 4G 和光纤宽带建设项目要加强服务，确保工程实施进度。进一步推动规划环评试行工作的进行，为基站建设选址提供支撑。

加强空港实验区各相关部门对舆论的引导，扩大对信息化基础设施相关知识的宣传和普及范围和力度，努力营造全社会共同支持信息化基础设施建设的良好环境。严厉打击偷盗、损坏信息化基础设施的违法活动，切实维护信息基础设施的安全。

六　创建空港实验区信息化建设新型智库模式

空港实验区信息化新型智库的定位，新型智库不同于传统体制下的研究机构，它在党和政府的领导下开展研究工作，也应具有相对独立性。其次是新机制，智库不是机关，需要淡化行政色彩，引入市场竞争机制，增强灵活性，营造研究探讨氛围，聚引高端人才，做到智力制胜。最后是新模式，坚持求真务实的科学精神，树立"问题导向"的研究模式，针对现实和长远问题开展对策研究，加强数据分析、案例分析和模型分析，提出决策层信得过、用得上的政策建议。因此，新型智库在内部管理上应尽可能地减少层级，实行扁平化管理，以此提高效率；在课题立项方面，优先选择市场化方式，确保立项的公正性；在经费使用方面，完善监督机制，增加透明度。在成果评估和应用转化方面，建立多元化评价的指标体系。制定向智库购买决策咨询服务的规划，将智库提供的战略研究、规划设计、咨询报告等服务纳入政府采购范围。将智库纳入重大决策征求意见、重大政策评估的范围，探索建立智库参与政府有关重大决策座谈会、听证会等的长效机制。

七　加强信息化高端人才培引力度

研究并创建空港实验区信息化人才统计体系，调查信息化人才的需求，确定信息人才规划，明确其工作重点。建立信息化人才的分类目录，对信息化相关职业进行分类，制定职业技能的标准。以高层次人才和高技能人才培养、引进为着力点，汇聚科技创新、产业发展、创新创业的领军人才，整合高端文化人才，统筹推进人才队伍建设，打造中原智慧城市人才聚集区。依托高校、科研院所的优质资源和雄厚科技条件，广泛开展人员交流、合作研发，以信息化项目为依托，培养高级人才、创新型人才和复合型人才。营造良好的高层次人才来港区工作和创业的环境，通过引进核心技术人才、优秀团队、高新技术项目开发等方式来吸引各种各样的创新型人才，勇于开辟"金融豫军"服务实体经济发展的新"蓝海"，推动郑州航空港实验区引智试验区、中国中原人力资源服务产业园等平台建设，扩大高层次人才和技能型人才规模。

第三节　本章小结

本章介绍了郑州航空港经济综合实验区的基础设施规划和相应的保障措施，在空港实验区的建设中有着十分重要的作用。信息通信网络正在向宽带、泛在、融合、安全的下一代网络演进，这就需要更多的技术支持和创新型人才的支持。所谓"三网融合"，就是要推动港区基于互联网、通信网、广播电视网的产业转型和融合，这是一项发挥空港实验区优势的重要工程。生态环境的保护在空港实验区基础设施规划中是不可或缺的，它关系着空港实验区建设的命运，是空港实验区持久健康发展的重要原因之一。而网络环境也是不容忽视的，网络安全、网络信息的安全也是值得重视的，更是空港实验区信息化建设的重中之重，建设良好的网络环境能够推进空港实验区信息化的发展，发挥实质性的作用。

第四章

空港实验区信息资源共建共享研究

空港实验区从信息的角度来说同样是一个信息港。在空港实验区，快捷和便利是最主要的竞争力，经济的发展使全球信息的流动日益频繁，信息流动量也逐渐增加，特别是大数据的形成给空港实验区信息的处理带来了新的挑战。迅速地对信息尤其是大数据进行深度加工，使信息流动与物资流动、资金流动等相结合，同时也能够自由顺利地流通，使在空港实验区内的各个市场参与主体都能够快速有效地了解市场信息，一方面有助于空港实验区经济贸易的良性发展；另一方面也有助于空港实验区加强与外界的交流与联系。因此，在航空港实验区开展信息资源共建共享是经济发展的必然趋势。信息资源共建共享是供应链管理的核心。郑州航空港经济综合实验区建设紧紧围绕"大枢纽、大物流、大产业、大都市"这一主线，以"航空物流、高端制造、现代服务"三大产业为主导，致力于建设"智能终端、电子信息、精密机械、飞机制造维修、航空物流、生物医药、电子商务、商贸会展"八大产业园区，以形成以实验区为核心的河南电子商务全球供应链服务体系，努力打造全球电商供应网智能管理枢纽。这一建设与发展过程离不开各类信息资源的共建共享。

第一节　空港实验区信息资源共建共享现状

空港实验区战略定位为国际航空物流中心、以航空经济为引领的现代产业基地、内陆地区对外开放重要门户、现代航空都市、中原经济区核心增长极。

一 发展现状

（一） 空港实验区基本情况

郑州航空港经济综合实验区位于郑州市东南方向 25 公里，是集航空、高铁、城际铁路、地铁、高速公路于一体，可实现"铁、公、机"无缝衔接的综合枢纽。规划批复面积 415 平方公里，范围包括中牟县的八岗镇、张庄镇、黄店镇、三官庙镇、郑庵镇、九龙镇部分区域，新郑市的孟庄镇、薛店镇、龙王乡、八千乡、和庄镇部分区域，尉氏县的岗李乡和大马乡部分区域。其中城市建设用地面积 291 平方公里。目前实验区实际代管面积约 400 平方公里，下辖 12 个办事处，2013 年末常住人口 50.8 万人。

目前，郑州机场货邮吞吐量增速居全国重要机场前列，智能手机生产基地初步形成，一批电子信息、生物制药、航空运输等企业加快集聚，呈现出航空枢纽建设和航空关联产业互动发展的良好局面。综合保税区、保税物流中心、出口加工区、铁路集装箱中心站等集中布局，已初具规模，航空、铁路、公路口岸功能不断完善，各类园区与航空港联动机制初步建立，开放型经济发展势头强劲。航空物流、高端制造业、现代服务业是实验区重点发展的三大主导产业。根据实验区发展实际，目前正在规划建设八大产业园，分别为智能终端（手机）产业园、航空物流产业园、航空制造维修产业园、电子信息产业园、生物医药产业园、精密机械产业园、电子商务产业园、商贸会展产业园。

（二） 空港实验区信息化建设情况

目前，空港实验区信息化基础平台建设已经完成的项目如下。一是郑州新郑综合保税区（郑州航空港区）公共管理信息化平台一期工程建设项目，此工程为数据中心机房工程、监控指挥中心大厅工程建设以及部分前端摄像机安装工程，具体包括弱电工程、电气工程、装修工程、空调工程等。其中指挥中心大厅由多媒体拼接屏显示系统、扩声及会议系统、指挥席位、领导席、会议区、值班区等组成。（属于公共安全与应急信息监控方面。）二是河南电子口岸平台，是全省唯一的"一站式"口岸通关服务平台，已正式上线。该平台进一步简化了进出口贸易通关程序，真正实现了报关、报检、外汇核销、出口退税等的"一个门户入网、一次认证登录和一站式通关服务"，顺应了国际贸易"单一窗口"的发展趋势。目前该平台已与 14 个联检单位（如海关、检验检疫、国税、外汇、商务、工商等）实现互联互通。此外，该平台已实现了省域内范围全覆盖，支持全省所有口岸、海关特殊监管区域等。

目前，空港实验区信息化基础平台建设正在进行的项目有全区道路 306 个高清平安建设监控探头及相关管道建设、后端存储设备容量扩展、软件升级、其他监控资源整合等，投资 1300 万元，由实验区综治办负责完成。还有正在进行的平安港区建设项目。截至目前已建设 135 个视频监控点、7 个高清卡口和 21 个电子警察，平安港区监控机房原计划设在综保区公安局，主要用于对港区主要区域、道路实施监控。

一是网格化管理，建立了社会公共管理信息平台。依据新搭建的电子政务外网，建设了管委会和办事处（社区服务中心）两级信息平台，二、三级网格以手机终端接入平台，实现了管委会上连郑州市、下连办事处，横向连接管委会各局（办）的社会公共管理信息系统，主要用于机关和基层报告、交办、处理各类矛盾和问题。网格化管理依托统一的城市管理以及数字化的平台，将城市管理辖区按照一定的标准划分成为单元网格。城市网格化管理是运用数字化、信息化手段，以街道、社区、网格为区域范围，以事件为管理内容，以处置单位为责任人，通过城市网格化管理信息平台，实现市区联动、资源共享的一种城市管理新模式。

二是纳入网格化的城市管理系统初步建立了办公信息处理平台。主要用于受理郑州市交办的城市管理需要解决的问题。数字化城管系统仍在规划之中。

正在建设的项目还包括：一是郑州新郑综合保税区（郑州航空港区）统计信息处理系统平台建设项目，2013 年对该项目进行公开招标，目前正在建设中。二是郑州航空港经济综合实验区（郑州新郑综合保税区）公共资源交易中心网站建设项目。2015 年对该项目进行公开招标采购，包括硬件采购以及系统软件和系统集成及相关集成设备，目前正在进行中。

（三）其他信息化建设情况

郑州航空港经济综合实验区（郑州新郑综合保税区）管理委员会建设有门户网站，可提供政务公开、政府信息公开、公众服务、网络咨询等项目。一期工程项目已完成，二期工程项目正在进行中，已经能够看到一定的成效，该门户网站可提供简单的一站式信息服务。该门户网站逐步成为航空港实验区信息发布主要平台，并开通了航空港实验区手机客户端（2014 年底正式上线运行），手机用户随时随地可以通过客户端方便快捷地浏览航空港实验区各类信息。

浪潮计划在郑州航空港区云计算产业园投资 19 亿元于 2014 年 8 月开建，建设河南规模最大的云计算中心，同时也是国内最先进的云计算中心，中原数据基地一期工程完工并投入使用，郑州借此一跃成为全国互联网、物联网和云计算的重要核心节点。云计算主要为河南省电子政务领域提供外包服务，为全省中小企业提供云计算服务，同时还将与政府相关部门联合设计便捷的网上办事系统，为公众提供一站式网上便民服务，是智慧城市的组成部分。

2014 年 6 月河南省政府与阿里巴巴集团在郑州签署了云计算和大数据战略合作框架协议，2013 年 11 月与阿里合作的是智能骨干网，而这次主要是合作云计算、大数据。阿里巴巴将在河南省大力发展云计算与大数据、智能物流骨干网、银泰线上线下（Online to Offline, O2O）体验中心、跨境电子商务、特色中国等重要项目，带动阿里生态圈关联企业、核心技术、主要业务在河南省的落地合作，开展云计算和大数据等新兴产业的研发和应用。

二 建设现状分析

（一）公共安全与应急信息监控方面

郑州新郑综合保税区（郑州航空港区）公共管理信息化平台一期工程建设项目已完成。主要包括数据中心机房工程、监控指挥中心大厅工程建设以及部分前端摄像机安装工程，其中指挥中心大厅由多媒体拼接屏显示系统、扩声及会议系统、指挥席位、领导席、会议区、值班区等组成。

平安港区建设项目正在进行中，主要包括设立视频监控点、高清卡口和电子警察，用于对港区主要区域、道路实施监控。

（二）"一站式"口岸通关服务平台

河南电子口岸平台已正式上线。该平台真正实现了报关、报检、外汇核销、出口退税等"一个门户入网、一次认证登录和一站式通关服务"，顺应了国际贸易"单一窗口"的发展趋势，支持全省所有口岸、海关特殊监管区域等。

（三）政务信息共享与业务协同方面

通过网格化管理建立了社会公共管理信息平台，实现了管委会上连郑州市、下连办事处，横向连接管委会各局（办）的社会公共管理信息系统，主要用于机关和基层报告、交办、处理各类矛盾和问题。

郑州航空港经济综合实验区（郑州新郑综合保税区）管理委员会建设有门户网站，可提供政务公开、政府信息公开、公众服务、网络咨询等项目。已成为空港实验区信息发布主要平台，并开通了航空港实验区手机客户端（2014 年底正式上线运行）。

2014 年 8 月开建的河南规模最大的云计算中心正在建设中。云计算中心有利于政府把各个部门之间的数据打通，整合政府业务，打通政府相关部门之间的数据库。

（四）在港区/城市资源管理与整合方面

纳入网格化的城市管理系统初步建立了办公信息处理平台，用于受理郑州市交办的城市管理需要解决的问题。数字化城管系统仍在规划之中。

（五）其他项目

郑州新郑综合保税区统计信息处理系统平台项目正在建设中。空港实验区公共资源交易中心网站建设项目正在进行中。2014 年 6 月河南省政府与阿里巴巴集团签署的云计算和大数据战略合作框架协议，有利于建立统一的 E 贸易公共信息服务平台、航空物流信息服务平台。

三　存在的问题

（一）信息化建设缺乏信息资源建设的总体规划

目前，航空港区信息化建设缺乏对全区开发利用信息资源的总体规划，信息化建设涉及众多行业和部门，管理制度和岗位设置不健全，管理职能较为分散，缺乏有效的协调管理机制，建设和运营效率亟待提高，实验区及各部门机构尚未建设由统一主管部门负责的信息资源管理中心。

（二）信息化系统建设中缺乏互联互通

平安港区建设项目（视频监控系统）、实现网格化管理的社会公共管理信息平台和城市管理系统初步建立的办公信息处理平台，这三个系统具有资源的共享性和应用的依存性，网格化管理需要视频监控系统的支持，平安工作也需要在网格化管理中解决问题。但目前三个系统相互独立，需要整合资源，实现系统融合。

（三）统一的电子政务网络尚未形成

相比于国内经济开发区的电子政务一站式服务网络平台，如苏州市开发区电子政务一站式开发平台，还具有很大的差距，并不能提供统一的电子政务一站式信息服务，如工商、税务、交通、医疗、人才等部门统一于网络平台开展网上审批、网络办公等业务。个别二级单位的门户网站还没有开通，信息化建设重复无序现象也很严重，统筹协调力度需加强。

（四）信息化建设标准规范不统一，缺乏共建共享机制

信息化建设及信息资源共享机制尚未建立，全区缺乏统一的信息资源管理基础标准，无法整合已积累的信息资源，"信息孤岛"大量存在，因此，信息共享程度低。四大基础数据库仍在建设过程中，标准规范不统一，各部门普遍存在信息资源垄断问题，信息烟囱和信息孤岛现象严重；各部门内部、不同部门之间不同程度地存在信息系统单项应用、资源分散、缺乏协同的问题。

总体上来说，航空港区在电子政务领域方面主要表现如下。一是横纵的矛盾。即指一个部门或行业内政务信息流和业务流在上、下级部门间可进行跨区域交换流转，但在一个区域内这些同级部门间横向业务流、信息流不能实现交换和共享，使电子政务未能发挥出最大效益。二是信息资源共享存在困难。在其信息化建设的过程中，不同的软件开发商采用不同的平台、不同的技术，采用不同的标准建设出不同的信息管理应用系统，这导致信息化建设中产生的信息资源不能共享，未能发挥出最大效益，这就需要针对空港实验区基础信息化建设以及信息资源共建共享进行统一规划。

第二节　空港实验区的规划及信息化趋势分析

一　航空港的特征

航空港的特征主要体现在"航空"和"港"这两个方面。

（一）航空

指载人或不载人的飞行器在地球大气层中的航行活动，譬如飞行，这些活动亦包括与天空有关的组织，如飞机制造、发展和设计等。通用航空是指所有非定期航班，包括私人和商业性飞机。通用航空可以分为公务航班、不定期航班、私人航班、飞行训练、降落伞、热气球、滑翔飞行、空中摄影、救护航班、特技飞行、空中巡逻警察或森林消防员。每个国家对通用航空都有不同规范，其规范还需看是私人性质还是商业性质。其市场主要是针对希望拥有私人飞机的顾客或飞行校的教练机。随着航电系统的改善，以往只有大型飞机的航电也能加装在小型飞机上，例如 GPS，再加上复合材料的应用使飞机更轻且飞得更快，成为发展小型飞机的推动力。许多国家允许私人飞行，能使政府给飞机发出适航证书时节省金钱和减少规范。

在航空飞行活动中，离不开交通管制。航空交通管制需要与飞行员保持沟通、维持飞机间距，确保飞机不会因为太接近而相撞。而航管员要通过飞行员或较大型机场里的雷达才能得知飞机位置。航空交通管制的种类有：中央管制员和控制台，负责管制机场范围内的飞机；海洋管制员，负责管制飞机，大多是国际航班；终端管制员，负责管制机场范围外 50～80 公里的飞机。在仪器飞行中，航空交通管制是十分重要的，因为飞行员可能因天气原因而看不到其他飞机或机场，纵使在较大型的机场里，飞行员能够目视飞行，但飞行员都需要听命于管制员，以维持空中秩序。而管制员会因为飞行员的工作量而提供不同情报去分隔飞机，例如天气广播、地形、飞行辅助等资料。然而，管制员不可能控制所有航班，北美洲所流行的目视飞行是不需要时时刻刻留意管制员的命令，而在某些地区，例如加拿大北部，因为没有航空交通管制服务，因此该地方不能进行低空飞行。

经过以上对航空的了解与分析可知，航空即是空中运输，包括乘客和货物的运输；核心环节是交通管制，即管制员与飞行员之间的情报交流，如天气、地形、飞行辅助等。

（二）港

指可以停泊大船的江海口岸，如商港、军港、港口、港湾、港务。港口是具有水陆联运设备和条件，供船舶安全进出和停泊的运输枢纽；是水陆交通的集结点，工农业产品和外贸进出口物资的集散地，船舶停泊、装卸货物、上下旅客、补充给养的场所。由于港口是联系内陆腹地和海洋运输（国际航空运输）的一个天然界面，因此，人们也把港口作为国际物流的一个特殊结点。故港的主要特征是运输枢纽、集散地，提供运输停泊、装卸货物、上下游客、补充给养的场所。

（三）航空港

航空港指位于航线上的、为保证航空运输和专业飞行作业用的机场及其有关建筑物和设施的总称，是空中交通网的基地。是民用航空机场和有关服务设施构成的整体，保证飞机安全起降的基地和空运旅客、货物的集散地。国际航空港需经政府核准，可以用来供国际航线的航空器起降营运，空港内配有海关、移民、检疫和卫生机构；航空港的主要任务是完成客货运输服务，保养与维修飞机，保证旅客、货物和邮件正常运送以及飞机安全起降。

1. 航空港的组成部分可分为飞行区、客货运输服务区和机务维修区三部分

（1）飞行区

为保证飞机安全起降的区域，内有指挥台、跑道、滑行道、停机坪和无线电通信导航系统、目视助航设施及其他保障飞行安全的设施，在航空港内占地面积最大。飞行区上空划有净空区，是规定的障碍物限制面以上的空域，地面物体不得超越限制面伸入。限制面根据机场起降飞机的性能确定。

（2）客货运输服务区

为旅客、货主提供地面服务的区域。主体是候机楼，此外还有客机坪、停车场、进出港道路系统等。货运量较大的航空港还专门设有货运站。客机坪附近配有管线加油系统。

（3）机务维修区

飞机维护修理和航空港正常工作所必需的各种机务设施的区域。区内建有维修厂、维修机库、维修机坪和供水、供电、供热、供冷、下水等设施，以及消防站、急救站、储油库、铁路专用线等。

2. 基本设施

（1）跑道与滑行道

前者供航空器起降，后者是航空器在跑道与停机坪之间出入的通道。

（2）停机坪

供飞机停留的场所。

（3）指挥塔或管制塔

航空器进出航空港的指挥中心，其位置应有利于指挥与航空管制，维护飞行安全。

（4）助航系统

辅助航空器安全飞行的设施，包括通信、气象、雷达、电子及目视助航设备。

（5）输油系统

为航空器补充油料。

（6）维护修理基地

为航空器做归航以后或起飞以前的例行检查、维护、保养和修理。

（7）货运站

（8）其他各种公共设施

包括水、电、通信交通、消防系统等。

3. 服务对象

（1）航空公司

航空公司是航空港的最大用户，航空港和航空公司之间是服务与被服务的关系，同时航空公司与航空港之间又具有紧密的协作关系。一方面机场需要航空公司的飞临，旅客吞吐量是航空港一切收入的根本。另一方面，只有设施完备的航空港才能使航空公司最终实现产品的完整生产。航空港需要通过航空公司争取旅客，离开航空公司航空港将失去生存和发展的依托。因此航空港要为航空公司提供技术、安全保障，如空中交通管制、通信、导航、气象、保安、消防等服务，以及商务服务保障，如客货运地面服务、飞机加油、机务维修以及国际机场提供联检等。

（2）客运旅客

航空港要为广大乘机旅客提供周到方便的候机、登机服务。

（3）货运客户

航空港要为航空货运货主提供及时便利的发货、收货、仓储服务。

（4）潜在顾客

航空港不仅为航空公司、旅客和货主提供服务，而且要重视更广泛范围的潜在顾客，包括航空港和航空公司的雇员、访问者、接送客者，附近社区的居民以及当地工商企业等。因此增强航空港综合服务功能，把航空港作为航空运输和商业服务中心成片开发，增设商业购物中心、旅馆、办公楼、会议中心、娱乐休闲设施等成了航空港建设的一个发展方向。

（5）地方经济

为航空港所在地的地方经济发展服务。带动商场、餐饮、住宿、旅游等产业的发展。

（6）国民经济

航空港在全局宏观上为国民经济社会发展服务。

通过以上分析可知，航空港的主要特征是：对乘客和货物进行空中运输的枢纽、集散地，提供运输停泊、装卸货物、上下游客、补充给养的场所；提供交通指挥与管制、飞机保养与维修、货物与乘客的检验检疫等服务；可带动商场、餐饮、住宿、旅游等产业的发展。

二　空港实验区的规划及其特色

在郑州航空港经济综合实验区的发展规划中，将其定位为国际货运枢纽，铁路、公路、航空相结合的综合交通枢纽，世界级航空大都市（实现以产业发展支撑城市发展），大型航空枢纽（强化陆空交通衔接，构建强大的航空货运技术系统）；总体规划的发展轨迹是到2025年成为国际航空货运集散中心，到2040年成为国际重要的电子信息产业基地、全球知名航空航材制造维修基地和全国重要生物医药产业基地。具体的发展思路是建设大型航空枢纽，依托航空货运网络加强与原材料供应商、生产商、分销商、需求商的协同合作，充分利用全球资源和国内国际两个市场，形成特色优势产业、生产供应链和消费供应链，带动高端制造业和现代服务业集聚发展，构建以航空物流为基础、航空关联产业为支撑的航空港经济产业体系。

目前在空港实验区的发展规划中，确定的重点发展产业有：

（1）航空物流业

即发展特色产品物流、航空快递物流、国际中转物流和相关配套服务；

（2）其他航空核心产业

包括航空金融、航空总部基地、航空设备制造与维修、航空维修业、公务机产业等；

（3）电子信息产业

（4）生物医药产业

（5）精密机械产业

（6）现代服务业

包括生产性服务业和生活性服务业。

在区域布局上，总规划面积 415 平方公里，充足的预留，控制范围 770 平方公里。按照集约紧凑、产城融合发展理念，优化功能分区，提出了"三区两廊"空间发展格局，充分考虑未来航空城功能配套问题。"三区"指航空港区、北部城市综合服务区和南部高端制造业集聚区，"两廊"指南水北调总干渠生态防护走廊和新 107 国道生态廊道。产业发展空间结构为"一核、三中心、三板块"，即一个空港核心区，北部金融商务综合服务中心、中部航空会展交易中心和南部生产性服务中心 3 个中心，北部、中部和南部 3 个产业板块。

在对"航空港"特征分析和空港实验区已有规划了解的基础上，提出空港实验区在建设过程中的发展特色，包括以下方面。

（一）航空物流

航空运输的速度更快，损坏率较低，尤其适合于易腐产品以及长距离运输和内陆运输。

（二）产业链式发展

充分利用原材料供应商、生产商、分销商、需求商和国内国外两个市场带动相关产业发展，尤其注重龙头企业的引入。

（三）综合保税区

主要规划有保税加工、保税物流、口岸作业和综合服务四大功能区，重点发展保税加工、保税物流、保税展示、保税研发、保税维修、国际贸易、离岸结算等产业。保税区的功能主要是面向实物商品开展保税仓储、出口加工、转口贸易等。

（四）跨境贸易电子商务服务（E 贸易）

E 贸易是基于保税中心，以快件/邮件为物流配送方式，且按照邮政征收管理办法来管理，服务于现代新型跨境贸易电子商务的综合物流服务方案，称为"E 贸易"。E 贸易可整合现有电商、网商、支付商、物流商等资源，搭建供应链一体化信息平台，实现大通关大数据的互联互通和资源共享。

因此，整体上要基于郑州航空港实验区独特的区位优势，从功能分工、产业布局、交通联系等方面建立优化区域空间结构的动力机制，充分发挥"一带一路"战略对沿线区域空间开发格局的优化作用。一是强化区域内分工，按照集约紧凑、产城融合发展理念，优化功能分区，规范开发秩序，科学确定开发强度，构建"三区两廊"空间发展格局。二是强化产业布局，根据区域内功能分工要求，探索建立以航空运输、航空装备制造、航空物流等航空驱动型经济为主导，航空金融、服务外包、电子商务、航空培训、文化创意等高端商务为支撑的产业布局。三是强化区域内基础设施互联互通，加快郑州新郑机场二期工程和综合交通换乘中心建设，提升郑州机场货运功能，完善陆路交通体系，发展多式联运，打造设施先进、网络完善、支撑有力、运行高效的国际航空货运枢纽。

三 空港实验区相关产业信息化趋势

随着技术不断地更新换代，空港实验区的产业发展越来越多样化，有与航空运输优势关联密集的主导产业，也有主导产业带动产生的一系列相关连带产业。部分航空港区濒临中心城市，或者有大量的城镇建设用地，使得空港经济区周边用地空间有限。所以，产业的规划对经济发展的影响很大。以发展临空主导产业为主的核心型产业较容易聚集到临空经济区，同时选择一系列的临空主导产业进行开发建设。同时，周边会聚集一些承接了部分空港经济区功能的产业，结合空港经济区的需要，形成类似临空经济区的卫星城，成为一种综合型临空经济区。

（一）航空港信息化规划建设

美国提出"国家信息基础设施"的概念很早，但是在最初并没有给出确切的概念，概括下来，主要由覆盖特定地域的光纤网络、连接所有"通信系统、数据库、电信消费设施"的光纤网络以及让传输"视频、声频、数字、图像等多媒体"的光纤网络三个要点组成。之后，各国纷纷开始研究，也提出了不同的想法。我国同样重视对国家信息基础设施的研究并提出了新的概念，认为信息基础设施是一个高速信息电子网络系统，它能给用户提供大量信息，由通信网络、计算机、数据库和家用电子产品组成。信息基础设施的含义十分广泛，不单单指用来传递、存储、处理信息的硬件设备，同时包括信息本身和相关的应用系统等。信息基础设施的建设十分重要，不仅是在国家层面促进信息科学技术发展，对于人们生活水平的提高和改善也有十分重要的意义。

在全球重视信息化建设的现代，数字地球这一概念被广泛地提出。数字化的航空港区成为数字地球的延伸与扩展，是数字地球的细分和局部。在数字地球的基本原理的指导下，将空港经济区的公共信息数字化，通过信息技术和信息产业，推动航空港向智慧型航空港的转型。空港经济区物流管理的智能化、企业办公的自动化、商务的电子化、交通管理的自动化、远程业务联网化、社区网络化等的实现都依托于空港区信息化的实现。随着信息科技越来越成为现代科技的核心和主流，以物联网、云计算、三网融合等技术作为支撑发展出的航空港的信息化，成为航空港区经济快速发展的关键。航空港信息化已经成为空港经济区提高综合竞争力的必然选择，信息化已经成为衡量空港经济区经济发展、综合实力的重要标准。

（二）物流信息化

21世纪，伴着人们生活水平的提高，物流业蓬勃发展，我们进入了一个物流全球化的时代。为了满足全球化和区域化的物流服务，航空物流成为物流全面发展中必不可少的一部分，也成为空港经济区不可或缺的一项主导产业。应当今时代的要求，采用无线互联网技术、卫星定位技术（GPS）、地理信息系统（GIS）、射频标识技术（RF）等技术手段对航空物流进行信息化建设。其中，需要的信息基础设施主要包括通信技术设施和必要的数据或信息。通信技术包括有线光纤、无线移动基站和卫星通信及其附属设施，要求四通八达，尤其是移动通信设施必须达到要求。

信息基础设施是物流的神经系统，必须保持通畅以及整个航空区无缝覆盖。同时，电子物流管理信息平台作为物流信息化的管理工具需要不断被完善，在已有管理信息平台如 ERP、CRM、SCM 和 LBS 大型软件管理平台的基础上，针对物流管理的特点，开发专用的物流管理信息平台，包括物流管理信息平台、智能化物流建通信息平台、仓库管理平台、客户管理平台、运输管理平台、调度管理平台以及物流管理及规范。

(三) 工业信息化

空港区因为广阔的空地以及偏远的地理环境，成为很多制造业选择发展的区域，也因此制造业成了大多航空区的主导产业。对于现代制造业来说，制造业的信息化建设是新型工业化的核心内容，信息化建设能够给它们提供更大的发展空间和应用舞台。

工业化作为一种传统概念与富有新时代特征的信息化有着很多不同之处，但是在发展中，两者的关系却密不可分。在工业化发展的基础上，才产生了信息化，信息化发展需要借助工业化的手段，反过来，信息化作为新时代的武器，为工业化发展增添力量，指引发展方向。工业化可以提供丰富的物资、人才，信息化则提供新型的技术力量，两者结合起来共同发展，有利于空港经济区分配好劳动密集型产业、资本密集型和技术密集型产业的合理搭配。

(四) 移动电子商务

得益于全球信息基础的实现，电子商务近年来发展迅速，服务与技术也日趋完善。为满足空港经济区流动人群以及居民生活的需求，移动电子商务的建设成为了空港经济区不可或缺的产业之一。电子商务是数字企业的主要内容，它与电子政务、电子金融、数字社区关系十分密切。在全球经济一体化的形势下，资金的流动和市场的变化明显加速，传统的电子模式也随着科学技术的发展进行转型。移动互联网技术的发展，3G 网络的普及以及 4G 网络时代的即将到来，为数以亿计的用户提供着极高的网络容量，也为企业互联网业务提供了一个高速率的平台。

在航空港经济区，人口流动的速度更快，很多人可能是为了业务或者工作暂时的停留。为了使移动电子商务给更多的人提供完善的服务，其关键技术要进行不断地改善。移动 IP 技术、3G/4G 移动通信系统、WAP 协议、GPRS 技术以及蓝牙技术等相关技术的加强和完善，将空港经济区的移动电子商务水平和信息化的交易和生活服务提高了一个层次。

(五) 社区信息化建设

伴随着航空经济区经济产业的发展，越来越多样化的产业注入空港经济区，随着生活化产业的完善，空港经济区社区的建设和周边居民生活质量的提高，社区信息化建设也成了空港经济区建设的关键一项。信息技术不仅融入各种产业中，也进入到了人们的生活。社区建设也在随科学技术不断改进发展，社区信息化也成为提供更加便捷生活的建设目标。

信息化社区及数字社区的建设是要通过物理结构，基于 IP 传输技术，以原来局域网技术结合广域网和互联网进行发展，是控制技术和信息技术的融合。数字社区是空港经济区发展的一个单元，也是地区电子商务、电子金融和电子政务的基础。社区信息化建设实现之后，信息、数据的交换将更加快速便捷，既有利于社区管理中心准确地反映住户信息，又可以使住户直接地将问题反馈给管理中心。管理中心也可以快速准确对各种设施设备的运行状况进行监控，从而更加合理地发出相应的应急处理指令。

第三节　空港实验区信息资源共建共享的举措

根据目前空港实验区信息资源共建共享的现状，结合空港实验区的特色，以推进空港实验区特色化发展为目标，提出推进空港实验区信息资源共建共享的措施。

一　建设统一的 E 贸易公共信息服务平台

所谓 E 贸易公共信息服务平台，就是利用保税中心的平台功能，搭建的一个跨境贸易电子商务综合服务平台。E 贸易服务的启动，可实现集中申报、降低物流成本、提高通关效率。E 贸易利用保税中心这个平台使得货物提前进入仓库，这样一来，国内消费者就会实现更低成本、更高效率的跨境购物。E 贸易公共信息服务主体主要是电商及电商平台（如阿里巴巴、EBAY、敦煌等）、物流商（如 EMS、UPS 等）和金融服务机构（如支付宝、贝宝、银联等第三方支付平台）。

目前，通过邮政、快递进行跨境贸易逐步增加，通过 E 贸易平台的运作模式既能促进以快件、邮政方式 E 贸易的发展，又能整合信息资源，使得交易和流通更便捷高效，降低交易和流通成本，对电子商务新政策新规制进行验证，发现新问题。同时，作为新的服务模式，其高效率、低成本的特点使得业务拓展空间大幅提升，促进了海关、外汇、检验检疫和国税等部门信息资源进一步整合。把不同部门对同一跨境交易行为的服务规则统一到 E 贸易平台上，是推动河南物流产业升级、中部物流高地的形成，提升河南国际知名度和影响力的重要支撑点。搭建电子信息平台，可将电商信息和个人网购信息在平台上进行汇总统计，使原来国家空缺的贸易统计中的电商数据得到准确统计。

目前，"郑州市跨境贸易电子商务服务试点（E 贸易）项目"（http://emaoe.net/）已于 2014 年年底正式上线。它通过河南省保税物流中心搭建的多方交易平台，把国外商品的仓库前移至保税中心内，实行"境内关外"的保税政策。它通过整合信息流、物流和资金流，解决通关、物流和结汇三大难题，实现企业获利、政府获益、消费者获得实惠。但是在港区 E 贸易发展中，存在以下问题：一是不同企业之间的信息化水平参差不齐，同一企业内部不同部门之间难以实现信息共享，这两种现象易造成企业信息化链条的断裂和信息化普及的断层。二是港区内一些企业已建立了自身的电子商务系统或信息平台，但在网上支付、信息交换、物流体系等方面所使用的协议和标准不尽相同，导致相互之间的兼容性和通用性较差，使得不同供应链系统之间相互独立，未能构成高效的动态供应链网络，这就限制了 E 贸易的快速、集约化发展。

因此，在航空港实验区 E 贸易公共信息服务发展中，政府要采取有力措施促进 E 贸易企业加强信息化基础设施建设，鼓励企业积极参与 E 贸易应用，利用网络开拓全球市场，并在政府部门的指导和协调下，通过联合协作和标准化，建立一套一致的技术标准。对适合开展 E 贸易的行业在资金、土地、税收、管理等方面给予优惠政策，如外贸、服装、鞋帽、花卉产品、鲜活产品等；政府还应促进各个电子商务平台间的相互兼容与合作，努力建成一个统一的 E 贸易公共信息服务平台，充分发挥 E 贸易的集聚效应，为建立和完善郑州航空港电子口岸信息化基础体系创造条件。

二 构建电子化供应链（e-SCM）网络

通过构建电子化供应链（e-SCM）网络，可实现企业信息的集聚、共享与整合，企业资源的优化与协同。在电子化供应链中，核心企业可通过产品或服务信息交流和远程交易，将上游的原材料和零部件供应商与下游的批发商、零售商、物流服务商、客户以及其他合作伙伴进行垂直集成或水平集成，构成一个电子化供应链网络，从根本上推动信息共享。

供应链的透明性一直被视为国际贸易供应链的最高诉求之一，而信息共享是实现供应链透明性的根本手段。通过电子化供应链，可实现成员间在货物描述、质量保证、发货时间、运输路线、配送状态、GPS 定位信息等信息的及时获取与共享。一个典型的例子就是全球"代工巨头"富士康。随着富士康项目在郑州的落地，来自中国香港、中国台湾、深圳、东莞、昆山、苏州等地 100 多个产业、400 多个供应商、服务商、物流商等配套企业也纷纷落户郑州航空港和周边区域。富士康通过跨企业的协同供应链管理软件"E2open"高效地管理和控制着与所有客户、供货商以及贸易伙伴之间复杂的供应链流程，不仅供应链变得更加敏捷、灵活和具有弹性，并且能够迅速捕捉到快速变化的需求信息，从而实现了降低成本、加快资金周转、缩短生产周期、确保有效供应，满足客户需求。

三　构建航空物流信息公共平台

该平台可在各个电子化供应链体系之间实现物流信息的共享。它是实现 e - SCM 和 E 贸易的先决条件，为组建电子化供应链和实施 E 贸易提供了物流配送的保证。在此基础上，可建设跨境网购物品集散分拨中心，为所有电子化供应链系统的所有成员提供物流服务，从而降低物流成本，提高物流效率，并帮助所有 E 贸易企业快速响应市场需求。

现代物流区别于传统物流的最大特点是网络化、信息化，其基本特征就是建立在互联网和电子数据交换平台基础上的物流信息和电子商务服务。随着电子商务的发展和培育航空物流业的需要，必须建立物流行业的公共平台，通过互联网形式整合物流企业的资源。航空物流信息化是以航空运输为主要运输形式，借助现代信息技术，连接供给主体和需求主体，使原材料、产成品从起点至终点及相关信息有效流动的全过程。它将运输、仓储、装卸、加工、整理、配送、信息等方面进行有机结合，形成完整的供应链，为用户提供多功能、一体化的综合性服务。目前国内航空货运系统不但使用的是 30 年前的老系统，而且彼此之间自成一体；数据交换沟通不畅等因素，使得效率丧失的同时，也将损失可观的市场收益。国内目前还没有一个航空公司具有一个统一的数据模型，这便造成开发应用的时候，每个开发者都会仅仅站在应用本身满足自己单独应用考量，而不站在企业层面考虑整体规划。航空物流信息平台的建立是航空物流企业实现广阔的网络覆盖和密集的航班频率、充足的舱位配备、平稳传递和快速准确的吞吐量、货运分拣中心的高速处理、客户的快速响应、大货主的个性化服务能力、供应链信息透明化、客户优先级划分及舱位可预订和分配等竞争优势的关键。统一平台的建立，将实现航空公司货运系统资源的整合，实现国内货运系统和国际货运系统的整合，为整个供应链的正常运作提供保障。

构筑航空物流信息平台，可分为航空物流信息系统和物流商务平台两个方面。一是构筑航空物流信息系统，其基本功能是利用电脑和网络等信息技术，对运输、装卸、配载、分拣、保管、存储、包装、配送、流通加工等物流作业进行统一管理和人力、设备和资金资源合理优化配置，对物流作业的相关信息进行完全的记录、存储、分析、管理和控制，并利用公共网络系统和资源与其他的商务系统构成全国联网和信息共享，实现电子货物跟踪和物流作业的公开、透明化，使物流信息在物流业务链上的相关企业之间实现信息公用和无缝隙交换。同时，利用航空物流信息系统，对货源、航线、效益、市场份额等进行分析，以便及时制定有效的经营策略。二是构筑物流商务信息平台。物流商务信息平台是指利用国际互联网络、局域网络、企业内部网络等技术构件，以航空货运物流服务为主的网上虚拟交易市场，即实现物流交易的电子化物流商务信息平台的参与方，包括专业物流公司、货运代理公司、机场航空货运站、销售代理、航空货运承运人、海关、检验检疫等相关部门，银行、保险等涉及航空物流业务链上的方方面面的企业、单位和个人，他们既是信息的接受服务者，同时又是物流信息的提供者。

航空物流信息公共平台由共用信息平台、基础信息平台和作业信息平台三大部分构成，共用信息平台是中心，并从框架结构、主要功能、运行模式等方面分别进行研究与建设。核心工作是要建设实验区共享数据库，实施电子数据交换。中心数据库要根据实验区物流业务建立主题数据库，即全体成员共享的数据库，其中一部分静态数据容量很大（如企业名录、运输名录、设施与服务规范等），另一部分动态数据库（如运输货物动态、市场、价格等）的频繁更新，需要合成汇总用户大量的上载数据，才能建立共享的信息库，逐步整合和建设基于基础数据库的多种主题数据库群，在此基础上建设多个面向不同应用领域的数据仓库群，以及这些基础数据库，主题数据库和数据仓库实现共享的基础设施（如网格等技术设施）。

在构建航空物流信息公共平台时，应注意以下几个方面：

（一）信息系统的标准和规范是构建航空物流信息平台的重要基础，是信息共享和数据传输的依据

民航信息化应遵循国际标准和国家标准，制定计算机信息处理的行业规范和代码，以及各个系统的网络和数据接口标准，以保证数据的安全性、准确性、一致性、完整性、共享性。要积极引进先进的大型信息系统和大型软件，避免低水平的重复开发和重复引进，通过合作开发和系统集成，培养自己的技术力量，掌握二次开发或修改原程序的能力。

（二）要抓紧建设常旅客、机务航材和企业管理等信息系统，逐步实现各信息系统的融合，并最终建成高效、先进、开放的综合信息系统

机场信息化以航班信息服务和生产管理调度为中心，建立机场中心数据库，实现空管、航空公司、供油等信息互联互通；管理信息系统采用先进、开放的系统平台，实现总局与地区管理局之间信息资源共享，提高办公效率和管理、决策水平。抓紧建设综合业务数据库，开展公文运转系统试点推广工作，建立和完善航空安全管理信息系统，实现国内、国际安全信息共享。

（三）全球分销系统要扩大服务范围，参与国际竞争

要建立与航空公司的数据接口，为航空公司提供市场销售的基础数据。逐步建立和开发规划、政务、财务、安全管理等空管综合业务信息应用；加快航空公司空地数据通信系统建设；集成空管、通信、导航、气象、情报等信息，形成运行、管理、结算、航空公司业务服务的综合信息平台。推行集中与分布式处理相结合的体系结构，航空公司和机场可进行本地处理，保障数据和系统安全。

（四）物流企业的资源整合是一个以客户需求为导向不断演进的过程，必须提供丰富的接口，满足供应链对信息透明度和业务操作整合的要求

建设具有综合信息服务、异构数据交换、物流业务交易支持、货物跟踪、行业应用托管服务等功能的港区现代物流公共信息服务平台，通过物流信息交换中间件，实现公路、铁路、航空异构物流数据的相互转换，提供物流信息查询、会员服务、智能配送、货物跟踪等物流信息服务，实现物流精细化、高效率管理，促进跨行业、跨地区物流信息资源的整合共享。加强跨行业的物流信息共享，建立完善行业性、区域性的公共物流信息服务体系，推动电子商务和物流信息化集成发展。

我国货运航空公司在信息、人才、基础设施等方面需要进一步建设和整合，需要不断推出新的服务产品、建立广泛的战略联盟，其未来战略发展目标应是物流全程解决方案供应商，在此基础上确定本企业主要针对哪些产品领域的客户提供物流服务，是全球化运作还是局部区域为主等企业市场定位。总之，航空物流信息平台建设要注意以下三个方面的问题：一是要加强领导统一协调，民航电子政务系统，涵盖总局地市管理局以及安全监督办公室。每一级包括多个部门，一定要统一规划、协调。第二，要统一平台，加快整合。民航电子政务要建立统一网络平台，机构和部门不能歧视。要重点完善政务系统，开发政务系统资源，加快系统之间的整合。第三，要推广应用保障安全，制定管理办法，采取多种技术手段，确保系统的安全。

四　建设企业公共信息服务平台

采用"政府引导、企业投资、市场化运作"方式，建成面向全港的企业公共信息服务平台，为企业提供政策信息、行业信息、市场信息和科技信息，提供财务管理、客户管理、电子商务等 SAAS、PAAS、IAAS，以及量身定制的"一站式"信息化解决方案和技术支撑。搭建企业公共信息服务平台，实现跨行业协作信息共享、跨区集群创新网络系统，完善产业集群配套体系，促进企业信息化低成本规模化发展。

建设企业公共信息服务平台，加强基础信息和监测信息分析工作，建设包括产业投资发展、生产运行、市场供求和价格、人才、新技术、新产品、新装备等动态信息在内的反映行业发展与运行的数据库及信息分析系统，为实施行业管理提供信息支撑，为企业经营管理提供信息服务。大力支持企业信息化建设，利用信息化技术整合信息资源，为企业提供网络架构、通信线路接入等信息化建设基础性服务，推动企业管理运行和商务活动的电子化、网络化；制定适合航空物流、高端制造等工业特点的信息技术规范和标准，建立合理的公共信息资源库和信息服务系统。

探索建设云计算综合信息服务平台，推广云计算服务模式，为企业发展提供云计算服务。围绕企业技术创新共性需求，搭建公共信息技术研发平台，开展检测验证、技术攻关、研究咨询和培训交流等服务。对现有数据中心等基础设施进行基于云计算模式的升级改造，形成处理能力强、存储容量大、安全可靠、布局合理、适应不同应用服务的云计算环境，逐步建设以应用为导向的私有云、公共云、社区云、混合云，构建"航空港区云"。针对不同行业的不同需求，搭建多种云计算基础平台，通过资源的动态配置提供用户所需要的各类云计算服务，促进研发、生产、经营管理各环节信息集成和业务协同，推动企业从单项业务应用向多业务综合集成转变。加强产学研资源整合，以多专业协同和跨企业协作为重点，建设协同共享的研发设计体系。

发展和完善面向产业集群和企业集聚的公共信息服务平台，提供研发设计、经营管理、质量检验检测等服务；引导企业加强研发设计、生产经营、市场营销等系统数据的互联共享，促进信息资源的有效利用。建设面向区域、行业和企业的公共信息服务平台，为企业技术创新、生产过程、经营管理、市场开拓、人才培养、筹集资金等提供支撑。整合软件提供商、电信运营商、系统集成商、管理咨询和工程监理机构资源，加强产学研用协同合作，建立并完善企业信息化服务资源共享机制，引导建设企业信息化服务联盟。开展企业信息技术应用示范，培育典型企业，总结典型经验，加快行业推广。

五　推进政务信息共享与业务协同

为建设港区法治型、效率型、服务型政府，必须大力推进电子政务资源整合与共享，深化电子政务应用。加强港区政务信息资源整合，加快推进系统互联互通和业务协同，实现信息资源交换与共享。深入开展信息资源开发利用，继续推进港区人口数据库、宏观经济数据库、自然资源和空间地理数据库、法人单位数据库等基础数据库建设、应用与共享。加快推进企业基础信息共享，增强政府部门市场监管和公众服务能力。规范电子文档管理工作，建立电子文件管理与信息化融合发展机制，推动港区电子文件管理工作有序开展。基于网络和新兴技术手段的资源整合和公共服务不断纵向延伸，日益成为政府与市民、企业和社会密切互动的基础。加强统筹协调、资源整合，实现相关部门互联互通、业务协同，打造高效、透明的服务型政府。

（一）加强电子政务顶层设计

加强政府部门信息化项目及业务系统建设的顶层设计与规划引导，构建纵向贯通、横向联动、资源共享的电子政务框架体系。深化各部门业务系统建设，逐步实现全业务、全流程和全覆盖。加强统筹规划，整合各部门信息系统资源，促进系统建设简约化和集成化，降低成本。进一步推进政务信息共享及业务协同，以业务协同为导向，全面推进跨部门、跨层级的政务信息资源共享，促进政务信息资源深度开发利用，提高信息共享使用成效。

（二）建立全区统一的电子政务信息平台

整合全区现有信息资源，广泛推行电子政务网络审批和在线"一站式"服务功能，对行政审批实行实时、动态、全程监控，为实验区政府厅局内、厅局间信息共享和快捷交换服务，为实验区领导和各厅局领导提供信息查询和辅助决策服务。构建实验区公共信息服务平台，适应新时期保障和改善民生的新要求，实现信息惠民，为民众提供安全、可靠、有保障的公共信息源。

（三）完善港区政务信息资源共享目录体系和交换体系，深化政务信息资源共享、交换与业务协同

进一步规范信息的采集、编目、维护和更新，制定政务信息资源共享交换实施办法及应用规范，建立跨部门资源共享交换的使用管理、责任认定和激励约束机制。以应用为驱动，以政务信息资源交换平台为支撑，全面梳理和优化业务流程，完善行政审批事项目录，以流程为中心，深化跨部门协同审批。

（四）推进政府服务网上办理

按照"统筹规划、试点先行、综合集成、协调推进"的原则，优化业务流程，减少办事环节，深入推进网上审批、并联审批等网上服务，打造以公众为中心，纵向到底、横向到边的电子政务公共服务体系。深入推进百项政府网上办理工程，理顺部门内部、跨部门的工作机制，全面梳理和优化办事流程，提供全生命周期、全方位、个性化、主动式的政府在线服务。推进信息公开和政民互动，保障民众的知情权、参与权、表达权、监督权。

（五）建立全面覆盖、动态跟踪、信息共享、功能齐全的社会管理应用服务体系

建立健全以"一套信用法规制度和信息标准体系，一个企业、个人'非银'及信贷信用信息"数据库为基础的信息共享交换平台，建设统一的港区电子政务云服务平台，制定电子政务云服务业务、技术规范标准体系，制定配套法规保障，逐步整合政府各部门业务系统应用支撑平台，提供统一的用户实名身份认证平台、电子证照、短信平台、电子表单支撑、网上支付平台、物流取件、呼叫中心、服务总线等云服务。

（六）推进各部门应用系统的互联互通和资源共享

继续整合完善经济、社会、民生等领域的基础数据库和公共信息资源库，深化信息资源共享与挖掘分析，增强信息系统智能分析与辅助决策功能，促进对宏观经济和社会运行情况的全面监测、管理和预测预警，提高政府宏观决策的科学性。满足转变政府职能、提高行政效率、规范监管行为的需求，深化业务系统建设，加快跨部门信息共享和业务协同，提高监管能力。

（七）积极探索云计算技术

充分利用云计算中心、党政机关专用数据中心和灾备中心、社会运营商相关平台等可靠的计算、存储、网络和其他基础资源及管理服务资源，建设电子政务云计算平台。以各部门新增业务系统为重点，推动政府部门业务系统与数据中心向电子政务云计算平台迁移，实现电子政务基础设施的共建共享。以港区数字资源平台为基础，探索政务信息资源云服务模式。推进信息系统开发与服务运维平台建设，以需求为导向，逐步为各职能部

门提供基础设施、平台、软件等云服务，提高电子政务运行效率，避免重复建设，降低总体建设、运行和管理成本。

六 加强空港实验区资源管理与整合

加强数字化空港实验区建设，整合空港实验区管理资源，实现市政设施、港区规划等信息资源共享。通过多系统整合互通实现管理和服务的精确性和人性化，推动空港实验区管理和服务模式创新。建设空港实验区海量信息资源库和一批智慧城市管理平台，提高空港实验区运行管理协同能力。建设全面覆盖、动态跟踪、联通共享、功能齐全的空港实验区管理信息系统，形成政府主导、社会参与、服务全局的社会管理信息化体系。建设空港实验区设施动态感知网和管理动态数据库，加强具有城市管理职能委办局的业务系统、相关公共服务企业业务系统之间的信息共享和业务协同，通过信息网络形成综合管理、执法、监督和公众参与"四位一体"的空港实验区管理信息化体系。

加快推进国土资源、交通、公安、人口计生、市政、园林、城管、环保、水利、民政等领域的专业应用系统和公共信息平台的集成建设，实现空港实验区管理与运行的数字化、网络化。深化物联网、云计算、移动互联网应用，推动空港实验区管理全过程信息的实时传递与处理，加强跨部门的协同管理与联动。拓展市民与道路交通、生态环境、公共安全等管理部门之间的信息沟通渠道，发挥市民参与空港实验区管理的积极作用。加快推动银行业、证券业和保险业信息共享，提高金融宏观调控和综合监管能力。

通过网格化管理可实现空港实验区资源管理与整合，其核心功能主要包括：

（一）基础数据

主要是通过网格员对辖区范围内的人、地、事、物、组织五大要素进行全面的信息采集管理，收集地理位置、小区楼栋、房屋、单位门店、人口信息、民政救济、党建纪检、工会工作、计划生育、劳动保障、综治信访、乡镇特色、志愿者服务、市场商铺、安全生产、特殊人群、治安信息和消防安全等信息。

（二）统计分析平台

主要是对于基础数据中的各类数据信息进行智能化汇总和分析，制成数字和图形报表，用柱状图和饼状图来显示，做到一目了然、突出重点、全盘分析。

（三）考核评比平台

主要是上级对下一级事件办理时限或者绩效的一个考核管理，系统可以自动对各级组织机构进行排名。考核内容主要针对办理事件的时限、民情日记的篇数和质量等指标进行考核，对于办事超时，拖拉的部门进行扣分管理。考核是系统的重要内容，是长效机制的重要手段，需要根据实际的情况详细地制定。形成事事有考核，人人有考核，以及责任追究机制。

（四）地理信息平台

电子地理信息平台支持在二维地图和卫星地图上进行区、街道、社区、小区等信息的标注。支持在三维地图上进行区、街道、社区、小区、楼栋、房屋等信息的标注以及可以自动和数据库的人口等基础数据进行挂接，能够显示所有楼栋，每个楼栋里的每一户房屋，以及户主和家庭成员的信息。三维地图显示方面：我们结合目前流程的数字城市模型技术，展现城市风貌，区域划分。地图信息平台能够显示某个小区下的所有楼栋，每个楼栋里的每一户房屋，每一户房屋里户主和家庭成员的信息。

（五）GPS 定位平台

网格员定位的功能可以实现对手持手机终端的网格员的实时位置的监控，指挥中心登录到系统以后选择相应的组织机构，可以在相应机构级别下将相应人员的位置显示出来。

空港实验区资源管理与整合主要包括以下几个方面：

（一）地理空间信息管理

根据空港实验区总体规划，结合空港实验区一体化建设，全面实现基础地理、规划成果、土地现状等多源空间信息数字化，加强对地籍、房地产、测绘行业等国土资源的信息化管理监控，继续完善地理空间基础数据库，加快推广数字空港实验区空间基础信息平台的应用，构建统一的空间（含地下空间）地理信息支撑体系，推进空间信息共建共享机制建立。加强空间地理信息数据的更新与完善，加强数据目录与交换体系的建设与维护。

建立一体化的空间地理信息数据的更新维护体系，建立完整的数据目录及交换体系，建立符合管理需要的、全市统一的全尺度编码体系，完善并及时更新基础地理信息数据库。

（二）高技术服务管理

完善科技中介体系，大力发展专业化、市场化的科技成果转化服务。发展建设新一代信息技术和信息基础设施，开展云计算服务创新发展试点示范，加强云计算服务平台建设。加强物联网应用示范和推广，打造物联网应用平台。加快培育新兴网络信息技术服务，加强软件工具研发和知识库建设。推进各类面向行业应用的信息技术咨询、系统集成、系统运行维护和信息安全服务。整合与共享现有资源，建立实用、高效的设计与咨询基础数据库、资源信息库等公共服务平台。

（三）人口信息整合与管理

建立人口信息共享机制，支撑实施实有人口动态管理。以人口数据库为基础，逐步整合分散在各部门的个人信息资源，集中存储涵盖市民个人医疗、教育、社保、税务、信用、人事、民政、住房等的全方位信息，实现市民终生动态信息的全过程覆盖，根据市民个人、政府部门、企事业单位等不同领域的需求，提供个性化的数据服务。

（四）旅游信息资源整合

构建面向海内外的多元化旅游宣传推广平台和标准统一的多媒体旅游数据库，形成资源互补的旅游资源信息库。建设旅游目的地营销、公共信息服务和旅游电子商务三大平台，构建跨区域、跨行业、大纵深、多元化旅游综合服务体系。大力发展文化创意旅游业，深度挖掘黄河文化、生态文化、民俗文化、民居文化内涵，加快发展港区旅游，积极打造国家旅游集散中心；加快建设中牟绿博文化产业园，着力打造国际化时尚文化创意旅游中心。

（五）智能交通

运用物联网技术，完善主要道路网络的交通信息采集网络，实时采集车流、车速、道路饱和率等交通信息，积极推广北斗卫星导航系统应用，为交通管理、指挥调度与公共服务提供完备的信息支撑。集成交通信号控制节点信息，优化港区路网交通信号智能控制，实现交通流的动态优化控制。通过数字广播、移动通信等多元化信息发布渠道，向车载电子导航仪、交通电子指示牌、电子公交站牌以及个人移动终端等设备，实时发布道路拥堵信息、停车场与停车位信息、公共交通线路与一体化换乘信息等交通信息，实现全方位、无缝隙的交通信息诱导，引导各种交通流在空间和时间上进行合理分布。

七　教育信息资源共建共享

建立覆盖全空港实验区的数字化教育资源服务体系，深化学校信息化建设，丰富数字化、智能化教学资源，促进优质教育资源普及共享，促进教育内容、教学手段和方法的现代化，促进学习型空港实验区建设。

（一）构建集资源、应用、管理和服务于一体化的"数字教育港"

全面建成覆盖空港实验区的数字化校园，促进优质教育信息资源总量不断扩大、充分共享。加强优质教育资源的开发，建立信息资源的共建共享机制，整合共享空港实验区优质教育信息资源。建设"数字教育港"公共服务云平台，建立健全教育信息化公共服务体系，逐步实现服务泛在化、对象全员化、应用个性化。充分应用云计算等先进技术，改革和优化"数字教育港"的环境、资源、应用、服务和管理模式，构建先进的教育资源云服务平台。完善学生学习发展中心、教师学习发展中心、社区学习交流中心的建设，让广大师生、企业员工和社会公众享受一站式的智慧教育资源服务。

（二）广泛部署基于互联网的教育和学习终端，营造普惠泛在的学习环境

建立涵盖基础教育、职业教育、成人教育、高等教育等领域的教育资源体系，推进优质数字化教育资源库和教育资源云服务平台建设，形成具有河南省特色的优质教育资源系统。在现有资源库的基础上，开发资源交换引擎，建立统一的资源交换平台，形成高度共享、交互操作的内容服务体系。构建空港实验区教育信息化服务平台，为教育从业者及受教育人群提供数据采集、信息检索、成果共享、经验交流、课件采集、资源检索、答疑咨询等服务，为港区教育机构提供教学资源。建设文献资料服务中心、数字图书馆服务中心和数字档案目录中心，提供科研论文、研究资料和图书馆馆藏典籍一体化检索、定位服务，以及历年国家重大项目成果检索、咨询、获取等服务。

（三）全民教育

搭建空港实验区虚拟教学平台，实施优质教育资源全民共享计划，开发引进基于网络应用的、探究型的学习工具，拓展广阔的网络教育教学空间，提供按需定制的优质教育资源服务和网上课程服务。发展现代远程教育和网络教育，推进优质教育资源普及共享。加快开放公共数字化教学资源，构建面向全民的终身学习网络和服务平台。选择条件成熟的学校，开展电子书包的试点工作，促进自主化、交互性、协作式学习环境建设。建立空港实验区统一的教育信息数据标准，逐步构建涵盖学生、教师、校情、安全等信息的教育基础数据库，强化动态的预测、预警、干预、指导功能。完善教育信息服务门户，为市民提供全方位、便捷的教育信息获取，家校互动，学习机会管理等各种教育信息服务。

（四）建设先进、高效、实用、安全的教育科研计算机网

建成开放灵活的教育资源公共服务平台，完善中小学校舍安全工程管理系统，形成科学规范的信息化教育管理体系；整合各级各类教育资源，形成集中与分散相结合的教育资源库群；建立公共教育信息资源共享机制，提高教育科研设备网络化应用水平。研发建设基础设施、科学仪器、文献数据、自然科学等科技资源共享平台，推进空港实验区科普信息资源共享平台建设，促进相关平台资源、信息、成果的有效共享，提高科研成果转化率，持续提升影响力。

八　公共安全与应急信息监控

构建多元化、智能化、网络化的公共安全与应急信息监控体系。整合公安、消防、应急办、交通、气象、卫生、人居环境、水务及城管的公共安全与应急资源，构建覆盖空港实验区的跨部门安全应急体系，实现全区安全应急联动，全面提升公共安全应急的组织、指挥、协调能力。完善水文、气象、环境、地质灾害的监测站网络，提高城市公共安全、灾害预防和应急水平。

（一）公共安全云平台

以物联网、云计算、3G等核心技术为支撑，搭建空港实验区公共安全监控平台，建立覆盖全区的技术防范网络体系，对电梯、桥梁等公用设施

和水、燃气、供热等公用事业管网进行实时、全程监测，构建公共安全预防、预报、联动处置体系，实现一个平台、多级使用、设施共用、资源共享、安全保障的目标。构建安全可靠和快速响应的基于电子签名的联合身份认证服务体系，制定电子签名应用标准，促进数字证书、电子印章的互联互通，整合互联网身份信任服务，推动互联网应用向广度、深度和联合方向发展。

（二）交通安全云平台

依托交通管理指挥系统，整合各部门交通信息管理系统，促进监控设备与视频资源整合与共享，建成城市智能交通安全保障平台。对公交、出租、长途客运、轨道交通等进行定位、跟踪、指挥、调度和视频信息采集，实现智能化管理和安全预防，保障城市交通安全。整合优化公安、交通、金融、文化、安监等领域的监控信息资源，构建覆盖公交车辆、轨道交通、餐饮企业等重点场所的监控体系，提升空港实验区公共安全预警能力。

（三）食品安全云平台

利用 RFID、移动传感等技术，构建食品安全监控平台，加强对无公害、绿色和有机蔬菜、猪肉、牛奶等农产品及酒类等生活用品的生产、加工、存储、运输和销售等数据监控，开展事前分析、监控，事后追溯、取证，实现对食品安全的全程管理。以肉类、乳制品等为重点领域，深化农业、商务、工商、质监、卫生、食品药品监管等涉及食品安全部门的信息系统建设，整合和集成食品企业监管、食品安全追溯、食品检验和食品风险监测等信息，建设综合的食品安全监管和信息服务平台。

（四）生态环境监控云平台

依托环保局污染源自动监测系统和水务局"金水工程"，在整合环保局、水务局和气象局原有信息系统、通信网络资源的基础上，使用云计算、感知等先进技术建成智能化生态环境监测平台，对空气质量、水污染、大气污染等环境质量影响要素进行实时动态和全程监管，实现部门间环境数据交换和共享，建立健全环境监测、预警、通报和处置机制。利用物联网技术，推进生态环境监测信息体系建设，加强环境、水务、气象等部门信息共享与协同，为生态环境研究、管理与决策提供有效的信息资源和技术手段。优化整合水文、水资源、水质等在线检测和采集，实现源、供、排、污、灾等水资源与水安全管理环节的实时监控、历史回溯、预测预报和综合调度管理。

（五）应急信息交换平台

整合各相关部门资源，实现应急信息的交换和共享，提升空港实验区政府对自然灾害、事故灾难、公共卫生、生产安全和社会安全等事件的应急指挥和处置能力。加快推进空港实验区应急平台建设，推进实时监控系统资源的整合，促进各级各类应急管理系统互联互通，建立多渠道信息报送发布系统以及具有监测防控、预测预警、指挥调度、应急保障、模拟演练和空间辅助决策等功能的应急综合管理系统，实现信息收集、反馈、决策和指挥协调的智能化。鼓励运用信息化手段，推进应急救助资源共享，增强应急指挥调度协同能力，形成统一指挥、反应灵敏、运转高效的应急联动体系，提高空港实验区应急处置水平。

第四节　空港实验区信息资源共建共享模式分析

在提出上述空港实验区信息资源共建共享八大举措的基础上，如何实现空港实验区的信息资源共建共享是需要解决的问题。探索适合于空港实验区的信息资源共建共享模式是实现八大举措的重要保障，本节将从信息资源共建、信息资源共享和信息资源服务三个方面来分析空港实验区信息资源共建共享模式。

一　信息资源共建模式

在信息资源共建中，资源整合是有效的信息资源共建途径。数字化信息资源整合是充分利用计算机技术、网络通信技术、应用软件及数据库技术，构建信息资源共建平台。在共建过程中，建立资源共建的原则、规范和标准，对参与共建的各成员组织间相互独立的数字信息资源进行融合与集成、优化与重组，将异构的、分散的、无序的、不同形式与载体的数字化信息资源建设成为有序的、相对统一的数字化信息资源体系，使用户通过统一界面实现跨库、跨平台的资源检索与利用。信息资源共建模式主要

包括以下 3 种:

(一) 异构数据的资源整合

信息资源异构数据的资源整合为解决多平台、多类型、多结构的信息资源集成问题提供了解决途径,解决了信息资源在平台、结构、系统环境等方面的差异性,可实现多种平台信息资源的无缝对接。这对在空港实验区不同组织之间、多种数据类型之间,建立统一的信息资源共建平台、实现资源共建提供了解决方案。

异构数据源的整合需要处理的数据形式主要有两种——存储于关系型数据库中的结构化数据和非结构化或半结构化的文本数据。对于结构化数据,需平台开发人员与数据提供者合作,根据数据的结构化描述进行异构整合,这一过程相对较为简单。对于非结构化或半结构化数据,由于事先没有进行数据格式规范,在整合时需分析原始数据,根据其外在表现形式所呈现的规律,总结归纳出专用的数据模式,挖掘可以表现原始数据基本特征的元数据,再进行后续处理。

在异构数据资源的整合过程中,需将各种异构数据库、半结构化数据通过包装器进行包装,然后进行数据模式转换,实现异构数据的整合。包装器是这一整合过程中最重要的元素,它将分散的异构数据源按照统一的数据模型进行包装,使得在用户查询或数据更新时均采用这一数据模型标准。用户在进行数据查询时,包装器将其转换为异构数据源能够理解的查询方式,并在这一数据源上执行查询,然后将返回的结果再转换成统一的数据模型,返回到用户端。

(二) 数据库统一建库系统

空港实验区建设以"航空物流、高端制造、现代服务"三大产业为主导,致力于建设"智能终端、电子信息、精密机械、飞机制造维修、航空物流、生物医药、电子商务、商贸会展"八大产业园区,这些高端产业的建设离不开全面、完整、及时更新、专业性强的信息资源体系的支撑。单一的自主建设模式具有规模小、更新慢等缺点,难以满足高新产业的快速发展需求。因此,只有广泛联合各企业、政府部门、图书馆、信息资源中心等各组织共同建设信息资源数据库才能提供区域信息资源保障。数据库统一建库系统可为在不同组织间进行信息资源共建提供技术支持。

数据库统一建库系统可建设大型的、分布式的数据仓库，使异地的、异构的数据资源实时、动态地发布在同一平台上。这一系统操作也较为简单，即使非计算机技术人员也可根据需要随意自助建库、管理和发布数字信息资源，这大大降低了数据库建设人员的技术门槛，为空港实验区联合共建信息资源奠定了技术基础。

该系统可有效整合不同类型、不同结构的数字信息资源，通过对数据内容的分析、知识关联的揭示，并采用统一的集成模式框架，实现自助建库的异构数据统一建库系统。它的数据库建库功能包括数据库可定制、数据属性可定制、数据字段可定制等，具有良好的灵活性和兼容性，支持数据的高效存储与检索。由该系统建设的数据仓库具有更强的结构兼容性、知识包容性和组织灵活性。它目前可兼容文本型、图表型、数值型和文件型等多种类型数据，并根据不同的功能可分为用户与权限管理模块、配置管理模块、数据管理模块、日志管理模块、错误管理模块、模块管理、数据结构管理等子模块。

（三）建立统一的信息资源导航体系

在空港实验区信息资源共建过程中，可将资源共建与资源整合两种方式相结合，建立空港实验区信息资源的统一导航体系。这一导航体系可采用主题树型结构和快速链接直接访问页面两种方式。对于新用户，可通过主题树导航系统根据内容分类查找所需信息；对于老用户，则可以采用快速链接的方式直接访问所感兴趣的信息资源。信息资源导航体系可包括以下 5 个部分：

1. 主题树导航

即建立导航库，将所有信息资源进行集中、分类、整理，按照用户方便查找的原则将其组织起来，并以主题树的形式提供给用户，为用户查找信息提供导航。

2. 热点导航

根据空港实验区信息用户的需求，筛选出现阶段用户最为关注的热点信息，设置"热点导航"，方便用户快速查找到热点信息。

3. 最优数据库导航

根据用户使用数据库的统计情况，筛选出使用率较高的数据库进行最优推荐。

4. 最新数据库导航

针对每一大类下最新的数据库进行重点推荐，以更新用户所获取的信息资源。

5. 元数据集导航

根据数据库中的元数据集合建立导航体系，以全面揭示数据库信息资源，为用户提供浏览和检索两种查找途径。

在空港实验区信息资源共建中，上述三种模式均可应用其中，实现异构、多平台、多类型的信息资源共建与整合，为空港实验区信息资源共建提供了技术手段和模式支持。在空港实验区信息资源共建过程中，应注意两点：一是信息资源共建的标准化。在资源共建中应制定合理的平台总体框架、技术标准规范、平台扩展规范、数据库接口规范等，规范跨平台的数据共建共享。二是信息资源的规范化建设。应制定平台元数据标准，建立相应的基本元数据规范，包括格式定义、语义定义、开放标记规范、扩展规则等。

二　信息资源共享模式

赖于民等[①]归纳总结了信息资源共享的三种模式，主要有：

（一）集中型（垂直型）共享

即具有隶属关系的某一系统内的各信息机构在不同层次之间协作共享信息资源。成立信息资源中心馆，所有下级馆都与中心馆相连接，实现中心馆信息资源的共享。这一共享模式中各成员馆之间具有行政和业务上的隶属关系，较易组织。但这种模式有两个缺陷：一是垂直型结构本身所固有的封闭性，无法实现与其他系统内信息资源的充分共享；二是这一模式中成员馆之间的距离较远，在馆际互借服务中时滞较长、成本较高。

（二）层次型（水平型）共享

即一个地区内不同系统、不同信息机构之间的信息资源共享模式，是区域跨系统的共建共享模式。这一共享模式就是在某一地区范围内，建立

---

① 赖于民等：《数字化信息资源共建共享的机制和模式研究》，《现代情报》2005 年第 12 期。

信息中心，在信息资源建设中集中管理、统一标准、联合编目，使在地理位置上分散分布的信息资源得到有效集中，并向用户提供资源与服务。这种模式比较符合目前空港实验区的实际情况，但由于不同企业组织之间有各自的运作模式和信息化机构，彼此间缺乏强烈的合作动机和有效的协作机制，若无合理、有效的运行机制和保障机制，这种模式在实践中往往流于空谈。

（三）网络型共享

即某一区域内所有的情报机构、信息机构之间直接相互联结，共享信息资源。这一模式需要采用先进的计算机技术和现代化设备，将各成员机构进行联网，形成网络化结构。这一模式在理论上是最理想的，但在具体实施中较难以实现。

根据上述 3 种信息资源共享模式的特点可知，空港实验区信息资源共享可采用层次型共享和网络型共享两种模式。在空港实验区信息资源共享建设中，应注意两点：一是加强不同组织之间的协同与合作，建立有效的激励机制和协作机制，以保障空港实验区信息资源共享的有效运行。二是建立空港实验区信息资源中心作为信息资源共建共享的主要负责机构，承担起该区域信息资源共享的主要工作，以保障区域信息资源共建共享的顺利开展。

三　信息资源服务模式

空港实验区信息资源共建共享的最终目的是为该区域内的信息用户提供信息服务。空港实验区可采用的信息资源服务模式有以下 4 种：

（一）集成信息服务模式

即"一站式"服务模式，指针对某一特定领域或某一特定用户信息需求，把信息资源共建共享体系下各要素有机集成在一起，形成一个整体，使用户获得面向主题的信息服务。用户在利用集成服务时，面对的是"一站式"的计算机操作界面，而后台则是整体化集成式的信息资源共建共享体系，它提供给用户全方位的、一站式的信息资源与服务。这一服务模式提供的信息资源具有全面性、丰富性特征，能够满足用户的多样化需求。集成服务模式的表现形式是建立知识门户网站。知识门户是基于学科信息门户发展而来的，它综合了学科信息资源和知识资源。用户可通过访问某一学科知识门户，并通过相应的链接，查找大量专业信息和知识，这种被称为"隐性网络"的站点能提供更专业的数据库检索。这类站点通常由专家进行组织与整理，以保证所提供知识和信息的质量。以学科形式进行知识的深度组织和聚合，可满足不同学科、不同专业、不同部门的科研人员通过共享信息平台，以单点登录的形式在跨平台范围内迅速找到需求信息或知识。知识门户通常支持跨平台、分布式的浏览和检索服务。

（二）咨询式服务模式

即依据各类用户的不同特点和需求，组建统一管理的"信息咨询中心"，对外开展信息咨询服务。这一服务功能可由区域科技信息研究机构或公益性图书馆承担，中心可承接各类咨询服务，如科技查新、文献检索、用户培训、定题服务等，可根据用户需求内容由中心不同部门承担。目前咨询服务模式主要以网络咨询服务为主，即以网上咨询为主的电子文献信息服务，具有网络化、远程式、共享性和丰富性等特征，是信息资源共建共享环境下的重要信息服务模式。这一服务模式克服了信息服务的时间和地点限制，更为高效。同时，它弥补了传统资源的不足，延伸了参考资源。常见的网络咨询方式[①]有常见问题解答、电子邮件参考咨询、电子公告栏在线咨询等方式。值得注意的是这三种服务模式并没有严格意义上的区分，只是各种模式的侧重点不同。集成模式强调了信息服务的集成性，用户中心模式强调了信息服务中的用户需求导向，网络咨询模式强调了信息服务的远程性。

（三）协同式服务模式[②]

空港实验区信息资源共建共享的一个重要特征是跨组织、跨部门的资源整合与构建。随着技术的发展带来信息和知识的增加，这些信息资源大多以地理区域、部门机构或行业企业的形式处于分布式存储状态，彼此之间缺乏互联和共享。协同式信息服务模式是一种跨组织、跨部门的信息协同利用方式，可在区域范围内将信息服务从一个部门向多个部门进行横向拓展，形成一种互联互通的协同模式，达到优势互补、资源共享的效果。这一服务方式在成本和效率上均具有一定的优势。

---

① 赖于民等：《数字化信息资源共建共享的机制和模式研究》，《现代情报》2005年第12期。
② 刘芷欣：《区域创新体系中信息资源服务模式探讨》，《图书馆学研究》2013年第9期。

（四）以用户为中心的服务模式

这一服务模式主要以"用户为中心"，集中体现在：一是在信息资源共建共享中，各种信息组织模式、服务功能、检索方式等均以用户为中心，以用户需求为导向进行安排与设计。二是创建个性化信息服务，根据用户需求的不同特征和偏好来组织与显示信息资源，提供多样化的信息服务。这一服务模式强调以用户为中心、用户需求为导向来提供信息服务。

在以上 4 种服务模式下，空港实验区信息资源共建共享可提供的信息资源服务包括信息检索、信息资源导航、定题检索服务、个性化定制服务、专家参考咨询服务、决策支持服务等内容，这些信息服务的开展可有效满足空港实验区用户对信息资源检索与利用的需求，为空港实验区快速发展提供了信息资源保障。

第五节　空港实验区信息资源共建共享运行机制分析

信息资源共建共享涉及很多方面，其中信息资源共建共享运行机制的建立和完善对解决信息共享问题具有重要的实际意义。近二十年来，从国际组织到单个国家都先后通过政策引导资金的引入，鼓励和加强信息资源共建共享。资源共建共享也是我国信息资源整体化建设的重要策略，迄今为止无论在理论上还是实践上均取得了显著进展。从 20 世纪 90 年代开始，我国对信息资源共建共享的认识迅速提高，图书馆界开始尝试一定范围内的信息资源共建共享。21 世纪初，公共图书馆、大学图书馆、科研情报院所等机构迅速在几个系统内部开展起了信息资源共建共享，同时开展了标准规范的前瞻性研究。但在运行机制方面，各共享系统基本上还处于摸索阶段。本节将分别从组织管理机制、利益平衡机制和信息评价与用户反馈机制 3 个方面对信息资源共建共享的运行机制进行深入分析，探索适合空港实验区信息资源共建共享的运行机制。

一　组织管理机制

建立有效的组织管理机构是空港实验区信息资源共建共享的保障。要实现空港实验区不同企业、不同机构、不同组织之间信息资源的共建共享，如果没有设立专门的机构对其领导并对合作和资源共享工作负责，那么资源共享就无法落到实处。因此，建立有效的组织管理机构是非常有必要的。

在我国图书馆界，各系统内部的信息资源共建共享工作正在有条不紊地进行中。这些大型的信息资源共建共享项目包括中国高等教育文献保障系统（China Academic Library & Information System，CALIS）、国家科技图书文献中心（National Science and Technology library，NSTL）、中国高校人文社会科学文献中心（China Academic Social Sciences and Humanities Library，CASHL）、国家科学数字图书馆（Chinese Science Digital Library，CSDL）等，他们分别开展了高校、公共和科研系统图书馆的文献信息资源共享，是目前较为成功的信息资源共建共享的实例。在组织管理机制上，CALIS 项目包括项目管理委员会、项目专家委员会、项目管理中心、三级服务体系（包括全国文献信息服务中心、地区和省级文献信息服务中心、成员馆）。CALIS 项目管理委员会是项目法人组织，统一领导 CALIS 项目的建设，对项目实施建设管理，协调建设中的相关事宜，监督检查项目执行情况。CALIS 项目专家委员会主要协助制订、审核工作方案、技术路线和工作计划，对项目进行评议和可行性论证，并提出改进建议。CALIS 项目管理中心负责项目的具体实施，对项目管理委员会负责，接受专家委员会的指导与监督。三级服务体系中的全国中心是文献信息的最终保障基地，地区和省级中心则把地方建设纳入 CALIS 体系，成员馆则直接对最终用户提供服务。CSDL 成立了项目领导小组、专家组，设立了国家科学数字图书馆项目管理中心（简称项目管理中心），对项目进行建设和管理。项目领导小组负责指导项目建设，对项目建设重大问题进行决策、审批项目建设方案、实施计划和项目经费预算，定期检查项目建设进展。项目专家组负责总体方案和各期项目规划的技术论证，为领导小组提供咨询。项目管理中心负责整个项目建设的组织实施工作。NSTL 在组织管理上实行理事会领导下的主任负责制。理事会是中心的领导决策机构，主要负责中心各项工作的组织实施，科技部对中心进行政策指导和监督管理。NSTL 设信息资源专家委员会和计算机网络服务专家委员会，对中心的有关业务工作提供咨询与指导。中心设办公室，负责科技文献信息资源共建共享工作的组织、协调与管理。CASHL

由项目管理中心和 2 个全国中心、5 个区域中心以及 10 个学科中心组成。管理中心负责整体资源建设与服务规划，管理与协调 CASHL 各中心，推动项目的整体发展。全国中心负责资源的整体规划、建设和服务，区域中心协助全国中心进行资源的整体规划、建设和服务，配合 CASHL 管理中心开展数据加工工作，维护本地文献传递服务系统。学科中心则按照学科特点规划、收藏电子资源和特色资源。总之，这些全国性的信息资源共建共享工程在组织管理上均采用了多层管理、专家参与的形式，对于设置空港实验区信息资源共建共享组织管理机构具有借鉴意义。

空港实验区作为郑州市新设立的一个行政区域，由实验区管委会主管。要实现这一区域信息资源的共建共享，需建立有效的组织管理机构。这个组织管理机构的形式可以是区域信息中心，由空港实验区管委会成立"空港实验区信息资源共建共享中心"，即区域信息中心，联合该区域的公共图书馆、周边高校图书馆，如龙子湖高校园区图书馆，和各企业信息部门，遵循"资源共享、优势互补、互惠互利、自愿参加"的原则，开展信息资源的共建共享。信息中心由空港实验区管委会直接领导，负责信息资源共建共享工作的具体实施，其主要职能包括：①制定有关信息资源共建共享的制度和政策，搭建信息资源共建共享平台；②制定各成员组织共同采纳的数据技术标准和规范，解决不同组织间的数据异构问题；③对不同组织的信息资源共建与整合、协同采购等工作进行组织与协调；④向政府有关部门申请资金，保证资源共建共享工作的开展与运行；⑤督促检查各成员组织共享资源建设的情况；⑥研究开发合作的项目。在"空港实验区信息资源共建共享中心"下可设置专家小组，由计算机领域、图书情报领域的专家组成，协助制订、审核空港实验区信息资源共建共享项目的工作方案、技术路线和工作计划，组织有关方面的专家对各个专题项目、子项目进行评议和可行性论证，并对项目建设提出改进建议。

二 利益平衡机制

在空港实验区信息资源共建共享中，利益的分享是各组织参与其中的原动力。空港实验区信息资源共建共享的利益成果应由共建各方共同分享，实现共赢，这符合市场经济的客观规律。我国长期以来分灶吃饭的财税体制和不明晰的利益分享机制使已有合作多数停留在战略层面，因此要深化研究空港实验区信息资源共建共享的利益分享机制，探索构建合理的利益平衡机制。

在我国高校图书馆信息资源共建共享中，利益平衡机制是实现图书馆合作有效管理的重要机制。在高校图书馆信息资源的共建共享中，由于各成员馆的馆藏基础、人员数量、经费与设备条件以及服务能力的差异，客观上存在两种利益冲突：一是大型成员馆在共享中的付出与收益不平衡，通常是付出多、收益小，从而大大影响了参与共享的积极性。二是在共享组织中，大型成员馆认为小型成员馆"搭便车多，投入小，收益多"，对小型馆的要求和利益不予重视，从而使小型馆对共享产生了消极态度。因此要实现不同组织间的信息资源共建共享，需建立合理的利益平衡机制，以保证共建共享的可持续发展。

（一）利益平衡机制的具体内容

所谓"信息资源共建共享利益平衡机制"，就是以经济利益为基本驱动力，对参与信息资源共建共享的成员组织经济利益关系进行调整，使各成员之间的利益达到一种相对平衡，并促使各参与成员产生一种积极参与共建共享的驱动力，从而实现对各成员组织思想行为的引导与控制，实现空港实验区信息资源共建共享的目标。

建立共建共享成员组织之间的利益平衡机制，就是要使各信息资源成员受益，愿意把自己的信息资源与大家共享，不履行共享义务的成员要及时取消其共享资格。参与共建的投资成员，只有取得与投入比例相适应的利益，才有共投共建的积极性。"拉郎配"或"劫富济贫"的办法，终究难以实现真正意义上的、持久发展的、联系紧密的共建共享联合体。

空港实验区信息资源共建共享中心应负责建立成员组织之间的利益平衡机制，具体包括：

1. 竞争激励机制

通过制定相关的竞争原则，对在共建共享工程中贡献突出的成员组织进行奖励，对符合要求的成员组织给予肯定。通过奖励及实施优惠政策等方法，使得投入、贡献与利益相对平衡，调动成员馆参与数字化信息资源共建共享的积极性，更有力地促进图书馆的发展。通过完善职务聘任制度，鼓励竞争，优胜劣汰，形成一个投入与贡献的利益平衡机制，赋予成员组织努力去实现整个目标的动力，调动各方参与信息资源共建共享的积极性。

2. 经济约束机制

经济是信息资源共建共享系统运行的基础，从系统的构建、运行及可持续发展均需要一定的经费支持。信息资源共建共享中心应做好经费的规划与预算，统一各种收费项目与标准，规范系统内的各层经济行为，充分利用经济约束这一机制来调控系统的运作。约束机制还包括数字化信息资源共建共享运行标准规范和违规处罚机制，即通过经济、行政、法律等手段，对数字化信息资源共建共享系统的日常运行进行有效的规范、约束，使成员组织在同一行动纲领下，有章可依，有法可循。

3. 行政干预机制

根据我国国情以及资源共享政府行为、民间推动的协作形式，行政干预仍有重要作用。建立有效的行政干预机制，可最大限度地集中财力、物力与人力，集中意志来实现共同目标。

4. 建立和谐的协调机制

通过合作、协调，将各个独立的参与成员结合成分工明确、管理有序、职责分明的联合体，形成集中统一、办事高效、运转协调、行为规范的管理体制，实现各种资源的合理配置和统一管理。

（二）利益平衡的实现措施

利益平衡是不同利益的合作者之间通过合理的组织结构、管理层的有效领导、良好的激励措施、广泛认同的文化软环境等方式，科学地制约与协调各种利益关系，分配各种利益成果，实现各方利益的相对均衡，达到互惠互利和多方共赢的目的。空港实验区信息资源共建共享中的利益平衡可通过利益协调和利益补偿两种手段来实现。

1. 利益协调

利益协调是基于利益分化而采取的各种约束和调节利益关系的手段、方法和措施，它可以有效地限制不规范、不正当、不合法的逐利行为和损害他方利益的行为，保证在公平的基础上建立相对均衡的利益机制。具体措施包括：一是统筹兼顾各层次主体的利益。参与信息资源共建共享的成员组织中无论规模大小、条件优劣均是共享组织中的一员，在参与共建的基础上都有权共享信息资源。信息资源基础好、共享能力强的组织，其在社会资源配置中占有更多的社会资源，其本身就有责任和义务在信息资源共建共享中做出更大的贡献，向其他组织输出资源与服务。二是建立约束、平衡利益关系的制度。信息资源共建共享涉及参与成员各方面的利益，其积极的参与意愿有赖于各种规章制度的建设与管理，包括组织机构、资金管理、资源建设、成员守则等方面，可以协议形式明文规定各项权利和义务，保证参与成员严格遵守规章制度的同时能及时表达自身的利益诉求。三是加强沟通与交流，促进和谐发展。空港实验区信息资源共建共享中心应设立沟通平台，增进成员组织之间的相互了解，建立相互间的信任、友好关系，提倡必要的奉献精神，正确处理好信息资源共建共享的整体利益与成员组织个体利益之间的关系，对存在的问题与分歧达成共识，促进空港实验区信息资源共建共享高效运转。

2. 利益补偿

空港实验区管委会可拿出部分经费，作为信息资源共建共享中心的专项基金，补偿那些资源和服务输出多、质量高的成员组织。空港实验区信息资源共建共享中心可建立年度量化考核指标体系，对成员组织的共享服务进行量化考核与评价，通过利益补偿实现各成员组织之间的利益平衡，达到信息资源共建共享效率的最大化。

三 信息评价与用户反馈机制

空港实验区信息资源共建共享离不开信息用户的参与和反馈。信息资源共建共享工程主要是面向用户的，用户需求与用户评价直接影响信息资源共建共享的方向。建立有效的用户信息评价与反馈机制、及时了解用户需求动态，有利于信息资源共建共享工程把握准确的方向，更好地满足用户信息需求，提高共建共享的效率。

（一）信息评价机制

信息评价机制主要包括以下 3 个方面：

1. 制定信息资源评价标准

在空港实验区信息资源共建共享过程中，需对信息资源使用的便捷性、有效性及价值等进行评价，并制定相关的量化评价表。针对不同类型的信息资源建立各自的评价指标体系，并通过用户调研和专家调研对指标设置一定的权重比例，建立科学的评价模型用于综合评价。

2. 建立信息资源的动态评价机制

在信息资源共建共享过程中，各种信息资源处于动态变化中，因此评价应贯穿于资源的整个"信息生命周期"阶段，在信息资源的收集、开发、组织、管理、利用等各个环节中实施评价，从而有效保障空港实验区资源共建共享中的信息质量。

3. 建立信息服务绩效评价机制

服务绩效是空港实验区信息资源共建共享平台实际提供的服务质量，主要包括功能质量（形成于服务过程）和技术质量（取决于服务产出和结果）两方面[①]。服务绩效评价是运用数理统计、运筹学原理和特定指标体系，对照统一的标准，按照一定的程序，通过定量定性对比分析，对项目在一定期间内的效益和业绩作出客观而准确的综合评价[②]。空港实验区信息资源共建共享服务绩效评价可从信息资源建设情况、用户参与使用情况和使用效益等方面进行评价。

（二）用户反馈机制

用户反馈机制包括：①用户通过提出问题向信息资源共建共享平台进行咨询时，应注意对用户问题的收集与分析，以更好地了解用户需求及其使用目标。②用户利用信息资源共建共享平台提供的信息资源与服务后，提出反馈意见。用户的反馈意见是在利用该共建共享平台的基础上给出的一种评价、意见或建议。③为深入了解用户的需求，共建共享平台需对用户利用该平台的行为进行分析，进一步了解用户利用该平台时会遇到的问题，如何对这些问题提供用户帮助，哪些帮助信息是最及时和有效的等等，以改进资源共建共享平台的服务内容与质量，更好地满足用户需求。

总之，空港实验区信息资源共建共享的有效运行离不开合理的组织管理机制、利益平衡机制和信息评价与用户反馈机制，这些运行机制是空港实验区信息资源共建共享成员有效合作与管理的重要机制，是满足空港实

---

① 罗曼：《图书馆全面质量管理》，安徽大学出版社，2003。

② 索传军：《电子资源服务绩效评估的含义及影响因素分析》，《图书情报知识》2005 年第 12 期。

验区用户信息需求的重要保障，是提高空港实验区信息化水平与信息资源建设水平的重要途径。

第六节　本章小结

本章围绕郑州航空港经济综合实验区的信息资源共建共享，展开了一系列的研究。无论在哪个领域，信息资源的共建共享都有它的必要性，在空港实验区建设中，信息资源共建共享是供应链管理的核心，在空港实验区开展信息资源共建共享是经济发展的必然趋势。

空港实验区信息资源共建共享的模式主要分为信息资源共建模式、信息资源共享模式和信息资源服务模式。信息资源共建模式主要有建立统一的信息资源导航体系、数据库统一建库系统和异构数据的资源整合；信息资源共享模式主要有层次型（水平型）、共享集中型（垂直型）和共享网络型共享；信息资源服务模式主要有以用户为中心的服务模式、协同式服务模式、咨询式服务模式和集成信息服务模式，从发展趋势来看，以用户为中心将会逐渐受到重视。这些模式的建立都可为空港实验区的发展提供足够的信息保障和支持，能够集聚智力资本、货币资本、技术资本和社会资本，搭建要素资源的共享和流动平台，提升郑州航空港经济综合实验区各种要素的利用和流动效率。

从空港实验区信息资源共建共享的长远发展来看，信息评价与用户反馈机制能够及时了解用户的需求动态，更好地满足用户信息需求，从而可以提高共建共享的效率。

第五章

空港实验区公共信息服务平台建设研究

信息技术和航空运输的快速发展使世界变小了，经济全球化趋势越来越快，信息化对推动经济全球化的发展所起到的作用日益显现。在信息大量聚集的航空港经济区，建设空港经济区公共信息服务平台，实现空港经济区信息化，对发展航空港实验区有着至关重要的作用。有关部门也在空港实验区的建设方面给出了一系列的优惠政策，例如，减少行政执行层级，简化相关手续，提高执行效率等。另外，在财税、金融、产业发展、人才引进方面，政府部门也是给予了极大的支持。政府部门的支持为航空港经济区的建设提供了保障。空港经济区是一种大的新兴经济区域，与之配套的信息设施也必须具有较为强大的功能，这就需要先进的技术支持。信息技术的高速发展，催生了互联网技术、物联网技术以及云计算、大数据等先进的技术，这些技术可以为平台的建立提供很好的技术支持。在通信技术方面，光纤宽带、3G/4G 通信网络、无线网络覆盖的发展也都有了很大的进步，这些都为构建一流的信息通信网络打下了坚实的基础。

航空港的信息具有信息量大，种类多，信息流动快速的特点，公共信息服务平台的建立可以将大量杂乱的信息资源进行组织整理，成为多层次、有序、广覆盖、高质量、国际化的信息系统。空港经济区对公共信息服务的要求日渐提高。公共信息服务平台的建设可以为空港经济区的发展提供一个强有力的支撑，是一个开放、共享的多学科、多用户、多功能资源保障与服务系统①。它综合各个部门，各个学科，各个行业的资源，为在经济

---

① 胡斌：《两型社会视角下工业园区建设评价研究》，2012 年 6 月中南大学学位论文。

区内的各个市场参与主体提供全面、专业、快速的信息服务，使经济区内的各项事务高效率，高质量地完成。空港经济区公共信息服务平台的建设，使行业、政府、企业等信息实现对接应用，能够为空港经济区内的居民以及各种商业活动比如物流，金融等提供便捷、准确的信息服务，提升空港实验区的服务水平。同时，公共服务平台的建立还能够为企业、政府以及管理部门的工作提供信息发布平台，利用空间信息、行业信息以及共享资源，促进空港经济区服务工作高效顺利的开展。信息服务平台带来的数字化服务，在为居民提供便捷的信息服务外，还大大降低了各项管理、商业活动的成本，并提高了工作的效率，创造了更大的社会效益以及经济利益。

第一节 空港实验区公共信息服务平台建设基础

完成空港实验区公共信息服务平台的建设，在建设平台之前需要做好充足的准备工作，完成公共信息服务平台建设所需的人力、硬件设施、技术支持、资金支持、政府政策支持以及平台的设计规划都是平台建设的基础。

一 人才支持

发展航空港经济需要大量的人才，建设公共信息服务平台也同样需要人才的支持。21 世纪以来，随着信息化建设的推进，我国也加大了对信息技术人才的培养力度。目前，我国有大量的信息技术人才活跃在计算机技术岗位上，并且每年也有大批毕业生进入 IT 行业，我国的 IT 行业充满活力，正处于上升的发展阶段。如何将大量的优秀人才引进到航空港实验区，是主要问题。针对这一问题，地方政府应在人才的吸引方面制定并落实相关政策，同时为人才引进提供相应的配套服务，切实做好人才引进工作，为空港实验区公共信息服务平台的建设提供人才保障。

二 硬件设施和技术支持

计算机网络在人们生活中的各个领域都占据了越来越重要的地位，网络宽带以及互联网的普及使得电子政务和电子商务有了很大的发展，将空港经济的发展与信息网络相结合成为航空港经济发展的新趋势。目前，国内外许多航空港区都拥有了自己独立的门户网站，网站中提供的服务包括了新闻资源的提供，航空港情况概述以及一些简单的事务办理等。除了门户网站以外，许多航空公司也会在一些旅行网站上提供机票销售服务。

完成信息服务平台建设，网络设备，计算机设备都是必不可少的。要建设与航空港实验区相适应的信息服务平台，采用先进的光网宽带、3G/4G 信息通信网络，并与物联网技术、互联网技术相结合；再加上大数据、云计算等前沿技术的运用，能够做到快速处理数据之外，也避免了在硬件和软件设施上花费大量的资金。另外，IPv6、RFID、4G、GPS 等技术在我国的应用日益成熟，以及传感、蓝牙、视频识别、M2M 等技术的快速发展，都能够为建设空港实验区公共信息服务平台提供技术支持。

三 资金和政策支持

建设空港实验区公共信息服务平台需要一定的资金支持，资金通常情况下一部分来自于政府财政支持、专项资金拨付以及基础设施建设的补贴款等。除此之外，还应充分利用银行贷款、政企合作、项目融资等融资渠道，吸引外部投资，进行市场化运作，从而建立多元化的融资渠道。

在政策支持方面，国家政府发布了一系列的政策来支持航空港的信息化建设，并于 2013 年，将郑州航空港的建设上升为国家战略并批复在郑州建设互联网骨干直联点，同时给予了包括税收，人才引进政策，服务外包等方面的很多优惠政策。

四 平台的设计规划

平台的设计规划对于平台的建设是十分重要的，可以说直接关系到平台建设的成功与否。对于平台设计规划首先要对平台提供的信息服务有一个准确的定位，所提供的服务要能够满足空港实验区对信息服务的需要，也要与空港实验区的发展相适应。

第二节　空港实验区公共信息服务平台设计方案

郑州航空港经济综合实验区公共信息服务平台是通过建立门户网站的形式实现的，门户网站的各部分模块的功能是根据郑州航空港内经济活动和居民城市生活各方面的实际需求进行设计的。平台总体上分为企业服务、公共服务、政务公开、公告和信息、新闻中心、实验区概况、投资实验区、物流实验区、实验区生活等九大模块，并在每个模块下根据实际需求进行了更为细致的划分。如图5-1所示。

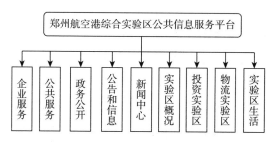

图5-1　实验区公共信息服务平台总体结构

一　企业服务

企业服务模块是主要针对实验区内的企业所提供服务的模块，该模块涉及企业日常经营活动的各个方面，包括设计企业办公场所及其辅助设施管理的城市管理、规划建设、国土房产、环境保护等功能；还有与企业科技创新相关的科技发展功能；也涉及与企业进出口贸易相关的海关、检验检疫服务功能；除此之外还有很多功能涉及企业日常的税收、消防、公安、疾病卫生、公积金等多方面。

企业服务模块为企业提供了多种多样的企业在线服务，企业可以在服务平台上完成税务、环保审批、科技项目申报、进出口贸易相关手续、企业消防设施审核、人才招聘、人事事务办理、工商事务等各种与企业经营息息相关的各项事务的办理，给企业的经营带来了极大的便利。该模块功能结构图如图5-2所示。

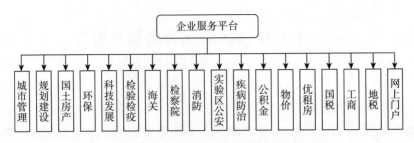

图 5 - 2　企业服务平台模块功能结构

二　公共服务

公共服务模块是为给实验区内的生活的居民提供便利而设计的模块。该模块涉及居民生活的诸多方面，居民办事功能中包括了居民的户籍户口办理、婚姻登记、创业就业、教育、出行等与生活密切相关的方方面面；便民查询则提供了交通违章、水电、出行等多种信息的查询服务，以便居民能够及时了解相关信息；专题服务按照居民日常生活所需解决的居民税收、证件办理、医疗、就业、社会保障、文化教育、住房、交通等方面问题进行分类汇总，对居民的专项问题专门解决；特殊人群服务则是针对残疾等有特殊需要的人群所提供的各种服务；公众监督版块针对实验区的各项工作，对居民提供咨询、投诉、举报、征集民意等服务，旨在提高实验区居民公共服务的服务质量。公共服务模块的功能结构如图 5 - 3 所示。

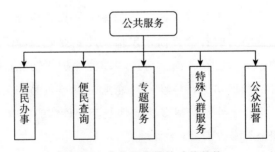

图 5 - 3　公共服务模块功能结构

三　政务公开

政务公开模块首先对实验区的政务信息作了介绍，即基本政务信息版块的内容，该版块对实验区的政务概况、领导分工、机构职能、政府的文件、人事、政府的发展规划、统计数据等各方面作了详细的介绍，能够使关心政府工作的人们对实验区的政务情况有一个大概的了解；针对政府工作中的重点领域，实验区的信息服务平台对政府工作信息进行了分类整理，主要包括重点工作、重大项目、财政信息、政府采购、住房保障、环境保护、社会管理、生产安全、价格收费、公益救助、食品安全、产品质量、重大规划、行政审批、应急管理、征地拆迁、国民经济和社会发展统计信息等方面，针对这些领域对相关的政府工作信息进行了公开，包括政府文件、工作会议等。部门信息公开是针对实验区内的各个政府工作部门设立的政府信息公开，包括了财政局、招商局、环境保护局、社会事业局等；街道信息公开则是针对实验区内的各个街道进行的信息公开。另外，该模块还设置有政府信息公开目录，用于收录政府公开的所有信息，便于查找；还有依申请公开的内容汇总，对于自己感兴趣但未公开的政府信息，可以提出公开申请；除此之外还设置有公开意见箱，对于政府公开工作有哪些意见和建议都可以提出。具体的功能结构如图5-4所示。

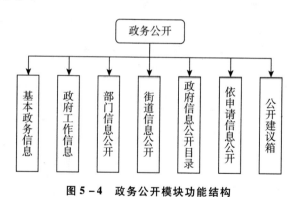

图5-4　政务公开模块功能结构

四　公告和信息

公告和信息模块是为实验区内各种信息的发布提供的一个信息发布平台，通过该平台，政府企业发布的公告、采购招标结果公示、民意的调查征集、实验区组织的活动信息等都可以进行发布。其功能结构如图5-5所示。

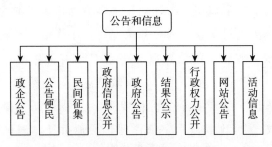

图 5-5　公告和信息模块功能结构

五　新闻中心

新闻中心部分是为综合实验区内的新闻发布提供的平台，综合发布郑州空港经济综合实验区内的所有新闻事件，通过新闻中心可以了解综合实验区内发生的各种事件。新闻中心模块总体上分为三个部分，分别是实验区新闻、专题报道和电子期刊。实验区新闻主要包含的内容有实验区内的重要新闻事件的详细内容、实验区的建设以及发展动态、产业科技发展、社区新闻、实验区教育文化等内容；专题报道主要针对实验区内的专题活动，例如征兵工作、公益活动等做的专题报道；电子期刊部分收录了实验区内创立的电子刊物。其功能结构如图 5-6 所示。

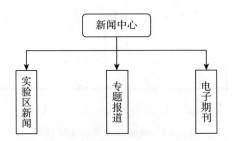

图 5-6　新闻中心模块功能结构

六　空港实验区概况

区域概况：对空港实验区划分的各个区域分别进行介绍，主要介绍了实验区内各个区域的地理交通状况，对实验区的科学发展规划，实验区内环境的发展等详细信息，另外还提供了实验区内管理部门的负责人及其联系方式。其功能结构如图 5-7 所示。

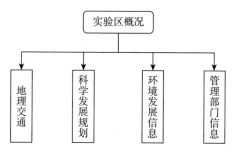

图 5 - 7　实验区概况模块功能结构

七　投资空港实验区

投资空港实验区模块的功能结构如图 5 - 8 所示。

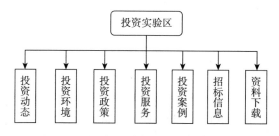

图 5 - 8　投资空港实验区模块功能结构

投资动态：对综合实验区内发生的所有投资活动的介绍和相关情况的概述。

投资环境：详细介绍了综合实验区内的投资优势，包括综合实验区能够为投资活动提供的政策优惠、优质服务等；介绍了综合实验区内的基础设施建设情况以及配套条件，包括综合实验区内的道路交通、水电设施等；介绍了综合实验区内的行业分布情况，根据综合实验区内存在的不同产业对信息进行分类汇总，以便从事不同产业的市场参与主体快速的获得信息。

投资政策：包含了国家、河南省以及郑州市发布的关于投资活动的所有政策性文件及其具体内容。

投资服务：综合实验区内能够为投资活动提供的服务，包括投资的必需程序，投资所需要的建设程序，企业的注册资料，综合实验区内的人力资源、办公场所和相关基础设施介绍。

投资案例：对在郑州航空港经济综合实验区内取得成功的投资活动，

选择具有代表性的案例进行详细介绍，以便投资者能够更加了解投资情况。

招商信息：提供实验区内企业的招商招标详细信息。

资料下载：为在综合实验区内进行投资活动的投资者提供所需要的各种资料下载服务。

八　物流实验区

依据郑州航空港经济综合实验区的发展规划，其战略定位是把郑州航空港经济综合实验区建成大型的国际航空物流中心，因此，物流将是经济区工作的重点。物流信息部分主要针对经济区的物流工作，发布物流方面的信息，除了介绍航空港实验区物流业务外还主要包括航空物流和陆路运输相关的物流信息，其中包括物流公司、物流查询、物流专线、物流跟踪等信息。

九　实验区生活

在郑州航空港经济综合实验区，日常城市生活往往伴随着经济活动的发生而产生，在建设经济区的同时也要加强生活区的建设。城市生活模块就是为在综合实验区内的城市生活提供信息化服务，提升城市管理，提高社会服务水平。该模块功能结构如图5-9所示。

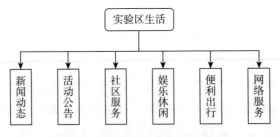

图5-9　实验区生活模块功能结构

新闻动态：记录在经济区内发生的各种新闻事件，包括政府工作动态、新鲜事件、便民信息等与市民生活息息相关的事件，便于在城区生活的居民了解发生在自己身边的大事小情，为经济区内居民提供经济区内的新闻动向，也有利于市民对政府工作的监督。

活动公告：发布在生活区内举办的各种活动信息，包括活动时间、地点、活动内容、组织者等，以便居民能够及时了解活动信息，积极参加各种活动，丰富居民业余生活。

社区服务：为在城市生活的市民提供关于日常生活所必需的各项民生信息，包括为解决市民日常饮食的菜篮子工程相关信息，水电缴费以及与工作生活密切相关的"五险一金"等问题的信息等。另外，也提供在经济区内的楼盘信息以及房屋租赁信息。这些信息能够为居民在经济区内的生活提供更多的便利。

娱乐休闲：介绍空港实验区内一些娱乐休闲设施，介绍有特色的商铺，受欢迎的美食，还有时尚购物中心、影视城、酒吧等供市民工作之余消遣娱乐的场所，以及供市民游玩的公园等休闲场所。

便利出行：提供经济区的电子地图，地图对经济区内的所有地点进行标注，平台使用者可以查找所需地点信息；提供经济区内各路公交路线站点详细信息，能够查询路线信息，方便居民在经济区内的出行；对于航空港实验区内的航班信息也可以进行查询，为居民的外出提供方便。

网络服务：提供经济区无线网络覆盖区域的信息，无线网络使用的相关注意事项；提供居民家庭使用网络的安装入户服务网点信息，以及网络安装使用的注意事项和收费标准。

十　智慧航空港公共信息服务云平台建设

智慧航空港公共信息服务平台以高新技术为支撑，通过云计算的一系列辅助功能，来强化整个服务平台的感知效应及相互关联性，在此基础上达到全方位的协调运作。云计算系统能大大提高智慧航空港公共信息服务水平，加强其基础设施建设，强化资源集约等整体功能。智慧航空港的建设是适应时代发展的产物，是为了更好地服务于社会的需求。我国智慧航空港实验区公共信息服务平台应与国际并轨，不断地提升国际竞争力，适应高速发展的需求，不断地强化自身，并及时地创新，最终建设成为高水平集约型的公共信息网络平台，为信息时代我国经济和社会的高速发展做最强有力的支撑。智慧机场作为"智慧城市"的总体表达中的万物自然准备位置特征信息，基础信息平台的信息可视化的一个更直观的方式不可缺少的重要基础设施的架构是一个关键的智能城市，如图 5-10 所示。通过提供基于位置的信息服务的智慧机场信息平台，推进技术创新的企业应用，行业应用和领域，如公共管理，业务创新和应用创新，智能，物流，智能交通，智能电网，智能城市和其他安全智能专业从事城市为基础的信息服务领域，这是城市发展的信息载体的智慧。

图 5 – 10　智慧航空港远景

智慧航空港实验区的建设主要包括以下几个方面，一是打造智慧产业服务平台，这样有利于高端产业的集聚；二是储备最先进的基础设施，为智慧航空港提供最有力的保障；三是完善智慧航空港运行与管理体系，为航空港的发展构建中枢枢纽；四是为智慧航空港营造低碳环保的生存环境，规划成生态示范区；五是全面升级智慧港空港的安全体系，提高航空港实验区的保障水平；六是全面提高智慧航空港的民生服务，提高国际化水平。以信息化技术为关键的智慧航空港实验区，将网络基础设施与信息应用平台作为基础设施的航空港，网络技术与设施全面覆盖实验区，对于智慧航空港的服务水平有着重要的推动力，并使得航空港的综合能力更能得到强化。网络基础设施建设需要开通国际专用通道和一些基础设施建设，如铁塔、管道等。为了强化整个航空港的服务功能，将建设综合交通平台及综合服务平台来对航空港的服务进行辅助。整个航空港产业体系将沿着高端方向发展，为此，还需要建设公共信息平台和智能服务平台，除此之外，智能管理平台、电子政务平台、资源监测平台和环境监测平台等都会投入到使用中，同时，内陆航空港作为开放型的航空港，将通过航空管理平台和外商综合服务平台来提升智慧航空港的综合国际化水平。

　　智慧航空港信息服务平台的依托与网络的相关服务的加强、使用与支付的形式，主要包括互联网所带来的动态并且容易扩展的而且是经常虚拟化的资源。云是网络互联网的一种容易理解的说话。智慧航空港未来将会成立国际航空物流中心，为了与之相匹配，对于国际智慧航空港的建立需要高起点，提高要求，增加自身实力，将现代化的网络宽带技术应用到其中，在于物联网、云计算、大数据等先进的技术相结合，打造世界领先的信息基础设施，为智慧航空港打下坚实的基础；构建智慧产业的服务平台，为我国高端产业的快速发展提供平台；建设生态示范园，为智慧航空港营造一个低碳环保绿化的环境；为我国广大人民群众提供一个具有智能化、国家化水平的服务平台，实现数字化的时代；成立公共应急与安全保护系统，提升现有的保护水平。智慧航空港信息服务云平台主要包括以下几个模块：

（一）智慧航空港云计算资源池模块

　　速度是航空港的竞争力之一，随着世界贸易的不断发展，信息流通、物流、资金流动不断地提升速度，为了使得这一系列的资源加快流通，智慧航空港必须要提升自身的速度以应对这一竞争，因此就要不断地改进信息技术的方式。智慧航空港云计算资源池最能直接体现云平台的运算性能，它是整个云平台的核心版块。云平台资源池有着非常重要的作用，它不仅承载着 Web 服务器和整个应用服务器的压力，同时还支撑云工程与信息相关联的重要工程。资源池能够通过分布式运算技术和虚拟化技术来对整个服务器的运算进行叠加，这比超级计算机的运算能力更加强大。同时，资源池极力配合云储存模块和高速接入网络工作，这能大大提高计算机运算的整体性能。

　　软件设施与硬件设施组成了云平台基础设施的相关资源。不同的云计算机，能够使得不同的软件基础设施与硬件基础设施同时兼容，其中软件基础设施资源包括数据库与操作系统，而硬件基础设施包括服务器、路由器、存储设备等基础设施。在同一时期，人们可以购买到不同的软硬件资源，这样进行组装之后的结构是各不相同的。但是对构建云计算机平台的人来说，这样的一种结构不仅能支持最新的软件系统，同时还能兼容以前的一些老的设备。不管是新的软件还是旧的软件，都可以在系统中同时存在。而计算机的这一特性，保证了在对老资源进行利用的同时，也能让新资源有一个过渡。

（二）智慧航空港云存储资源池模块

智慧航空港云储存资源池主要用于视频、图片、文档及物联网上的一些数据上的存储，云储资源池具备虚拟机镜像文件的共享存储功能。通过分布存储，云存储资源池利用实际数据与元数据上的相互分离，将不同设备中的存储空间聚集到了一个虚拟的存储池中，这样能大大减少存储空间，提高利用率，同时还能将存储系统的性能充分发挥出来。云存储资源池为用户实现了文件共享，这种共享方式是一个完全开放的系统，不仅可靠性高、性能高，还容易维护。云存储资源池是一种高端存储系统，它能够被跨平台使用，性能和容量能够可线性扩展①。

对于不同的用户，所采用的存储策略也不相同。对于一些软件开发企业，在存储上应该极力保证企业的正常运转，所采用的存储策略也应该为云用户提供大量数据以对基础物理设备进行全面的支撑，而对一些政务信息资源则应该采用一些相对密集的存储策略。云存储资源池模块能够实现资源的网络冗余、支持资源的动态收缩，这种存储资源池模块不会使得各类业务中断，也不会导致数据丢失。云存储技术能够使网络节点，同时也能够使保存节点，还可以使计算节点。在整个系统中，这一存储模块能实现资源动态化，这意味着，在云计算机平台上，资源能够进行调度，并得到最大化的利用，使得资源能够流转到应该运用的地方去。这种存储设备能大大提高整个云平台的系统业务水平，将闲置资源加以开发利用，投入到系统中，使得整个平台的承载力有所提高。在系统业务承受状况不佳的时候，将所有的业务有效地结合起来，对于利用率相对低的资源选择节能形式，这样就能将系统资源的利用率大大地提升。同时还能实现低碳环保，达到绿色资源应用效果。

（三）智慧航空港云安全管理模块

我国企业在发展过程中发现了智慧航空港云安全的重要概念，这是在国际市场上从未出现过的，也是我国领先世界发展的重要体现。网络技术

---

① 郭建华：《智慧航空港实验区公共信息服务平台的分析和设计》，2013 年 6 月东南大学学位论文。

时代数据安全的重要体现融合了并行处理、网络技术、预先判断病毒的行为等领先技术与概念称为云安全，这是通过对大量客户端中网络软件的异常行为做出相应的检测，及时截获网络中的病毒、木马等恶意程序，并使用相应的检测软件及时地分析处理，然后将木马、病毒的解决方案返回到客户端。

我国经济快速发展，信息化也越来越发达，如今很多重要的行业企业都开始启用信息化模式，政府、个人及一些重要行业的资产都已投入到信息化的潮流中。信息化具有安全性高、完整性好又可靠的性能特点，有着很强的竞争力和生命力。云计算系统用户大多十分注重自己信息的安全，在构建云安全保障体系的初期，还建立一些应急机制，并且遵从信息安全保护性这一原则，不断地加强智能管理服务，以打造出最好的云安全盾。云计算有很多方面的优点，不仅可伸缩，同时还有很好的灵活性，因而应用领域十分广泛。它能为人们打造一个虚拟的环境，通过虚拟的设备来提供更多更广的资源。

（四）智慧航空港主备数据中心

智慧航空港主备数据中心是云平台中心基础设施，主要是由大量服务器组成。计算中心备用数据中心的位置，建议在基础设施，供水条件较好，有一定的产业基础的高科技园区，以保证正常的备用数据中心运行平稳。主数据中心是一家主要生产数据的中心，每天提供数据服务总出口，所以，需要使用数据中心建设高标准的规划设计，整个系统的设计符合国际公认标准的数据中心 ANSI－TIA－942－Tier3＋等级和国家"电子信息系统机房设计规范"GB50174－2008 标准要求，具有可持续、高可用性、灵活性和经济特征。

主备数据中心在云平台中心占据重要位置，是最基础的设施，主备数据中心是由很多个服务器共同组成。主备数据中心应选在有产业基础的高新园区，这些地方基础设施好，供电供水方面也不会出现短缺的情况，这能在一定程度上保证主备数据中心照常运行，不会中途发生状况。主数据中心的数据是云计算中心的主要数据来源，鉴于主备数据中心的数据的重要性，数据中心应该采用高标准进行规划，整个系统在设计上也要符合我国在这方面的相关标准，整体设计要具备可持续性、灵活性和可用性①。

2025 年，智慧将创造出国内领先，国际一流水平的基本系统全面，配建以"智能化生产、精细化管理、普惠服务、数字生活"为主要特征的具有国际竞争实力的智慧机场。届时，光纤宽带网络覆盖智慧的机场达到 100%，无线宽带网络覆盖所有的城市空间，信息共享基础设施，打造智能化，致力于建设一批智慧港口服务平台高速的国际通信信道，建设联合服务平台，城市运行，实现监控，E 企业电子商务平台的 100% 的自动化连接全球贸易。

（五）智慧航空港公共信息服务云平台总体设计

1. 功能框架

港区信息化转向智慧化的阶段是云计算机中心，在建设智慧港区的时候与之相关的行业发展也会被相应地带动起来，为实现经济转型、产业升级、城市提升新引擎等方面带来机遇。智慧港区的结构主要由四个方面组成，主要是感知层、传输层、平台层、应用层四方面。其中感知层和传输层主要属于前端物联网技术，云计算中心主要聚焦于应用层和平台层。

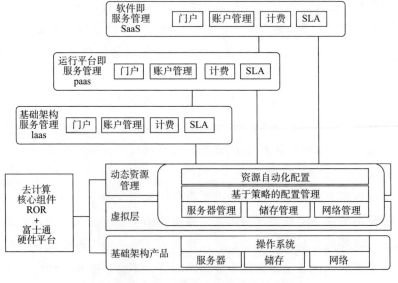

图 5-11 智慧航空港云平台结构

---

① 孙峰：《智慧航空港实验区公共信息服务平台的规划》，《智能建筑与城市信息》2013 年第 12 期。

2. 智慧航空港公共信息服务云平台的功能平台

（1）呼叫中心平台

港区的窗口呼叫热线应创建统一的互动反馈机制，这些机制包括公共服务中的政务平台及信用金融平台，据统计，平台系统内的很多功能所最终形成的图表都可以清楚地进行查看和分析，这些功能包括结果反馈、需求检索和来电统计等，政府和港区的企业之间为了实现平台的可持续发展，保障港区的安全运营，应提供更加方便快捷的服务，方便用户及时进行咨询，并进行产品和技术上的推广。智慧航空港呼叫中心平台是一个开放型的平台，能为广大用户提供方便的交流，推动技术产业的进一步发展，如图 5 - 12 所示。

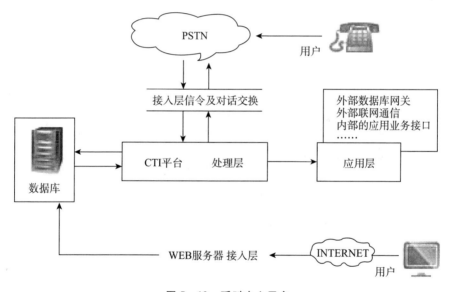

图 5 - 12　呼叫中心平台

（2）政务服务平台

政务服务平台是为了方便企业与政府之间的服务而搭建的一个平台，无论什么样的产业什么样的企业最终都需要政府的支持和帮助，只有与政府之间建立友好的合作关系，才能最终获得和谐的发展和可持续发展，才不至于在中途就被社会所淘汰。政务服务平台以港区网站为基础进行升级和改造，对内实行统一的管理，这样方便港区更快更好地发展，如图 5 - 13 所示。入港企业在搭建上采用了运行监测系统，全面保障整个港区的安全建设，同时还启用了专项管理系统对资金进行统一的管理，这有利于对港区的运行情况及时的进行清理和查看，并对相关数据进行分析，电子化管理非常便利，能在问题出现的第一时间就采取紧急措施进行处理。网站在建设上要不断地改造和升级，所开发的资源都是开放型模式，实现用户之间的普遍共享，门户访问上有一定的权限限制，要经过验证后方可进入，这有利于保证港区的整体安全，也是为用户自身信息做保障。网站采取统一维护统一进行，信息上的共享，应用上的集成等都能对网站的建设提供更好的帮助。用户必须在网站上先进行注册，填写相关信息并实现权限管理之后才能在网站上进行正常的出入和对相关信息的查看①。

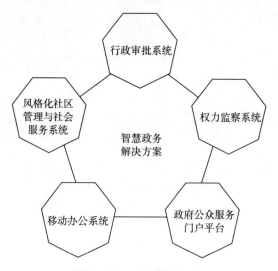

图 5-13　政务服务平台

（3）公共服务平台

为了港区企业的信息畅通及时，综合平台的构建非常重要，这能够有效地提升港区相关企业在市场经济中的竞争力，实现企业的推广发展，扩大企业在市场经济中的竞争力，在市场经济中站稳脚跟，同时，对于港区企业的信息需求的提供，也是企业与企业之间相互沟通交流的途径，如图 5-14 所示。主要建设内容：

---

① 马荣飞：《智慧航空港实验区公共信息服务平台规划与设计》，《现代计算机》2012 第 8 期。

①企业注册服务系统：由内容管理系统支撑，企业用户在商务平台门户进行注册，经过审核后，可以进行企业相关信息发布。

②供需发布系统：企业可以在这个平台上发布相应的信息与产品需求的情况，通过这个平台与其他企业之间相互沟通联系，最终促进彼此之间的合作。

③搜索服务系统：由内容管理系统支撑，提供基于网站平台的关键字检索和全文检索。

通过公共服务平台的建立，企业的宣传推广工作得到有效的提升，企业之间的合作不断地加强，相互监督，相互促进。

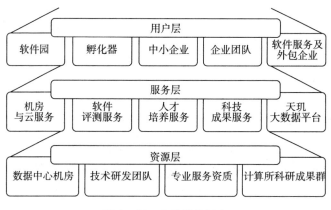

图 5-14 公共服务平台

（4）人才技术创新服务平台

为企业与院校之间的合作提供相应的平台，加强企业与校园之间的合作方式：

"智力合作型"：学校在向学生传授知识的过程中将企业中相关的知识时时地加入到课程之中，为企业培育优秀的人才，共同造就适合现代信息技术发展需要的人才，这是企业与院校之间的智力合作的重要方式。

"研发带动型"：企业目前的研究成果时时地传送到校园的课堂之中，学生在老师的带领之下对此项研究做进一步的探讨分析，将实践活动带入到校园中，提高培训基地的建设，为企业发展培养优秀的人才。

①企业招聘：港区内企业的招聘工作能够得到相应的辅助工作，平台

为港区内的企业招聘人才工作增加相应的渠道，引进优秀人才，提高企业的人才储备量。同时还可以实现应聘人员与企业之间的有效沟通，促进彼此之间更加了解。

②个人求职：求职者需要更好的平台以获取企业的相关信息，而这个平台就能够有效地帮助求职者获取企业的相关信息，以此来寻求适合自己的岗位。

③研究与开发创新平台：创新资源的收集、创新资源信息的推动、科研成果的管理等都需要一个良好的环境做进一步的发展与开发工作。而研究与开发创新平台就能够实现这一需求。创新资源信息收集：采集创新资源信息，进行有机整合并进行高效管理，为新技术研发提供支撑。科技研发管理：统一高效管理科研创新成果、资料、思想、方法，为创新成果产业化提供保障。创新资源信息推送：将整合的创新资源信息向各创新主体进行主动推送，让各创新主体充分共享创新信息。

将入港区的企业创新信息整理汇总然后告知管理委员会做登记，之后管理委员会将相应的资源通知到创新的主体。实现政府帮助企业发展，将信息的应用加以推广，实现企业与国家双赢的局面①。

（5）智能安防平台

智慧的综合信息系统安全是数字化、网络化、智能化、人性化的全面应用集成平台。在这个平台上，不仅实现互联互通停车场、门禁、考勤、收费等智能管理系统，互动，统一决策管理，开放的软件管理平台的其他问题，如人员定位、防盗系统、传感器网络、视频监控、防盗报警系统也包括在该平台，信息采集和交换各子系统通过平台和联动计划加工连接，并集成监控和管理服务，构建人、车、物、传感，安全的空间，可视化，能动态信息资源库的决定，更智能的安全管理。

在此安防系统分为公共区域监控、企业内部监控在系统中，将采用前端设备有线与无线两种相结合的设计模式使安防监控无死角全方位保障港区内安全，如图5-15所示。

---

① 后德君等：《智慧航空港实验区公共信息服务平台的研究》，《交通与计算机》2014年第1期。

图 5 – 15   智能安防平台

（6）咨询服务平台

智慧航空港的咨询平台是为社会大众咨询服务提供相应帮助的，对于问题与疑问的提出，平台都会给出相应的建议与解决方法。为了适应外部坏境的变化，智慧航空港必须及时准确地掌握整体动态，迅速采取与之相适应的有效措施。咨询服务平台在智慧航空港的功能平台中具有非常重要的地位。咨询公司是服务活动的一个强有力的政策，它可以预测未来的环境变化，预示今后的活动机场的方向。因此，战略咨询项目是探索该方案的本质是有风险的。经营策略不是一味地模仿别人，要成功就必须有独创性。提出必须分析影响企业发展的关键问题，分析其实质计划的顾问，这是建议，新思路，真正有远见的具有实际意义。制定战略要充分考虑实施这些方案的能力，未来可以实现，这是必要的。没有一种策略是永久性的，市场环境，变革的速度之快是指形成和测试策略的过程中必须不断前进。因此，咨询顾问不仅要保证一定的 TAP 顺利实施，同时也帮助训练，以适应新的机遇和压力等战略的能力。咨询公司是一个员工，服务社会活动，并在各个领域有很好的发展，建立了机场平台的智慧，可以大大提高公共服务的机场，并在整体建设和发展有很大的贡献。

（六） 智慧航空港公共信息服务云平台的子系统的设计

子系统设计智慧机场公共信息服务的云平台，主要是收集基本数据，给每个数据项之间的关系，并确定了数据处理的流程，奠定了概念设计、逻辑设计、物理设计数据库优化的坚实基础的数据库的结构的逻辑和物理设计，以提供一个可靠依据。智慧航空港公共信息服务云平台的子系统的设计中涉及的数据信息主要有以下几大部分：①资源信息：包括用户上传的资源信息、资源评论信息和资源分类信息；②视频信息：主要有视频信息的上传、交流与分类等；③专题讨论信息：主要是对专题信息的发布、参与与讨论等；④产品热线信息：主要是用户在线问答情况、常见问题的解答与关键词等信息；⑤产品订购：包括产品发布信息和提交产品订购信息；⑥产品空间信息：包括空间的分类、空间的配置、空间用户及权限设置等信息；⑦用户基本信息：包括用户信息、角色、权限等信息。

（1） 控制系统的设计与实现

云平台控制系统主要由控制部分组成，该控制部分包括硬件和软件组件，该系统是从仅由硬件构成模拟控制器不同的控制。云计算平台控制系

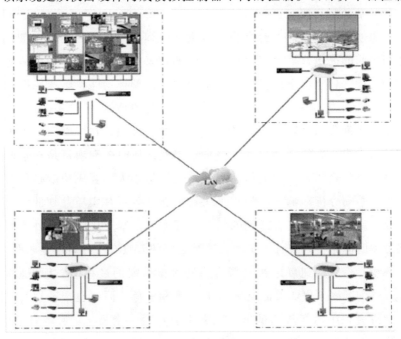

图 5 - 16　云平台控制系统

统软件，包括系统软件和应用软件。系统软件一般包括操作系统，语言处理和服务程序，为用户的计算机制造商，他们通常支持，具有一定的通用性。应用软件是专门准备控制的目的，如数据采集程序，控制决策过程中，输出处理程序和报警处理程序的专用程序。它们涉及自身控制对象的特性和控制策略，制备有它自己的控制系统的专业人士。

（2）服务中心的设计与实现

港区内所有的资源都统一进行管理，所有信息都采取开放型措施，信息之间的畅通，功能上的完善，资源上的共享有助于港区服务水平上的提升，不论是什么建设，都需要在供需上做到平衡发展，智慧航空港信息服务云平台快捷的信息服务水平，能保证港区优质的服务。利用门户网站上的资源和优势对社会资源进行整合，从而构建出以现代信息技术为支撑的产业服务平台，是符合历史发展潮流的。政府的政务服务对港区建设来说非常重要，港区要建设要发展，要想走可持续发展道路就需要不断推广其电子商务建设，不断地提升其公共信息服务水平，只有优质的服务才能为企业赢得更好的发展。

（3）Web 客户端的设计与实现

运行一个完整的 Web 应用程序，包括最基础的部分：Web 应用程序包括网页；商店的 Web 应用程序和网页浏览服务提供 Web 服务器；解析和显示网页向用户浏览的客户端浏览器；一个客户机和 Web 服务器提供的 HTTP 网络协议的通信。无论我们使用静态页面或动态网页技术网络技术的发展，并最终由 Web 服务器解析并送到，这是客户端通过 HTTP 协议的形式。发送到客户端的网页由四部分组成，其中包括：在网页的内容、页面的结构、纸幅的形式和网络的行为。其中，页面的结构是由网页的 XHTML ＋ CSS 定义的形式定义，网络行为由 JavaScript 和 DOM 定义。用户对于网站的选择很大一部分会查看该网站上的运行能力和服务水平，所以，网站的建设必须保证在信息的查询、技术系统的维护上都有完全的保障，统一的管理，不管是硬件设备还是软件设备，都必须在安全保障范围内。港区管理者对港区的建设做了多种方案，图表上的分析及数据上的统计，都是为了将平台建设得更好。

智慧航空港实验区公共信息服务云平台利用最新的云计算技术，大大

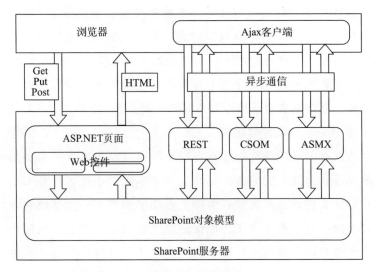

图 5 – 17 Web 客户端

提高了资源利用率和管理效率，同时引导社会各界力量共同参与到公共建设当中来，建立了资源与服务相结合的服务平台模式，这种模式是一种创新，调动了各系统工作人员的积极性。智慧航空港实验区公共信息服务云平台是运营商，通过资源共享的模式，大大提升了该平台的运营能力，促进智慧航空港实验区公共信息服务云平台的可持续发展。资源的集聚效应与服务模式精密结合，大大提升了平台的服务质量。公共资源的开放和共享，引导着平台一步步走向社会化服务。在当今信息化时代，各领域都逐步过渡到信息体系当中，智慧航空港实验区公共信息服务云平台对最新云技术的充分利用，不仅大大提高了效率，同时还提升了质量，节约了总的成本。

第三节　建设中面临的难题及解决措施

一　面临的难题

我国空港实验区的发展还处于起步阶段，而我国信息化建设虽在近年来有了一定的发展，但与发达国家的信息化建设水平还有一定的差距。作为我国信息化建设一部分的空港实验区公共信息服务平台，在其建设中也面临着一些问题。

（一）公共信息服务平台的建设需要进行政府主导，需多个部门的协调与配合

公共信息服务平台中的大部分信息都来自于政府部门，这与政府的信息公开有着密切的关系，而我国政府的信息公开相对比较滞后，也在一定程度上影响了平台提供公共信息服务的质量。怎样将部门间的合作协调一致，实现统一管理，提高信息化服务水平，真正地实现信息共享和政府信息公开是建设过程中面临的难题之一。

（二）大量的专业人才需求

公共信息服务平台建设涉及大数据、云计算等新兴专业技术的应用，需要大量的专业技术人才；在平台建设完成后，需要进行长期的运行维护以保证平台的正常运作，平台的运行与维护也需要专业的技术人员以及专业的管理人员。我国虽在信息化建设过程中进行了专业人才的培养，但这些专业人才的技术水平参差不齐，很难满足高水平信息服务平台建设需求。满足平台建设与运行对专业技术人才的需求是要解决的又一难题。

（三）缺少统一的规划，建设与设计有一定的差距

空港实验区公共信息服务平台的政府政务公开部分需要与政府部门的信息化进行对接，而政府的信息化标准与空港实验区的信息服务平台建设标准存在不一致，这就会影响平台的一些功能设计的具体实现。

（四）管理体制和相关法律法规不够完善

无论是政府的信息化建设还是空港实验区信息服务的提供，都需要有与之相适应的现代化管理体制进行系统的管理。除此之外，还要有完善的法律法规为信息服务的实际实现提供有力保障。目前，相关政府部门虽然针对空港实验区的信息化建设给予了一定的优惠政策，也颁布了一些规范性文件，但并不能满足空港实验区的发展需求。

二　解决措施

（一）加强统一管理，完善相关信息政策

对于空港实验区公共信息服务平台涉及的政府工作信息，设立专门的管理机构进行统一管理，并根据信息的公开内容及范围和有关部门进行沟通，加强各部门间的协作，制定经济区内政府信息公开范围统一标准，确保应公开的信息及时公开。与此同时，要加强经济区内与政府信息公开相关法律法规的制定，完善健全经济区内的政务公开立法体系，确保政府信息公开的顺利进行。

（二） 正确定位政府扮演的角色

要做好政府信息公开，政府在其中扮演的角色是不言而喻的。但是，除了在政府信息公开中提供信息以外，政府要尽量做到不对空港实验区公共信息服务平台的信息服务进行过多的干预，而是要与信息服务平台的信息发布保持良好的互动，使得空港实验区的信息服务有充分的独立发展空间。

（三） 统一信息化建设标准

要实现空港实验区公共信息服务平台与政府信息公开发布的信息同步，就要将空港实验区的信息服务平台建设与政府机构的信息化建设达成一致，要进行统一的规划与设计，形成统一的建设标准。

（四） 制订人才培养计划，制定技术规范

人才方面，在引进人才时可以适当地提高人才引进条件，确保引进人才的质量；另一方面也可通过与本地高校进行合作，制订"订单式"人才培养计划，针对空港实验区信息服务平台建设进行专门的人才培训。在公共信息服务平台的技术方面，要制定统一的技术标准，规定人员技术水平，对平台的建设执行统一的技术标准，力争将平台的建设水平达到国际水准。

（五） 优化管理制度健全法律体系

无论是空港实验区还是政府机构，在实行现代化、信息化的同时，对原有的管理制度也要进行相应的调整，建立更先进的管理制度，使得管理方式方法符合信息化建设的需求。另外还要加大有关空港实验区信息服务的法律法规的颁布和实施，为空港实验区能够提供更全面、更便利的信息服务提供强有力的保障。

第四节　本章小结

空港实验区公共信息服务平台的建设可以为空港实验区的发展提供一个强有力的支撑，是一个开放、共享的多学科、多用户、多功能资源保障与服务系统。建设公共信息服务平台离不开人才、政府、技术和资金的支

持，专业人才是空港实验区的潜力股，可以为空港实验区的发展带来无限的可能。政府也应在空港实验区公共信息服务平台的建设中给予足够的支持和鼓励，实现多部门的协调与配合，减少一些不必要的干预，能够更好地实现政府信息公开，对于发挥公共信息服务平台在政府与公民之间的桥梁作用也是十分有效的。而在进行空港实验区公共信息服务平台设计时，在结合空港实验区自身实际的情况下，实现统一规划，提高公共信息服务平台的信息质量和服务质量。

第六章

空港实验区信息服务效率评价研究

在实现空港实验区信息资源共建共享的基础上，其所提供的信息服务效率又是如何的呢？如何评价一个区域内的信息资源服务效率呢？本章将从效率、信息服务效率等基本概念出发，在分析信息服务效率评价的一般框架及评价方法的基础上，提出空港实验区信息服务效率评价的指标体系，并构建信息服务效率评价模型，为实现空港实验区信息服务效率的评价提供理论基础。

第一节　信息服务效率概述

信息服务效率的定义与内涵可从"信息服务"和"效率"这两个概念的角度来分析。本节在分析信息服务和效率两个概念内涵的基础上，提出"信息服务效率"的定义与内涵，并对其构成要素、影响因素等基本特征进行分析。

一　信息服务效率的内涵

（一）信息服务

信息服务是用不同的方式向用户提供所需信息的一项活动。它利用计算机网络技术、数据库技术等，将信息资源的采集、加工、组织、存储、检索和服务集成为一体，为用户提供信息查询服务、咨询服务、科技查新服务、定题检索服务及其他信息服务的活动①。它的服务内容是信息，服务

---

① 马金玉，钟哲辉：《信息服务效率及计算》，《南京农专学报》2003 年第 2 期。

对象是所有用户。信息服务主要包括两个方面的内容：一是对分散在不同载体上的信息进行收集、评价、选择、组织、存贮，使之有序化，成为方便利用的形式。二是对用户及信息需求进行研究，以便向他们提供有价值的信息。

现代信息服务的内涵在不断扩展。从服务内容看，有科技、经济等信息服务之分；从服务形式看，有主动与被动、多向信息发布与单向信息传递等形式；从服务载体看，有文献信息服务和网络信息服务之分；从提供渠道看，有正规的信息服务与非正规信息服务、传统信息服务与网络信息服务之分；从提供主体看，有专职信息服务与非专职信息服务之分；从服务层次和深度看，有零次信息、一次信息、二次信息等信息服务之分。现代信息服务业在不断发展，不断有新的应用产生，目前主要的信息服务业包括信息咨询服务业、计算机服务业、软件服务业和信息传输服务业4种。

在信息服务过程中，有3个最基本的构成要素：信息源，即提供信息及服务的来源；信息活动，即在信息服务过程中一切与信息有关的活动；信息用户，即信息服务的对象，它是信息服务活动的最终目标。随着信息服务业的发展，目前信息服务具有3个方面的特性：一是信息服务中的知识密集程度高，信息服务在不断向知识服务深化发展；二是信息用户参与度高。随着Web2.0应用的不断普及，信息用户更多地参与到信息服务中来，使信息服务能够更好地满足用户需求。三是信息服务者与用户有较深的接触，二者的交流更为深入，这一特性可有效提高信息服务的效率。信息服务过程中，服务的原则包括针对性原则、及时性原则、成本/效益原则和易用性原则。信息服务的设计包括：信息产品的设计，如信息产品的外观、功能等基本设计，使用户能更好地接受这一产品；信息服务体验的设计，即让用户参与到整个服务的过程，以优化用户服务体验；信息服务传递的设计，即通过便捷、方便、交互的设计便于用户获取信息服务。

总之，信息提供者用各种方式向信息用户提供所需信息资源的活动叫作信息服务。在空港实验区内，信息服务是通过公共信息服务平台在区域内信息资源共建共享基础上向区域内所有信息用户提供所需信息的，其信息服务内容主要包括两个方面：一是通过区域内各组织信息资源的共建，对不同来源的数据实现整合与集成，建立统一的信息资源导航体系，方便用户查找使用；二是针对不同用户的信息需求，建立跨组织、跨部门的信息协同服务中心，为用户提供个性化的、针对性的咨询服务。

（二）信息服务效率

根据百度百科中对"效率"这一词条的解释，效率是"有用功率对驱动功率的比值"，是"最有效地使用社会资源以满足人类的愿望和需要"，是"给定投入和技术的条件下，经济资源做了能带来最大可能的满足程度的利用，也是配置效率的简化表达"[1]，效率的经济学含义是社会能从其稀缺资源中得到最多东西的特性。对于效率的含义，不同角度、不同学科有不同的解释，既可指"单位时间内实际完成的工作量"，又可指"达到结果与使用的资源之间的关系"。"效率"的含义是在不断发展的，《辞海》中解释为"效率是指消耗的劳动量与所获得的劳动效果比率"。ISO9000：2000对效率（efficiency）的定义为"达到的结果与所使用的资源之间的关系"。所使用的资源包括物质资源、人力资源、信息资源等，既可以是有形的，也可以是无形的，是人员、技术、设备、资金等一切支持生产要素正常运营的条件。而达到的结果是关于过程或活动的输出，指人们利用一定的资源生产出来的能够满足人们需要的或具有一定使用价值的物品或服务[2]，既包括有形产品，也包括无形产品。故衡量过程或活动效率的大小是通过产生的结果与使用的资源之间的价值比值，即结果中包含的价值与所使用资源中包含的价值之比，得到投入与产出或成本与收益的价值比。从管理学角度看，效率是指组织的各种投入与产出之间在特定时间内的比率关系。对于公共部门来说，效率包括配置效率和生产效率，配置效率指组织的产品或提供的服务是否能满足用户的不同偏好，生产效率指平均时间生产或提供服务的成本。

根据以上对"效率"定义及内涵的解释，信息服务效率包括生产效率和配置效率两个方面，信息服务的生产效率是指在信息服务过程中，为用户提供的信息服务价值与所消耗的各种物质、人力、信息等资源价值的比值；信息服务的配置效率是指服务机构所提供的各种信息产品和信息服务

---

① "效率"，百度百科，2015 年 4 月 27 日访问，http://baike.baidu.com/view/47610.htm。

② 罗琳：《数字图书馆信息服务效率研究》，《图书情报知识》2005 年第 6 期。

是否能满足用户的不同偏好，或者说在给定投入和技术的条件下，投入的各种资源是否能给用户需求带来最大程度的满足。

二 信息服务效率的相关要素

根据上述对信息服务效率的界定可知，信息服务的生产效率与信息服务过程中投入的资源价值、产出的信息服务价值有关。在信息服务投入的成本价值不变的情况下，产出的信息服务价值越大，则信息服务生产效率越高；同样，在信息服务产出价值不变的情况下，投入的资源成本价值越小，则信息服务生产效率越高。由此可知，信息服务生产效率与投入的成本价值（各种资源成本的总价值）成反比，与产出的信息服务价值成正比。

信息服务的配置效率是指投入的各种资源成本价值所带来的用户需求满意度的大小，它与投入的各种资源成本价值、用户需求的满意度有关。在确定投入的各种资源价值情况下，用户需求的满意度越高，则信息服务的配置效率越大；同样，在用户需求的满意度确定的情况下，投入的各种资源成本价值越小，则信息服务的配置效率越大。由此可知，信息服务配置效率与投入的各种资源成本价值成反比，与用户需求的满意度成正比。

通过以上分析可知，信息服务效率的大小与信息服务过程中投入的各种资源成本价值、投入的资源成本总价值、产出的信息服务总价值和用户需求的满意度相关。投入的资源成本总价值是各种投入资源价值的总和，通常包括人力资源、设备资源、信息资源和技术资源，在资源成本总价值确定的情况下，各种资源的投入价值分配可进行调整与组合，以实现用户需求的最大满意度。根据前文分析可知，在空港实验区内，信息服务内容主要有两个方面：一是通过对不同来源的数据进行整合与集成，建立统一的信息资源导航体系，方便用户查找使用；二是针对不同用户的信息需求，建立跨组织、跨部门的信息协同服务中心，为用户提供个性化的、针对性的咨询服务。那么，产出的信息服务价值主要体现在这两个方面，即用户利用信息资源导航体系查找信息而产生的价值和用户获取个性化的咨询服务而产生的价值。用户需求的满意度则表示这两种信息服务内容能够满足用户需求、达到用户期望的程度。

三 信息服务效率的影响因素分析

信息服务机构的各部分是相互联系、相互依存的。空港实验区能够顺利开展信息服务的前提是要有合理的制度，其次是信息资源质量，它是确保信息服务的重要因素；服务机构中的软件硬件设施也要配备齐全，才能保障信息服务的提供；信息服务过程中的服务人员素质要适应现代信息技术发展，它也是影响信息服务效率的一大要素。影响空港实验区信息服务效率的因素有以下几个方面：

（一） 制度方面

一个组织要想高效率地运行，就应该在建立之初制定出合理的规章制度。合理制度的建立，有利于组织的正常运行，增强员工的积极性，激发人的创新思维，从而提高工作效率。空港实验区信息服务机构在制度上要支持数字资源进行广度和深度的开发与建设，提高信息服务和信息产品的附加值，这样才能更高质量地为用户提供信息服务。在人员管理方面，如果空港实验区信息服务机构存在一项能够满足员工物质、精神需求的制度，并能够积极实施，那么这个服务机构的工作效率和工作作风都会有所改善，从而激励工作人员更好地服务用户，进而提高空港实验区的信息服务效率。

（二） 信息机构拥有的信息资源质量

信息机构用于提供信息服务的资源质量直接影响到信息服务的效率。这一影响因素具体包括：

1. 信息资源的准确性、完备性和权威性

信息资源的准确性和权威性直接影响用户对信息服务的利用，从而对信息服务效率产生影响。信息资源的总量反映了空港实验区信息资源共建共享的规模和水平，资源总量越多，检出的信息满足用户需求的可能性越大，从而提高信息服务的效率。

2. 信息资源的广度和深度

广度是指信息内容的覆盖范围，即所涉及的学科、领域等内容的广泛性；深度是指信息内容的质量是否具有较高的价值性和权威性。

3. 更新速度

更新速度可反映信息服务中提供的信息资源的新颖性，企业决策所需

要的环境信息、政策信息等，对信息的新颖性要求较高，因此信息更新速度也是影响信息服务效率的一大因素。

（三）服务人员素质

信息服务效率的高低与服务人员的素质关系较大。空港实验区信息服务机构人员具备的专业知识和服务水平直接影响着信息服务效率。信息服务人员需要具备信息意识和技能，能够对信息资源进行有效的整合，不仅要求在专业知识方面精、准、专，还要求要对其他学科知识有所了解。在向用户提供服务时，强调服务的全面性和专业性；咨询服务中的态度和表达也是影响信息服务效率的重要因素。这就要求服务人员不仅需要专业技能，出色的表达能力和协调能力也很重要，他们是提高信息服务效率的必要因素。

（四）技术因素

技术水平的高低是影响空港实验区信息服务效率的直接原因，所以要充分利用先进的技术手段和设备，全方位地向用户提供高效率的服务。空港实验区信息机构所使用的信息服务系统影响着数字图书馆信息服务效率。信息服务系统稳定的运行，能够确保用户在需要时就可以登录到系统中去，这样利于满足用户的信息需求，进而提高空港实验区信息服务的效率。

总之，信息服务过程中的各种要素都会对信息服务效率产生影响，如何提高各种要素的使用率、易用性，提高信息服务的总体效率，是空港实验区信息服务追求的目标。

四　国内外空港区信息服务效率的现状分析

不可否认，航空港区的兴盛绝对不是一个新颖的代名词[①]，它是世界发达国家经济兴盛的事实证明。早在 1959 年，爱尔兰的香农机场便入手试验，合理地应用快捷的交通运输器材、高能的信息服务量和庞大的物流、人流，招引了国内外的巨额资金和原材料，这一兴盛直接推动了本地的崛起和社

---

① 林菁等：《可达性的城市公园服务效率评价——以沧州市主城区为例》，《天津大学学报》（社会科学版）2014 年第 4 期。

会经济突出的成长，相仿的航空港区也纷纷在各国的主要国际机场初步建设①。

我国政府对此也给予了非常高的重视，国内航空港区也纷纷掀起热潮②。近几年，我国信息服务业快速发展，随着科学技术和信息领域的不断进步，我国也对国外信息服务的成功案例做了研究，并通过运用信息技术和通信技术来构建适合中国信息服务业发展的航空港区。

尽管我国的空港实验区有所进步，但由于我国没有健全的基础设施和雄厚的经济实力，而且地区差距相对较大，发展规模还小，缺少大型的物流中心，所以与国外相比还有很大差距。空港经济不是简单的工业、农业、服务业，而是高科技的现代产业，空港实验区的发展需要各个方面有机结合起来，这样才能带动社会经济的发展，因此我国的空港经济信息服务现状还需要深入的探讨和研究。国外一些成功的案例足以证明，未来空港区发展的核心是将现代化工业和现代服务业有效地结合起来。

第二节 信息服务效率评价的一般框架

计算机技术、网络技术和信息经济的快速发展，将人们带入到一个全新的网络信息时代。这一时代的典型特征是信息的指数增长态势，使信息无处不在、无时不有。信息的爆炸式增长使人们面临着信息泛滥、信息的有效利用等问题。空港实验区通过信息资源共建共享对区域内的信息资源进行了组织、整理，使之有序化，并通过建立信息平台为用户提供信息服务。那么信息服务的效率又是如何呢？如何评价其信息服务效率呢？本节将重点讨论空港实验区信息服务效率评价的一般框架，旨在引导信息资源共建共享活动建立在高效益、务实性、统筹规划的基础上，引导其高效率地提供信息服务，以避免无效的、浪费性的投资。

信息服务效率评价的一般框架见图6-1。具体包括：评价目的与原则、评价主体与模式、评价内容、评价流程6个组成部分。本节将分别分析这6个要素，以全面构建信息服务效率评价的一般框架。

---

① 张蕾，陈雯：《国内外空港经济研究进展及其启示》，《人文地理》2012年第6期。
② 吴亚平：《航空港经济区发展政策探讨》，《中国民用航空》2014第1期。

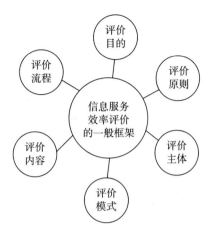

图 6 - 1 信息服务效率评价的一般框架

一 信息服务效率评价的目的与原则

(一) 评价目的

所谓评价是指根据特定标准对事物（即评价对象）进行衡量、检查、评价和估计，以判断其优劣与利弊得失。在管理学领域，评价应用得较多，尤其在工程管理、项目管理、人力资源管理等方面，都非常重视评价工作。科学、客观的评价工作是对项目、管理成功与否的衡量，具有重要意义。而在信息服务效率领域，评价是一个较为薄弱的环节。

信息服务效率的评价主要有两个方面的目的：一是对空港实验区内通过信息资源共建共享、信息平台构建所提供的信息服务是否能满足用户需求、适合于用户使用进行评价。这一评价过程是对空港实验区信息资源共建共享效果的评价，是对信息服务平台使用效率的评价，有利于引导空港实验区信息资源建设向高效率、高效益方向发展。二是对信息服务的成本投入与收益方面的评价，以判断空港实验区信息资源共建共享、信息服务平台建设的投资收益率，为后期的建设与维护提供指导。

(二) 评价原则

原则，即观察问题、处理问题的准绳①。明确评价目的和原则是开展正确评价的前提。信息服务效率评价的原则主要包括以下三个方面：

---

① 中国社会科学院语言研究所词典编辑室：《现代汉语词典》，商务印书馆，1998。

1. 科学性原则

无论是评价指标的设置、评价方法的使用，还是整个评价过程，都必须结合评价的实际情况，进行科学评价。做到评价指标准确、含义清晰、量化合理、计算科学、操作方便等要求，系统科学地反映空港实验区内信息服务效率的情况。科学性原则具体表现为评价方式合理、收集的数据真实有效、评价方法科学、评价结果客观公正等。

2. 整体性原则

空港实验区信息服务体系是由若干个子系统或构成要素、分系统组成的，信息服务的正常运行，与各数据库、分系统及各构成要素、机构部门之间有机融合和协同运作是密不可分的。因此，在进行空港实验区信息服务效率评价时，必须立足于各构成要素，既要重视各个要素的建设情况，又要注意各要素与总体之间的关系，不能只考虑局部而忽视全局。因此在进行信息服务效率评价时应以"整个服务体系"为评价对象，全面、系统地对空港实验区信息服务效率进行评价。

3. 可行性原则

在评价指标设计上，应做到易于获取、便于操作，指标之间的内涵与外延尽量不重合，指标体系尽可能简化。在评价方法方面，在坚持科学性原则的基础上，尽量采用简单、易用、可执行的评价方法，以简化后期的数据处理工作。信息服务效率评价应对已有的评价指标与方法进行分析，总结不同方法与体系的优劣，建立具有可操作性的方法体系和评价指标体系，为实施评价提供良好的指导性。

4. 适用性原则

在对空港实验区信息服务效率进行评价时，选取的评价指标、采用的评价方法、设置的评价标准以及对指标权重的分配都要符合空港实验区信息服务的实际情况，在尊重事实的基础上对空港实验区信息服务效率进行评价。

二 信息服务效率评价的主体与模式

评价目的和原则决定着为什么评和根据什么来评，而对于不同的评价主体与模式，其评价结果不同。评价主体是基于一定目的主动实施评价行为的实体。依据不同的评价主体，可将信息服务效率评价模式分为政府评价模式和社会评价模式两种①。

政府评价模式是以政府为主体，即以空港实验区管委会所组建的职能部门对该区域的信息服务效率进行的评价。这一评价的具体执行，应成立由相关职能部门和领域内各专家组成的评价机构。这一评价主要以该区域所制定的社会发展目标为依据，就信息服务效率而言，就是以政府信息资源共建共享和信息服务平台建设所达到的目标为依据，对空港实验区信息服务建设的适应情况和促进作用进行科学客观的评价。

社会评价模式是指通过社会团体和相关的学术机构对空港实验区信息服务效率所进行的评价。这种评价以社会科学院、高等院校中相关研究机构和相关的学会、协会为评价主体。这一评价主要是以空港实验区信息服务效率对该区域快速发展的促进作用为依据，对信息服务效率的实际情况进行客观评价。要进行这种评价需要广泛借鉴全国各地，甚至其他国家尤其是信息化程度较高的国家的研究成果和实践经验。

政府评价模式的特点是长期性，这一特点着眼于空港实验区信息化建设的长期社会发展目标。而社会评价模式中，由于社会评价主体的社会属性是社会团体和机构，这一属性决定了这一评价相对于国家和政府的相对独立性。而这种独立性是保证评价工作科学性和客观性的必要前提，因此社会评价模式的突出特点是学术性、客观性和科学性。而社会评价也正以其所独有的优势成为政府评价不可或缺的补充。

三　信息服务效率评价的内容

由系统论可知，任何客观事物都是由若干相互联系、相互作用的要素组成的有机体。要素是系统的组成单元，而这些单元通过相互关系形成系统的结构。在一个稳定系统中，一方面，要素之间相互独立，存在差异性；另一方面，要素之间又存在相互联系与作用，形成一定的层次结构，共同推动着系统的发展。对于信息服务效率评价这一任务来说，评价内容是一个整体，它由若干个不同层次结构的要素构成，依据每个要素和每一个层次结构的作用和功能形成信息服务效率的评价内容体系。

---

① 孙健夫等：《信息资源共建共享投资效益评估研究》，人民出版社，2014。

（一）确定信息服务效率评价的论域

确定评价论域，实质上就是确定评价指标体系。要使信息服务效率评价的最终结果能够反映空港实验区信息资源共建共享情况、信息平台服务情况以及区域信息服务效率的实际情况，关键在于建立一套具有科学性和可操作性的指标体系，统一规范的评价内容，实现评价的规范化和科学化。

确定信息服务效率评价论域，即确定评价指标体系，是开展空港实验区信息服务效率评价的依据。它的研究、制定和使用，对信息服务效率高低能够进行定性和定量描述，从而建立一个具体的、系统的、可执行的标准来衡量空港实验区信息服务工作。建立评价指标体系是以一种可以得到公众认可的价值标准来判断和衡量事物的优点与价值，因而建立系统的评价指标体系有利于信息服务效率评价工作的顺利开展，促使空港实验区信息服务真正发挥其作用，实现高效率运行。确定评价论域，首先应该关注其完整性和综合性，使指标体系能够全面系统地反映评价对象的投资效率情况，既要保证指标体系的完整性，不遗漏任何一个反映评价对象实质的指标，又要确保所选的指标内容无交叉和重复，使之形成一个有机整体，指标间的相互配合能比较科学、准确地涵盖评价对象所需的基本内容。确定评价论域，还要求各指标之间避免重复，减少冗余和交叉，尽可能指标间相互独立，没有内在的联系，使最后的评价结果能反映客观实际。当然，指标之间的完全独立是很难实现的，对独立性程度的要求可视综合评价方法而异，根据不同的评价方法可适当地放宽或缩紧独立性要求。确定评价论域，要使各指标既能按单项指标、部门、机构进行统计，也能完成系统内部综合评价的任务。构成指标体系的各要素在评价中的重要程度通常是不同的，在设计指标体系时应对重点指标有所突出。

（二）确定信息服务效率评价的指标权重，建立权重集

确定信息服务效率评价指标的重要程度，即确定指标的权重，使处于同一层次的各指标权重的总和为1。如果没有权重的确定，任何评价指标体系是没有实际意义的。对指标体系通过科学的方法赋予各级指标权重，使其具有较强的可操作性和科学性，真正能够为评价所用。

权重是指根据各级指标在指标体系中地位和作用的不同，而赋予的一定数值，是对某种事物或者因素重要程度的定量分配。在多目标决策、多

指标评价以及预测方面，常常得到应用。目前，确定评价指标权重的方法主要分为主观赋权法、客观赋权法两种[①]。主观赋权法是由专家根据经验主观判断各指标的重要程度进行赋权的方法，如层次分析法、专家统计加权法、古林法等；客观赋权法是各个指标根据一定的规则进行自动赋权的方法，如主成分分析法、均方差法、多目标规划法等。运用主观赋权法确定各指标间的加权系数，该方法应用较早，也较为成熟，反映了决策人的意向，决策或评价结果具有较大的主观随意性；客观赋权法中原始数据是由各指标在评价中的实际数据组成，不依赖于人的主观判断，但没有考虑决策人的意向。

（三）构造判断矩阵，进行信息服务效率的综合评价

构造信息服务效率评价的判断矩阵的前提是要搜集判断信息。为得到客观、有效的数据，可根据设置的指标体系来设计相应的调查问卷，通过问卷调查方式来获取相关信息。对有效问卷中的每个指标的各个评语等级的统一人数统计出来，得出各指标的统一率，以此作为单因素评价矩阵的隶属函数，构成单因素评判矩阵。然后将每一个指标的各个评价等级所占比例计算出来，构造单因素判断矩阵。最后，将各层指标权重系数与单因素判断矩阵进行合成运算，得到用动态模糊集表示的结果。它不能很直观地做出评价，需进一步进行单值化处理得到评价结果，再按最大隶属度原则得到最终量化结果，对最终结果分析后得出最终评价结论。

四　信息服务效率评价的流程

信息服务效率评价通常包括三个阶段：评价准备、实施评价和后续工作。

（一）评价准备

这一阶段主要包括成立评价机构、确定评价对象、制定评价规划等步骤。具体如下：

1. 成立专门的评价机构

组建由相关职能部门和信息服务领域的专家组成的评价小组，负责评价计划的制定和具体评价的实施，形成评估报告。评价机构要对参与评价

---

① 程书肖：《教育评价方法技术》，北京师范大学出版社，2004。

的人员进行评价工作培训，使之了解评价体系框架，熟悉有关评价思路、评价方法和评价操作，便于评价工作的顺利开展。评价机构还需与评价对象进行充分的沟通与协调，以取得评价对象的支持与配合，保证评价工作的顺利实施。

2. 确定评价对象

在评价准备阶段，需与评价对象做好沟通，开展评价工作的宣传动员，让评价对象充分理解评价的总体思路、目标和指标体系，了解评价的整个过程和时间安排，使之更好地配合评价工作。

3. 制定评价规划

评价规划是对评价活动的整体行动计划。根据评价范围的确定，确定评价目标、明确评价任务、制定评价指标、选择评价形式、方法和分析模型及确定评价时间表或操作程序的过程。

（二）评价实施

这一阶段包括以下步骤：

1. 采集原始数据

可通过调查问卷和实地访问的方式收集原始数据。数据收集时应紧紧围绕评价目标进行，否则易造成收集工作的盲目性和所收集信息的离散性。

2. 数据处理与分析

在收集到信息以后，需对这一信息进行筛选、核实与鉴定，然后进行数据分析，利用信息评价指标和工具进行客观、准确的评价。

3. 形成初步评价结果

即根据数据分析形成对评价对象的初步判断，并运用综合评价方法进一步分析评价，以产生对评价对象整体的分析、比较、排序等。

4. 形成评价报告

评价过程的最终结果就是要生成评价报告。它是根据评价过程中获取的数据和分析结果，对空港实验区信息服务效率进行书面的整体评价。评价报告主要由三个部分组成：一是评价过程概况，包括评价投入、时间、参与单位及主要内容等；二是评价的结果部分；三是针对评价结果提出的改进建议，即对信息服务效率中存在的问题提出改进建议。

（三）后续工作

空港实验区信息服务是一个动态的过程，且分阶段实施。由于技术的快速发展和信息系统平台所支撑业务的不断变化，信息服务效率也在不断改变。当出现一些重大变革时，如因新的信息技术和业务系统的引入造成系统平台结构的重大变化，或者参与信息资源共建共享的成员单位的增减等，需要对空港实验区信息服务效率进行新的评价活动。

第三节 空港实验区信息服务效率评价指标体系

由前文分析可知，信息服务效率可分为生产效率和配置效率两个方面，信息服务的生产效率是指在信息服务过程中，为用户提供的信息服务价值与所消耗的各种物质、人力、信息等资源价值的比值；信息服务的配置效率是指服务机构所提供的各种信息产品和信息服务是否能满足用户的不同偏好，或者说在给定投入和技术的条件下，投入的各种资源是否能给用户需求带来最大程度的满足。信息服务效率的高低是衡量信息服务质量的重要指标和参数，是构成信息服务品牌的重要组成部分，它已成为评价信息服务价值、信息服务形象的重要标志。信息服务效率的提高离不开各方面要素的支持，如先进的技术设备、高素质的服务人员、高层次的组织管理等。只有这些构成要素协同发展，才能更好更高效地提供信息服务。本节在论述评价指标设计的基本原则基础上，将分别从信息服务的生产效率和配置效率两个方面来设置信息服务效率评价的指标，并基于信息服务要素构建效率评价指标，使它们共同构成空港实验区信息服务效率评价的指标体系。

一 评价指标设计的基本原则

信息服务效率评价指标的设置对评价结果的科学性和合理性影响很大，设计合理、准确、全面的信息服务效率评价指标体系是保障空港实验区信息服务效率评价的重要环节，是组织管理效率的重要组成部分。设计效率评价指标的原则包括以下5个方面：

（一）准确性原则

准确性是整个工作开展的重要原则，要求效率指标设计的内容、标准要科学、合理。

（二）稳固性原则

即指标设计应在不同范围下都可适用，并在较长时间内可用。

（三）定性与定量相结合的原则

指标体系在设计时应考虑到其数值性，不仅要给出精确的测量值，还要考虑突变因素，在无法精确测量数值的时候，采用定性指标来描述。

（四）覆盖全面性

指标是针对具体信息服务流程而言的，所以在制定时要全面考虑，使全部员工和用户参与并提出意见，保证指标设计的合理性。

（五）重要性原则

指标体系的设计不仅要有全面性，还要突出其重要方面，在信息服务过程中找到关键因素，增加它们的权值，以保障信息服务效率评价的准确性。

二　信息服务生产效率的评价指标

信息服务生产效率是指在信息服务过程中，为用户提供的信息服务价值与所消耗的各种物质、人力、信息等资源价值的比值，即提供信息服务的价值与付出成本之间的比例。它是衡量空港实验区信息资源共建共享和信息服务平台提供的信息服务质量的重要指标。

（一）信息服务的价值

一般而言，信息服务的价值主要包括社会价值和经济价值。从以往研究中看，很多研究者着眼于信息服务的社会价值，而忽视了信息服务经济价值的研究，这一倾向会造成信息服务不计成本的错误认识。随着市场经济的完善和社会、科技的发展，从经济价值角度来研究信息服务势在必行。本书也主要从经济价值角度来衡量信息服务的价值。

信息服务的经济价值主要包括以下指标：

1. 直接经济收益

信息服务的直接经济收益是指信息服务机构在完成信息服务活动、用户获取相关信息后，用货币或其他资金形式所支付的报酬额数，可用 V（value）表示。

2. 知识产权收益

信息服务的知识产权收益是指信息服务机构在完成信息服务，经权威机构鉴定、验收后获得的工业产权、著作权、商标权等方面的收益。

3. 设备和资源收益

信息服务的设备和资源收益是指信息服务收益中属于设备和资源开发、折旧的那部分收益。

4. 人力资源收益

信息服务的人力资源收益指的是在信息服务过程中所形成的隐含于直接收益中和没有表现出来的间接收益中的所有体现人力资源价值的综合。

（二）信息服务的成本

根据所提供的信息服务活动程序，将其成本指标分为以下几个方面：

1. 基本成本

主要包括信息服务中的直接成本和间接成本。信息服务中的直接成本是指与信息服务有直接关系的成本，一般包括用于该项信息服务的设备、技术支出，管理和办公费用，信息服务的单位固定成本等；间接成本指的是与信息服务产生间接关系的成本，包括人力资源成本及其他间接成本等。

2. 边际成本

它是一个可量化的经济指标，指的是信息服务机构在服务过程中为特定的信息服务所付出的额外成本，主要表现为可变动的成本和固定成本的折旧。

3. 管理成本

信息服务中的管理成本是指服务机构为信息服务活动中投入的用于业务管理、平台维护、设备更新及其他管理成本。

4. 期间费用

信息服务的期间费用指的是服务机构在信息服务过程中所产生的一些非预算的其他支出费用。

要提高信息服务的生产效率，需要尽可能增加信息服务的价值，同时减少信息服务的成本付出，以促进空港实验区高效率的信息服务提供机制。

三 信息服务配置效率的评价指标

从信息服务的配置效率的含义中我们可以得知，信息服务的配置效率与投入的各种资源配置效果、总投入的资源成本和用户满意度有关。

（一）信息服务成本中各种资源的配置情况

在空港实验区内，为有效开展信息资源服务投入了大量的人力、物力和财力。在信息资源共建共享中，需通过数据整合实现数据库的统一建库、通过数据库建设形成统一标准的数据资源、通过构建信息资源共建共享平台提供信息导航服务和用户咨询服务等，所有这些信息资源共建共享、信息服务都离不开人力资源、技术资源、信息资源和设备资源等方面的成本投入。那么在这些不同类型的成本资源中，它们的配置比例直接影响所提供信息服务的质量及其产出，因此，合理配置各种投入资源是提高信息服务效率的重要因素。

在进行成本资源的配置过程中，首先要了解用户对不同信息服务的需求，根据用户需求来确定所提供的各种信息服务类型，由此对投入的各种资源成本进行合理配置，这样才能最大限度地发挥所投入成本的效益，最大限度地满足空港实验区用户需求。在这一过程中，离不开用户需求的调研，尤其是针对每一种信息服务类型的用户需求调研，它有利于提高信息服务质量，增加信息服务的产出，以更好地服务于用户。

（二）信息服务的总成本

信息服务是信息机构依靠自身所拥有的信息资源向他人提供信息服务与产品、信息查询与咨询、信息交流等内容的一种社会活动。在这一活动过程中必然涉及信息服务的成本消耗。信息服务的总成本是指所有用于信息的开发、处理、组织、整合、检索等一系列信息活动的、以提供信息服务为最终目标的各种资源的投入成本，主要涉及信息资源成本、人力资源成本、信息服务设备成本以及维护运行与管理成本，他们共同构成了信息服务的总成本。

1. 信息资源成本

信息资源是提供信息服务的前提和基础，没有充足的信息资源作为后备支撑，信息服务就成了无源之水。信息服务机构要为用户提供优质的信息服务和信息产品，必须拥有强大的信息资源储备量，这就涉及信息资源的建设成本。信息机构获取信息资源的途径主要有购买、交换、自行开发、赠送等方式，这一过程离不开信息资源建设成本的投入与耗费，它是信息服务成本的重要组成部分。信息服务机构拥有的信息资源主要包括两种类型——印刷型文献资源和网络数据库资源，尤其是网络数据库资源，具有一定的连续性和长期性，信息服务机构需要不断地更新信息资源内容才能保证信息服务质量，故信息资源成本是一项长期支出。

2. 信息服务设备成本

信息服务设备是指为实现信息服务而必备的各种设施设备。对于传统的图书馆信息服务而言，其服务设备主要包括图书书架、阅览室的桌椅等等。目前信息服务机构主要以数字信息资源的服务为主，其信息服务设备主要包括计算机终端设备、网络接入设备、多媒体设备等各种硬件设施。如果从设备功能角度来划分，其信息服务设备主要包括信息存储设备、信息管理设备和信息交互设备①。在信息服务设备成本中，不仅包括购置信息设备的成本，还包括运行、维护设备的成本。它也是一项长期支出成本。

3. 人力资源成本

人力资源成本是指信息服务机构为提供信息服务而聘用服务人员所产生的成本，主要包括信息服务人员的培训费用、工资费用等。信息服务人员的专业素质和知识结构直接影响到信息服务的质量和效率，要保证信息服务的高效率和高质量离不开服务人员的高素质、高能力的培养。信息服务机构必须重视人力资源成本投入，加强对信息服务人员能力的培养，以提高信息服务效率。

4. 信息机构管理成本

信息机构管理成本是指为维持信息服务机构的正常运转所必须支付的管理成本。一般意义上的信息服务机构包括图书馆、情报所、各类信息中心、信息咨询公司等，从机构性质上看既有公益性服务机构又有经营性服务机构，不管性质如何，其运营管理成本都必不可少。相对而言，商业性运营的信息服务机构在设备、技术、人才、管理等方面具有一定的优势，

---

① 周淑云：《信息服务成本分析》，《兰台世界》2009年第2期。

其运行效率会优于公益性信息服务机构。

（三）信息用户的满意度

信息用户满意度是指用户在使用信息服务之后，形成的满意或不满意的态度。由用户满意度模型可知，用户满意度通常通过顾客预期质量与感知质量之间比较差异的相关关系来衡量。它包括"用户期望"和"公平实绩"这一不一致比较标准[①]。根据广泛应用的美国顾客满意度指数模型－ACSI（American Customer Satisfaction Index）模型[②]，本研究将信息用户的满意度相关因素分为以下几种：

1. 用户感知质量

感知质量指信息用户在使用信息服务过程中或使用后对该信息服务质量的感知与判断，它是决定用户满意与否的一个重要因素。

2. 用户期望质量——比较标准

期望质量是指用户根据自身的工作、生活需要和过去使用信息服务的经历，对其希望信息服务质量所能达到的一种理想状态的描述与认知。它包括两个方面：一是用户对信息服务质量满足自身需求而产生的质量期望；二是用户根据过去的使用经验而产生的质量期望。

3. 感知价值

感知价值表示用户所获取的信息服务质量相对于其花费成本的比值。用户花费的成本主要包括获取信息服务付出的金钱和时间。

总之，要提高信息服务的配置效率，需要在总的投入成本确定的情况下，优化各种资源成本的配置，使成本投入价值实现最大化，使用户满意度实现最大化。

四 基于信息服务要素的评价指标

根据前文对信息服务效率的要素及影响因素分析，可基于构成要素角度来构建评价指标体系，具体包括以下 4 个评价指标：

---

① 廖颖林：《顾客满意度指数测评方法及其应用研究》，上海财经大学出版社，2008，第 4 页。
② Fornell Claes, Michael D J, Eugene W A. "The American Customer Satisfaction Index: Nature, Purpose, and Findings", *Journal of Marketing* 60 (10), 1996, pp. 7–18.

（一）信息资源指标

我国的网络信息资源在各个地区的分布存在差异，各个行业市场都是以各自部门利益为主，市场网络信息资源存在单一性同时又不可共享，网络信息资源发展力度不够，用户需要的信息资源较少，因此全面、完整、准确、有效的网络信息资源，才能加快网络信息服务的发展。这一指标主要包括：

1. 信息资源的完整性

空港实验区信息服务机构收集的信息资源要尽可能广泛，囊括各个行业尽可能多的信息资源，包括一次、二次和三次文献信息；不仅可以提供纸质版文献信息，还提供数字化信息。各类文献信息资源形成互补，在用户了解和掌握信息服务基本操作的基础上满足用户的需求。

2. 信息资源的新颖性

信息资源尤其是数字信息资源要及时更新，以保证其新颖性，若时滞过长，会影响信息服务的质量。

3. 信息资源的来源

要确保信息资源来源的权威性和可靠性。可靠的信息源如会议资料、调研数据、原始实验数据、专利信息等。

4. 信息资源的目标性

这一目标性主要体现在信息服务机构所拥有的信息资源针对目标用户的专属性，即信息资源建设时应根据目标用户的需求有针对性地收集与组织信息资源，以保证信息服务的目标与针对性。

（二）技术性指标

信息技术是实现网络信息服务的重要因素之一，我国空港实验区应善于运用网络信息技术，对网上丰富的信息资源进行开采、整顿、分类、压缩、筛选等一系列工作，从而成为用户有效的信息。技术性指标具体包括：

1. 硬件方面

包括系统平台服务器良好的运行情况、信息访问的安全与高效、提供服务的不间断。

2. 软件方面

对于检索系统来说，应尽可能多地提供检索途径与入口，如关键词、标题、主题词、文件类型等。系统的易用性如何也很重要,它是用户是否利用这一系统的关键因素。

3. 相应速度

在用户提出信息服务后如果很长时间没有得到回应,用户就会失去耐心,从而影响到用户对信息服务的满意程度。

4. 安全方面

主要体现在服务的硬件与软件方面,如服务器建设时要考虑设备、技术的不可破坏性,以防被黑客、病毒攻击。

(三) 服务指标

信息服务指标直接关系到信息服务效率的高低。具体内容包括:

1. 服务方式

主动服务方式是将用户感兴趣的信息主动推送给用户,一方面可以节省用户的时间和精力,另外还可以增强与用户之间的信任感。个性化服务方式是指以用户需求为主体的创新服务模式,在允许用户进行个性化定制的同时最大限度地满足用户需求。一站式服务方式是将分散的资源进行整合,通过统一的网站呈现给用户,实现资源的最大化利用。

2. 信息服务及其产品

信息服务及其产品是否以常见格式输出、是否以用户便于获取的方式呈现等,都关系到用户对信息服务的使用率,从而影响信息服务的效率。

3. 信息服务种类

信息服务机构对用户提供的服务种类越多,满足用户需求的可能性越大,可以提高用户对资源的使用率。当然,这一过程也要考虑信息服务的成本与效益,以免造成信息投入成本的浪费。

(四) 信息人才

空港实验区信息服务效率提高的关键因素之一是信息人才,信息人才的管理能力直接影响着信息服务效率,因此有效地利用网络信息资源,可以为用户提供便利的信息服务,因此信息人才的服务态度、管理制度以及信息网络服务的平台需要进一步强化。具体指标包括:

1. 专业素质

信息人才应具备与信息管理相近学科的背景,不仅要熟悉图书馆学、档案学、情报学学科知识，还要有熟练的计算机操作能力、分析问题能力和较快接受新信息的能力。良好的专业素养是做好信息服务工作的基础。

2. 信息意识

信息人才应对信息有敏锐的判断力，能及时判断信息是否有用，在不同载体中能够准确抓住、筛选出有价值的信息，并归类投入使用。

3. 服务态度

信息人才对用户要有热情、有耐心，态度要端正。在实际工作中，全力查找用户所提出的信息并进行分析，高效率地为用户提供高质量的信息资源。

第四节 空港实验区信息服务效率评价方法

信息服务作为一种服务，其服务效率如何，服务能力如何，服务质量如何等因素，对信息的服务者、服务对象以及服务平台与机制都具有显著的影响作用。因此，检测信息服务是否有效，也就是对信息服务的效率进行评价就显得非常重要。那么采用什么评价方法对信息服务效率进行评价，是信息服务者也是信息评价者需要考虑的问题。本节将介绍几种较为成熟的评价方法，为开展空港实验区信息服务效率的评价提供方法论。

目前，评价分析方法主要包括两大类——主观评价法和客观评价法。主观评价法的流程通常是：先由专家组根据其自身经验采取定性方法进行主观判断而给出权数，然后再对相关指标进行综合评价。这样的评价方法有德尔菲法、同行评议法、层次分析法等。客观评价方法则是通过相关指标的变异系数以及指标间的关系来确定权数以进行综合评价，如生产函数法、效用函数法、数据包络分析法（Data Envelopment Analysis，DEA）和主成分分析法等。总之，这两种方法各有特点，主观评价法的主观随意性较强，受人的因素影响较大；客观评价法的精确性、客观性较好，但指标数量较多时的计算量比较大。

一 主观评价方法

主观评价法是以测评人为对象，以其分析问题的判断能力为基础，以用户的回馈标准、满意程度、评论高低等作为检测的标准，主观评价法以定性和定量为方法，根据航空港区的各项信息服务效率指标来进行评估并作出结论。这种评价方法的优点在于主观性强、简明、快捷、执行力高，但它也存在一定的不足，往往与预测的标准有一定的差距，用户劝服力比较低，缺乏客观评价。目前，常用的主观赋权评价方法主要有以下几种。

（一）德尔菲法

它是根据具有专业知识人员的直接经验，对所研究问题进行判断的一种方法，又被称为专家咨询法或专家函询调查法。它采用匿名的调查方式向专家咨询意见，经过几轮调查使专家意见集中，最后做出预测。这一方法通过征集各方面专家意见，将专家提供的权数意见经多次统计与处理，直至专家的意见在较为一致的情况下，得到指标的适宜权数，然后进行综合评价。它是一种主观赋权法，具有较强的灵活性，易于发挥个人的主观能动性，且简单快速，具有反馈性、匿名性和统计性等特点。

（二）同行评议法

该方法又被称为同行评价方法、同行审查方法等不同提法，它是指在某一个领域或若干个领域内，领域专家采用同一种评价标准对隶属于上述领域的一项事物或活动进行评价的过程[①]。在该方法的应用中，其主观性、定性评价的特征，使得评价结果能够近似于大多数人对评价对象的主观印象。而且，该方法可防止数据失真对评价结果的影响，适用于抽象的、定性的评价。从广义上说，同行评议是指某一领域的一些专家共同对涉及这一领域的一项知识产品或知识成果进行评价的活动。所谓知识产品，主要是指人们在进行知识活动中所获得的精神产品和物质产品，如论文、论著、新产品、新材料等。在科学研究过程中，利用若干同行（即有资格的人）的知识和智慧，按照一定的评议准则，对某一科学问题或科学成果的潜在价值或现有价值进行评价，对解决科学问题的方法的科学性、可行性等做

---

① 叶文辉：《基于专家知识的主观评价方法综述——经济管理活动视角》，《湖北经济学院学报》（人文社会科学版）2011 年第 9 期。

出判断的过程，是科学界对科研项目进行评审和对科研成果进行评估的一种基本方法。空港实验区通过信息资源共建共享、信息服务平台的构建向该区域内用户提供的信息服务是一种产品，且这一产品具有一定的知识性，故可邀请有关领域的专家针对信息服务这一产品进行同行评议，实现空港实验区信息服务效率的评价。

（三） 层次分析法（Analytic Hierarchy Process，AHP）

层次分析法又称为多层次权重分析决策方法，是一种定性与定量相结合的多目标决策评价方法。它将与决策有关的元素分解成目标、准则、方案等层次，在此基础之上进行定性定量分析。它把复杂问题中的各种元素通过相互联系的有序化层次使之条理化，根据对一定客观现实的判断，就每一层次的相对重要性给予定量表示，利用数学方法确定表达每一层次的全部元素的相对重要性次序的数值，并进行排序分析和解决问题。该方法将决策问题按总目标、各层子目标、评价准则直至具体的指标变量这一顺序分解为不同的层次结构，然后用求解判断矩阵特征向量的办法，求得每一层次的各元素对上一层次元素的优先权重，最后再用加权和的方法递阶归并各指标变量对总目标的最终权重。它是用于确定评价指标权重的重要方法。

二 客观评价方法

客观评价法是用相同格式的标准来客观表达测评方向的本质与处境，经过人们对信息反映的好坏，通过数学模型的计算，最后获得评估结论的测评方法。这种方法往往不表达评估人的主观想法，是依据相应的准则来定量的评价信息服务的一种方法。为了衡量生产中的投入与产出，国内外学者结合不同的标准和需求，提出了很多生产效率评价的方法，其中常用的客观评价方法有生产函数法、效用函数法、数据包络分析方法和主成分分析法。

（一） 生产函数法

生产函数是西方计量经济学中广泛使用的概念，是直接使用市场价格来确定环境和资源价值的一种最直接、应用最广泛的评估方法。生产函数表达的是生产过程在理想状态下的投入—产出关系。根据诺贝尔经济学奖得主萨缪尔森（Paul A. Samuelson）的定义，生产函数是一种技术关系，用来表明每一种具体数量的投入物（即生产要素）的配合，所可能生产的最大产量要素的生产函数[①]。其一般形式为：$Y = F (X_1, X_2, \cdots\cdots X_n, t)$。式中 Y 为产出量，X 为若干生产要素的投入量，t 为时间变量。在一般的生产函数中，需要考虑多个生产要素的投入，计算量大，且各个投入要素对产出效益的影响难以确定。后来美国数学家柯布（C. W. Cobb）和经济学家道格拉斯（Paul H. Douglas）提出了具体形式的生产函数，简称 C－D 生产函数。该函数形式简单、操作性强，在经济理论分析和应用中具有一定的意义。

生产函数法通常包括两个基本假设：第一，在生产函数中，至少有两个生产要素，且这两个要素能够互相替代，能以可变的比例组合。第二，在分析产出和生产要素的关系时，认为生产要素的边际生产能力的比率没有变化，把产出量的变化全部归入投入量的范围之内。

（二）效用函数法

效用函数法是决策理论中的重要方法。在经济学中，效用是指人们在物品与劳务消费过程中所得到的欲望的满足，即某一事物的"使用价值"。用"效用"这一概念衡量人们对同一期望值在主观上的价值就是效用值。效用函数是从决策行动集合到效用值上的映射，决策行动与效用值一一对应，它反映了决策者对风险和后果的看法。设 C 是后果集，u 为 C 的实值函数。若对所有的 c_1、$c_2 \in C$，且 $c_1 \geqslant c_2$，当且仅当 $u (c_1) \geqslant u (c_2)$，则 u（C）被称为效用函数。

在使用效用函数对事物进行评估时，需要考虑两个关键问题：一是对所研究对象的状态的不确定性进行量化，二是对各种可能出现的决策后果赋值。为了便于比较，通常把效用值定在 ［0，1］上，即在同一问题中所有决策的最小效用值为 0，最大效用值为 1。效用值具有相对意义而没有绝对意义。

（三）数据包络分析法（Data envelope analyze, DEA）

它是由著名的运筹学家 A. Charnels 和 W. W. Cooper 等学者于 1978 年提出的，它是运筹学、管理科学和数理经济学交叉的一个研究领域。它是以

[①] 魏和清：《经济增长中科技进步效应测算》，中国物资出版社，2005。

"相对效率"概念为基础发展起来的一种效率评价方法，是一种构造生产前沿面函数的非参数的计量方法，主要用来评价同类型单位之间的相对有效性。DEA 是通过对生产决策单元（Decision Making Unit, DMU）的输入数据（投入）与输出数据（产出）的研究，从相对有效性角度出发，来评价具有相同类型的多投入多产出决策单元的技术与规模有效性的方法。所谓决策单元，指 DEA 方法将一项活动或一个动态系统看作是该系统在一定范围内通过一定数量的生产要素并获得一定数量的产出的过程。为使该项活动或动态系统取得最大的效益，这一过程需经过一系列的决策，即产出是决策的结果，这样的系统就是决策单元。每一个决策单元都具有一定的输入与输出，并在输入转化为输出的过程中努力实现自身的决策目标。DEA 的基本思路是通过对各 DMU 的输入数据与输出数据进行综合分析，得出每个 DMU 效率的相对指标，然后将所有 DMU 效率指标排序，确定相对有效的 DMU，同时还可用投影方法指出非 DEA 有效或者弱 DEA 有效的原因以及应该改进的方向和程度，为管理人员提供管理决策信息。

（四）主成分分析法

该方法主要是运用降维思想，将多个指标转化为数量少的几个主要的、综合性的指标。主成分分析法的主要原理是通过线性变换将一组既定的相关变量转换成另一组不相关的变量，按照方差的大小依次递减并对其进行排序。在此过程中保持相关变量的总方差不变，因此第一个变量拥有最大的方差被称为第一主成分，第二变量的方差排序第二被称为第二主成分。第一变量和第二变量相互独立，不存在相关性。在实际运用中，当设置的指标变量较多且相互之间存在相关性时，可使用这一方法对指标进行提取，从而简化统计分析的复杂性。它以数据信息丢失最少为原则，对高维的变量空间降维，即研究指标体系的少数几个线性组合，使这几个线性组合所构成的综合指标尽可能多地保留原指标变异的信息，这些综合指标被称为主成分。主成分分析法主要是一种探索性技术，在分析者进行多元数据分析之前，利用该方法可以了解数据间互相关联的复杂关系，其优点在于能较好地解决诸多变量间存在的多重共线性问题。

总之，不管是主观评价方法还是客观评价方法，它们各有优劣，在具体使用过程中，可将多种方法结合进行综合评价，以保证评价效果的客观性、准确性。空港实验区要以主观和客观相结合的方法来评价信息服务的效率，这两种方法是相辅相成的、互补的。只有这样才能更好地为用户服务，才能高效强化我国空港实验区信息服务效率的发展。

第五节　DEA 评价模型及实例分析

数据包络分析方法是效率评价中常用的一种评价模型，它是以运筹学、经济学、计量学、统计学等多种学科综合在一起的运用非常广泛的一种评价方法①。本节将以 DEA 方法为例建立 DEA 评价模型，并以上海浦东机场为例分析我国空港实验区信息服务的效率。

一　DEA 方法的适用性

DEA 这一方法不仅可用来对生产单位的各种经济效益进行评估，而且对公共部门的投资效益也可以进行评估。它把参与评价的项目，转化为以输入指标和产出指标形成的有效值来进行评价。通过 DEA 方法可对评价对象或评价项目进行快速高效的解析，以便进行更深入的评估与决策。DEA 方法以相对效率概念为基础，以凸分析和线性规划为工具，根据多指标投入与产出对相同类型的单位进行相对有效性或效益评价的一种新的系统分析方法。该方法经常被用于多目标决策问题中。它通过明确地考虑多种投入（即资源）的运用和多种产出（即服务）的产生，用来比较提供相似服务的多个服务单位之间的效率。该方法避开了计算每项服务的标准成本②，因为它可以把多种投入和多种产出转化为效率比率的分子和分母，而不需要转换成相同的货币单位。因此，采用 DEA 方法衡量效率可以清晰地说明投入和产出的组合，故它比一套经营比率或利润指标更具有综合性。DEA 方法是一个线形规划模型，它表示为产出对投入的比率。通过对一个特定单位的效率和一组提供相同服务的类似单位的绩效的比较，它试图

---

① 阎友兵，马朋：《基于 DEA 方法的旅游电子商务网站效率评价研究》，《湖南财政经济学院学报》2013 年第 4 期。

② 张晓梅，张亮亮：《基于数据包络分析的新农村建设效率评价研究》，《中国集体经济》2009 年第 9 期。

使服务单位的效率最大化。在这个过程中，获得 100% 效率的一些单位被称为相对有效率单位，而另外的效率评分低于 100% 的单位称为无效率单位。

DEA 方法的优点主要体现在以下方面：

首先，DEA 适用于复杂系统的相对效益评价，能对系统的经济效益、生态效益、社会效益进行综合的全面分析与评价，是进行完全意义上的相对效益评价的有效工具。

其次，由于 DEA 以 DMU 的输入、输出的权数作为变量，而且总是从最有利于决策单元的角度进行评价，因此，使用该方法时不需要操作人员主观地确定各指标的权重。DEA 方法不必确定输入、输出之间关系的显示表达式，即不必像生产函数那样先利用回归分析确定一个生产函数表达式。由于 DEA 方法排除主观因素的影响，因而具有很强的客观性。

正因为这些特点，使得 DEA 方法在较短时间内就得到了广泛的应用。当然，DEA 方法也存在一定局限性，主要表现在：

首先，由于各个决策单元总是从最有利于自己的角度来分别求权重的，因此这些权重会因决策单元的不同而不同，这样会导致每个决策单元的特性之间缺乏可比性，得出的结果可能不符合实际。

其次，当决策单元个数较少而选取的指标较多时，会得到较多相对有效的决策单元。如果得到这样的结果，则还需要应用一些 DEA 模型做进一步评价，或者是应用其他方法做进一步评价。

空港实验区信息服务是在信息资源共建共享和信息服务平台建设的基础上为当地用户提供信息服务的一种方式。在信息资源建设和信息平台系统构建时，需要投入各种资源要素，而信息服务则是其产出。信息服务效率指的是信息服务产出相对于资源成本投入的比值，故将空港实验区信息资源建设、平台构建和信息服务的提供看作一个整体，采用 DEA 方法只考虑不同决策、不同资源配置情况下的产出与投入的比例，从而对信息服务效率进行评价。DEA 方法就是把我国航空港区所有的信息服务项目，各项指标的评定都投入进去，然后根据这些评定指标产出一定量的比值，DEA 评价模型能更全面的考虑到各个方面，以达到信息服务效率最优化的目标。

二 DEA 评价模型

效率是投入与产出的比值，而 DEA 评价模型中重要的衡量指标是投入和产出。在规模报酬不变的条件下，DEA 效率模型指在维持决策单元的投入或者产出不变的情况下，运用最优化原理和统计数据确定相对有效的 DEA 生产前沿面，并将每个决策单元投影到该生产前沿面上，其与有效前沿面的偏离程度即为该决策单元的相对效率。由于运用传统的 DEA 模型计量效率时会出现相对有效的决策单元过多，影响评价体系的合理性，因此，本研究引入了带有阿基米德无穷小量的 C^2R 模型。C^2R 是 DEA 的基本模型，由 Charnes、Co-oper and Rhodes 在 1978 年依据 Farrell 的技术成果观点扩充而来，它是以多项投入和多项产出形成的有效值来判断它的效率。

C^2R 模型是 DEA 的第一个评价模型，DMU 的 DEA 有效性同时针对规模有效性和技术有效性。现假设有 n 个 DMU，每个都有 m 个输入变量和 s 个输出变量。其中：$X_j = (X_{1j}, X_{2j}, X_{3j}, \cdots, X_{mj})^T \geq 0$，$Y_j = (Y_{1j}, Y_{2j}, Y_{3j}, \cdots, Y_{sj})^T \geq 0$，$j = 1, \cdots, n$；且 $X_{ij} > 0$，$Y_{rj} > 0$，$i = 1, 2, \cdots, m$；$r = 1, 2, \cdots, s$。以 j_0 的效率评价为目标函数，以全部 DMU 的效率指数为约束，得到以下基于全部 DMU 总体效率的具有非阿基米德无穷小的 C^2R 模型。该模型的最优解即为该 j_0 的有效性。同时，对 j_0 进行的有效性评价是相对于其他所有 DMU 而言的[1]。C^2R 模型基本构造[2]如下：

$$\min [\theta - \varepsilon (\dot{e}^T s^- + e^T s^+)]$$

$$\text{st.} \sum_{j=1}^{n} \lambda_j x_i + s^- = \theta x_0$$

$$\sum_{j=1}^{n} \lambda_j y_i - s^+ = y_0$$

$$\lambda_j \geq 0, \ j = 1, 2, \cdots, n$$

$$s^+ \geq 0, \ s^- \geq 0$$

---

[1] 连飞：《基于 DEA 的我国循环经济效率评价》，《哈尔滨商业大学学报》（社会科学版）2009 第 1 期。

[2] 林昌华：《我国信息服务业区域发展效率差异研究》，《重庆邮电大学学报》（社会科学版），2014 年第 5 期。

其中，θ 是投入比例变量；ε 为非阿基米德无穷小量，计算式可取 10^{-6}；$e_1^T = (1, 1, \cdots, 1) \in E_m, e_2^T = (1, 1, \cdots, 1) \in E_s$；$s^- = (s_1^-, s_2^-, \cdots, s_m^-)$ 为与投入相对应的松弛变量，$s^+ = (s_1^+, s_2^+, \cdots, s_s^+)$ 为与产出相对应的变量向量；λ_j 为第 j 个 DMU 的决策变量。

对模型进行求解，可得到最优解 λ_j^*，S_-^*，S_+^*，θ^*。①当 $\theta_0 = 1$，且 $s^{0-} = 0$，$s^{0+} = 0$ 时，我们认为被评价单元相对其他 DMU 为 DEA 有效，它同时满足规模有效和技术有效；②当 $\theta_0 = 1$，但 $s^{0-} \neq 0$ 或 $s^{0+} \neq 0$ 时，我们认为该 DMU 弱 DEA 有效，不同时为规模有效和技术有效；③当 $\theta_0 < 1$ 时，被评价单元为非 DEA 有效。故认为，当 $\theta_0 = 1$ 时，决策单元为 DEA 有效；当 $\theta_0 < 1$ 为非 DEA 有效[①]。

C^2R 模型通常是用来做所研究对象的效率测算，也可以根据求得的 λ_j 值判断该 DMU 的规模收益状况。根据公式 $k^* = \sum_{j=1}^n \lambda_j^*$，如果 $k^* = 1$，表示研究对象收益不变；如果 $k^* < 1$，表示研究对象规模收益递增；如果 $k^* > 1$，表示研究对象规模收益递减[②]。如果对投入产出进行细致研究，各个样本还可进行投入冗余率和产出不足率分析，以对各个样本投入产出进行优化。

在空港实验区信息资源共建共享、信息平台构建和信息服务提供的过程中，将这一过程看作一个整体，仅考虑这一过程中各种资源要素的投入和产品与服务的产出。投入的成本要素包括技术人员、科技资金、设备设施等要素，产出主要包括提供的各种信息服务、信息资源数量与质量、信息系统功能等方面，它们作为组成决策单元 DMU 的基本数据源，建立扩展的 DEA 效率评价模型。使用 DEAP2.1 将空港实验区关于信息资源建设与服务的每年的投入、产出数据代入 C^2R 模型，计算各年综合效率，即可实现空港实验区信息服务效率评价。

三　实例分析

随着经济的快速发展，我国许多发达城市都提出了建设城市航空港的

---

① 门伟莉：《基于 DEA 的农业信息服务网站效率评价研究》，2012 年 9 月全国知识组织与知识链接学术交流会，北京。

② 姚莉媛：《中国信息服务业技术效率的区域差异及影响因素研究》，2010 年 5 月湖南大学学位论文。

要求，本节将以上海浦东机场为例，对我国空港实验区信息服务效率进行评价。上海地理位置优越，拥有庞大的吞吐量和强大的经济辐射力。从1990年至今，上海机场的货运、客运吞吐量均直线上升，上海浦东新区常住人口数、从业人数及聚集指数不断增大，事实证明空港实验区在我国得到了空前的发展，同时也带动着我国经济的快速发展。

根据调查显示，在浦东国际机场的航空公司中，对于机场公共设施、安全标识的评价是最高的，充分体现了机场的管制与管理在不断提升。然而，在信息服务方面，它已成为目前有待发展与强化之处。建立信息服务平台、开展在线服务咨询、构建服务评价系统，使信息服务遍布更多的物流货运场所，提高航空公司信息流的价值，并根据用户需求与反馈不断调整与改进。为深入探讨上海港区的信息服务效率，明确信息服务的评估项目，实现对信息服务项目的分析与评估，本节将运用 DEA 评价模型对上海空港区信息服务效率进行评价。

本节以分布在上海的 12 个港区作为评估对象，对每个港区的建设流程、服务效率进行分析。在评估过程中，信息资源、服务理念和用户反馈是三项重要的评估指标，其中信息资源和服务理念是两个投入指标，用户反馈是产出指标。具体的指标含义如下：

（一）信息资源指标

对丰富的网络信息资源的开采、整理、分类、压缩、筛选，具体指标包括信息的可用性、广泛性、时效性、准确性以及信息的安全性等。

（二）服务理念

即服务人员的态度、效率和及时性。

（三）用户反馈

用户反馈的满意度直接关系到评估系统的效率。

以 DEA 评价模型中的 C^2R 模型为理论基础，对上海 12 个港区中的投入指标和产出指标的相关数据进行汇总，并根据得到的评估指标数据，运用 C^2R 评估模型对上海港区的信息服务效率进行评价。评价结果从表 6-1 可见，表中数据为 12 个港区中信息服务效率的评价值。由表中数据可知，有 3 个 DEA 评价值为 1，表示这三个港区的信息服务效率为 DEA 有效；有 5 个港区的 DEA 评价值大于 0.5，表示它们提供的信息服务效率为弱 DEA 有效；而 DEA 评价值小于 0.5 的港区则表示信息服务效率值是比较低的。一些地区的投入量增加并未实现有效价值，产出量反而减少。

表 6-1 上海港区效率评价结果

上海航空港区	DEA 评价值
宝山	0.5213
张华滨	0.6056
军工路	0.4500
外高桥	0.4016
共青	0.6512
高阳	0.7526
朱家门	1.0000
民生	1.0000
新华	0.4326
复兴	0.4562
开屏	0.8520
东昌	1.0000

通过以上实例分析发现，不同的港区其信息服务的效率差异性较大，投资力度大的港区其效率值不一定高。有些港区之所以能实现信息服务效率的有效性，主要原因在于他们能把有限的资源变成无限的服务。只有将信息资源与服务态度进行合理的分配、有效的利用，才能实现高效率的信息服务。通过这次评估也发现了上海港区发展中存在的问题，这样有利于促进上海港区的进一步发展，以创造更大的经济效率和社会效益。

第六节 提高空港实验区信息服务效率的策略

一 加强科学管理，优化资源配置

在空港实验区信息资源建设的投入成本确定的情况下，通过资源的科学管理和优化配置，可进一步提升信息服务的效率。因此，对空港实验区信息资源共建共享的协调管理、信息系统平台的运行管理直接影响着信息服务的效率。随着信息产业的发展，我国在信息服务方面缺乏统一的管理标准和规范，主要存在着管理标准混乱、规范化程度低等问题，因此要充分把握信息服务资源的分散状况，强化资源的合理配置与管理，建立高效的空港实验区信息网络服务平台，这样才能对各种分布式信息资源进行有效的开发与应用。在开展信息资源与服务建设中，应进一步加强资源管理并加大资金投入，同时提高信息资源的配置水平，开展信息处理技术研究，购置相应的设备、技术；着力优化人员结构，培养、引进信息技术人员和信息服务人员，通过培训、讲座等形式提高信息服务人员的服务能力，有针对性地为用户提供信息资源与服务。在人员管理方面，要建立合理的奖惩制度，有利于提高人员的积极性和主动性，提高资源利用效率。充分发挥信息资源、信息技术、科技人员、服务人员和投入资金等资源的配置效率，营造良好的信息服务环境。

二　加大投资力度，调整投资结构

我国港区在信息服务业的投资力度还是比较少的，若想拓宽对外信息服务就必须加大投资力度。然而我国地区相对分散，分布不集中，市场开拓比较广，投资力度小，信息服务水平相对比较低[1]。我国港区现停留于起步时期，仅仅靠国内的发展力度不能提高我国港区信息服务业的效率，必须加大对外的投资力度，借鉴国外港区信息服务的方法，创新适合我国空港实验区信息服务发展的道路。在制度上要支持信息资源的开发与投入，有总体规划与设计，数据库结构要做到合理准确[2]。数字化信息资源是信息资源的核心要素，要进行系统的开发、科学的组织，更好地提供专业化、知识化的信息服务，保障信息机构服务效率的顺利开展。

三　强化政府指导，突出服务重点

我国空港实验区一方面要增加信息服务业的出资范畴，要加大服务业的融资领域，要主动聚合服务业施行力度、进而加强督促规范服务业的进

---

① 卢涛，雷雪：《网络信息服务质量评价及其实证研究》，《图书情报知识》2008 年第 1 期。

② 袁海滨：《数字图书馆与信息服务》，《中共哈尔滨市委党校学报》2007 年第 6 期。

展。另一方面，聚合资金创建重点项目的开发有助于提升空港区服务效率的评价。对此政府也起着至关重要的作用。有些地区信息服务的效率较低，这就需要政府采取相应的措施来提高信息服务效率。加强针对性、个性化信息服务，对不同用户类型根据其信息需求的不同而分门别类，区别对待，对不同文化水平的用户要进行不同深度的信息服务，确保信息服务的利用效率。对不同时间不同地点的用户要使用智能化的服务手段提供跨时空的信息服务，确保用户对信息服务的满意度。

四　提升信息服务人员的整体素质

信息人才在信息服务中起着桥梁的作用，服务人员的能力、素质和态度直接影响着服务效率的提升、用户的满意度和信息服务的有效价值。在进行人员培训时应注重以下几个方面：

（一）培养高素质的服务人才

信息服务效率的提高依赖于高水平高素质的专业人才，他们对知识的渴求、知识更新的速度、高科技设备的使用、敏锐的跟踪能力等方面素质直接影响着他们所提供的信息服务的效率。因此应注重对服务人员素质的培养，通过各种培训提高服务人员各方面的能力和水平。

（二）加强服务理念

要树立以用户为中心的服务理念，一切从用户出发，挖掘出用户需要的信息产品和服务，坚持走信息服务社会化的道路。

（三）加强责任意识

信息人才在信息服务业中起着桥梁的作用，服务人员的态度直接影响着服务效率的提升、用户的满意度和信息服务的有效价值。以信息服务为中心是整体展现和充分说明我国航空港信息服务的一个新趋势，提高服务人员的整体素质，加强服务人员对业务熟练程度的培训，从而避免工作态度不端正、不负责任等问题。

五　运用科学评价方法，提升服务系统

为了提高我国航空港区的信息服务效率，本书也对此提出了相应的评价方法。具体可总结为：

（一）运用网络在线评价法

可以让广大用户及时得到自己需要的信息，同时也可以及时改进系统不足的地方。

（二）采用调查问卷法

这种方法的效率虽然不高，不过却能更进一步的了解用户真正的需求。

（三）运用网络在线评价法开通信息服务平台

通过用户对信息服务的反馈，使得信息服务在空港实验区更加完善。总之，应建立空港实验区信息服务评价平台，在平台中，要正视用户提出的反馈、建议及意见，根据用户的需求适时改进，同时提高用户利用信息服务的水平和能力。

总之，要想提高我国空港实验区信息服务的效率还需要强化信息服务，提高用户的信任度和高质量的信息采集以便更好地服务于社会。

第七节　本章小结

本章详细介绍了评价空港实验区信息服务效率的过程，阐明了信息服务效率的概念、影响因素，其中信息服务效率包括生产效率和配置效率两个方面。信息服务效率评价的目的与原则、主体与模式、内容、流程等构成的一般框架，明确了空港实验区信息服务效率评价的步骤。列举了在评价过程中的各项评价指标和方法，为实现对空港实验区的准确评估提供依据和指导。而且举例说明了在效率评价中经常用到的 DEA 评价模型，并提供实例分析，结果表明并不是所有的投资力度大的港区，其效率值就是高的，只有将信息资源与服务态度进行合理的分配、有效的利用，才能实现高效率的信息服务结果，通过评价能够发现自身存在的问题，及时予以纠正和改进。

参考文献

中文图书

[1] 戴龙基等：《我国信息资源共建共享的可持续发展研究》，上海交通大学出版社出版，2012。

[2] 段尧清：《政府信息公开：价值、公平与满意度》，中国社会科学出版社，2013。

[4] 耿明斋等：《郑州航空港经济综合实验区发展报告》（2015），社会科学文献出版社，2015。

[3] 管驰明：《基于区域协调发展的空港网络优化配置研究》，科学出版社，2014。

[5] 李瑾：《三网融合进程中农村信息化发展问题研究》，中国经济出版社，2014。

[6] 刘荣坤：《基于认知的企业信息化绩效评价模型研究》，经济管理出版社，2014。

[7] 孙健夫等：《信息资源共建共享投资效益评估研究》，人民出版社，2014。

[8] 孙建军等：《基于 TAM 与 TTF 模型的网络信息资源利用效率研究》，科学出版社，2013。

[9] 田景熙，洪琢：《电子政务信息系统规划与建设》，人民邮电出版社，2010。

[10] 郑红维：《中国农村信息服务体系综合评价与发展研究》，中国农业科学技术出版社，2010。

中文期刊

[11] 艾新革：《信息服务理论基础浅析》，《图书馆界》2011 年第 5 期。

[12] 曹允春，谷芸芸，席艳蓉：《中国临空经济发展现状与趋势》，《经济问题探索》2006 年第 12 期。

[13] 曹允春，董磊：《郑州航空港区临空高科技产业体系的构建研究》，《交通与运输》（学术版）2011 年第 1 期。

[14] 程博：《空港经济区的形成机制及区域影响研究——以上海为例》，《东南大学》2013 年。

[15] 柴金艳：《国内外临空经济研究综述及趋势展望》，《中原工学院学报》2014 年第 5 期。

[16] 柴晔：《爱尔兰：香农国际航空港自由贸易区》，《国际市场》2014 年第 6 期。

[17] 常广庶：《基于电子化供应链管理的郑州航空港 E 贸易发展分析》，《郑州航空工业管理学院学报》2014 年第 6 期。

[18] 陈杰兰，刘彦麟：《京津冀区域政府信息资源共享推进机制研究》，《情报科学》2015 年第 6 期。

[19] 陈力华，谢春讯：《民航企业信息化中的问题与对策》，《上海工程技术大学学报》2003 年第 3 期。

[20] 陈小代，于爱慧：《发展航空物流的机遇与挑战》，《中国民用航空》2003 年第 4 期。

[21] 董相志等：《论我国公共信息平台的构建》，《科技情报开发与经济》2005 年第 6 期。

[22] 杜晖：《基于 web 的专家评价信息服务平台构建研究》，《重庆大学学报》（社会科学版）2014 年第 2 期。

[23] 高文娟：《郑州临空经济区的发展与功能定位研究》，《现代经济信息》2015 年第 6 期。

[24] 韩瑞平：《基于网络的科技信息服务平台建设研究——国内省级科技信息服务网站建设的调查与评价》，《科技管理研究》2009 年第 11 期。

［25］贺卫华：《发展国际航空物流　推进郑州航空港经济综合实验区建设》，《黄河科技大学学报》2014年第3期。

［26］黄新春：《关于空港经济区的研究综述》，《中原工学院学报》2014年第5期。

［27］黄志刚：《以SaaS模式推进河南中小企业信息化建设的思考》，《天中学刊》2012年第5期。

［28］焦建欣：《超级计算中心功能与设计探讨》，《智能建筑电气技术》2013年第1期。

［29］靳娟：《浅议发展跨境电子商务对河南外贸企业发展的作用》，《中小企业管理与科技旬刊》2014年第20期。

［30］金忠民：《空港城研究》，《规划师》2004年第2期。

［31］景净植：《郑州航空港临空经济研究》，《财会学习》2015年第16期。

［32］酒景丽：《以郑州航空港建设促进中原经济区发展》，《河南商业高等专科学校学报》2013年第6期。

［33］李慧德，寇垠：《浅析空港经济在武汉城市圈建设中的作用》，《时代经贸》（中旬刊）2008年第6期。

［34］李晓江，王缉宪：《航空港地区经济发展特征》，《国外城市规划》2001年第2期。

［35］李月，侯卫真：《我国信息资源规划研究综述》，《情报杂志》2014年第9期。

［36］刘冰：《公共部门信息资源增值开发利用效率研究述评》，《中国图书馆学报》2013年第6期。

［37］刘道兴等：《推进郑州航空港经济综合实验区建设若干问题研究》，《区域经济评论》2015年第2期。

［38］梁金萍：《物流园区的利弊分析》，《河南商业高等专科学校学报》2006年第1期。

［39］梁永安，李艳珍：《我国第三方物流的发展现状及趋势预测》，《物流科技》2010年第12期。

［40］刘惠博：《郑州航空港区发展国际航空物流问题研究》，《新经济》2015年第22期。

［41］刘晓静：《郑州航空港经济综合实验区航空物流业发展战略研究》，《中小企业管理与科技》（下旬刊）2015 年第 3 期。

［42］刘晓萍：《国外航空港的发展模式及启示》，《城乡建设》2015 年第 1 期。

［43］吕斌，彭立维：《我国空港都市区的形成条件与趋势研究》，《地域研究与开发》2007 年第 2 期。

［44］吕宗平，张西武：《民航信息化发展现状与展望》，《交通运输系统工程与信息》2001 年第 3 期。

［45］陆山等：《公安综合信息查询系统的建设思路与实现》，《中国人民公安大学学报》（自然科学版）2002 年第 6 期。

［46］孟培：《日本临空经济发展的经验与借鉴》，《商业文化》（上半月）2011 年第 6 期。

［47］彭洁，白晨：《信息资源共享促进模式分析》，《情报理论与实践》2014 年第 3 期。

［48］潘丽君：《广西北部湾经济区信息化建设研究》，《内蒙古科技与经济》2014 年第 21 期。

［49］芮芳芳：《科技信息在企业市场竞争中的地位》，《情报科学》1994 年第 6 期。

［50］隋广军等：《广州空港产业选择与空港经济发展的探讨》，《国际经贸探索》2008 年第 6 期。

［51］孙红蕾，郑建明：《新型城镇公共信息服务平台构建策略研究》，《图书馆》2015 年第 8 期。

［52］孙久文，李川：《中国空港经济区建设的融资路径研究》，《城市观察》2013 年第 2 期。

［53］孙艳峰等：《空港经济的产生机理与空间分布模式》，《北方经济》2009 年第 8 期。

［54］孙毅：《航空物流业发展研究》，《财经问题研究》2004 年第 12 期。

［55］沈露莹：《世界空港经济发展模式研究》，《世界地理研究》2008 年第 3 期。

［56］谭克晗：《空港经济对区域经济的影响——来自广州服务业的实证证据》，《知识经济》2010 年第 2 期。

［57］谭克涛：《关于航空城开发和建设的几个问题》，《中国民用航空》2006 年第 4 期。

［58］汤珊红：《借鉴国外经验构建面向用户的科技信息服务创新体系》，《情报理论与实践》2009 年第 3 期。

［59］汤宇卿等：《临空经济区的发展及其功能定位》，《城市规划学刊》2009 第 4 期。

［60］田志超：《济南市物联网产业发展初探》，《山东行政学院学报》2011 年第 2 期。

［61］仝新顺，郑秀峰：《郑州航空港经济综合实验区临空经济发展研究》，《区域经济评论》2013 年第 1 期。

［62］王景全：《郑州绿色航空港建设的特征与路径》，《城乡建设》2014 年第 2 期。

［63］王淑湘，叶长兵：《郑州航空港经济综合实验区临空产业发展研究》，《决策探索月刊》2014 年第 10 期。

［64］王婷婷：《空港经济区形成和发展的条件研究——以昆明空港经济区为例》，《城市观察》2013 年第 2 期。

［65］王伟军，孙晶：《我国公共信息服务平台建设初探》，《中国图书馆学报》2007 年第 2 期。

［66］王晓川：《国际航空港近邻区域发展分析与借鉴》，《城市规划汇刊》2003 年第 3 期。

［67］王笑领等：《仓储运输类物流企业转型升级模式研究》，《物流工程与管理》2014 年第 5 期。

［68］王晰巍等：《智慧城市演进发展及信息服务平台构建研究》，《图书馆情报工作》2012 年第 3 期。

［69］王亚清等：《川南经济区信息化水平测度研究》，《知识经济》2009 年第 6 期

［70］翁亮，田琳：《航空货运企业信息化建设的 SWOT 分析及其战略选择》，《空运商务》2007 年第 5 期。

［71］文瑞：《论国内外航空港经济的发展模式——兼议郑州航空港建设》，《经济论坛》2015 年第 11 期。

[72] 魏然：《空港物流信息平台建设规划研究》，《物流技术》2009 年第 2 期。

[73] 魏笑笑：《基于移动社交网络的区域信息服务平台研究》，《科技管理研究》2014 年第 16 期。

[74] 吴俊华：《发展 IT 业务　强化现代民航》，《中国民用航空》2010 年第 12 期。

[75] 吴秋萍：《推动云计算生态系统发展研究——以广佛肇一体化为例》，《电脑知识与技术：学术交流》2014 年第 11 期。

[76] 谢春讯，陈力华：《民航企业信息化评价及技术对策初探》，《上海工程技术大学学报》2004 年第 3 期。

[77] 熊励，张潇：《信息服务平台创新动力机制研究》，《科技进步与对策》2015 年第 13 期。

[78] 许欣逸：《逆势而为 - 困境中的中国货运航空企业发展策略》，《空运商务》2012 年第 12 期。

[79] 杨波：《航空港经济区对区域经济发展作用的机理和政策启示 - 基于新结构经济学的框架》，《全国商情》（理论研究）2013 年第 32 期。

[80] 杨光辉：《〈信息化发展规划〉促进两化深度融合》，《现代工业经济和信息化》2013 年第 21 期。

[81] 杨洁辉，王性玉：《面向郑州航空港的应用型本科物流人才培养关键问题研究》，《物流技术》2015 年第 5 期。

[82] 杨友孝，程程：《临空经济发展阶段划分与政府职能探讨——以国际成功空港为例》，《国际经贸探索》2008 年第 10 期。

[83] 俞伟军，许晓兵：《企业知识门户管理系统的研究》，《上海理工大学学报》（社会科学版）2005 年第 4 期。

[84] 于忠青等：《物流货运业发展左右重卡走势》，《运输经理世界》2010 年第 12 期。

[85] 张大卫：《郑州航空港经济综合实验区——经济全球化时代推动发展方式转变的探索与实践》，《区域经济评论》2013 年第 3 期。

[86] 张一芳：《基于 SWOT 分析的郑州航空港经济综合实验区发展前景展望》，《现代商业》2013 年第 14 期。

［87］张占仓：《郑州航空港经济综合实验区建设研究》，《郑州大学学报（哲学社会科学学版）》2013 年第 4 期。

［88］张占仓等：《郑州航空港经济综合实验区建设与发展研究综述》，《河南科学》2013 年第 7 期。

［89］周萍，陈雅：《我国公共信息服务平台构建策略研究》，《图书馆学研究》2014 年第 16 期。

［90］朱前鸿：《国际空港经济的演进历程及对我国的启示》，《学术研究》2008 年第 10 期。

［91］朱晓燕：《郑州航空港实验区航空经济发展策略研究》，《价值工程》2015 年第 26 期。

中文报纸

［92］陈学桦，郭戈：《大数据为航空城带来大智慧》，《河南日报》2014 年 3 月 30 日。

［93］《河南省人民政府关于进一步加快口岸发展的意见》，《河南省人民政府公报》2012 年第 23 期。

［94］曾晓新：《赢得顾客的心是第一追求》，2012 年 1 月 20 日中国民航报。

［95］赵振杰：《河南大口岸初成 E 贸易发力》，2015 年 11 月 3 日河南日报。

［96］《郑州市人民政府办公厅关于印发郑州市十二五规划体系目录与分工意见的通知》，《郑州市人民政府公报》2010 年第 5 期。

［97］《中共河南省委政法委员会河南省社会管理综合治理委员会关于服务保障郑州航空港经济综合实验区建设的意见》，2014 年 7 月 30 日河南法制报。

［98］《中华人民共和国国民经济和社会发展第十二个五年规划纲要》，《人民日报》2011 年 3 月 17 日。

中文学位论文

［99］高庆元：《长株潭城市群物流园区发展规划研究》，2008 年 6 月中南大学学位论文。

[100] 金利雅:《杭州机场航空物流绩效问题研究》，2009 年 6 月浙江工业大学学位论文。

[101] 罗佳:《昆明空港经济发展战略研究》，2010 年 6 月云南大学学位论文。

[102] 张涛:《城市信息服务平台建设策略研究》，2005 年 6 月天津大学学位论文。

中文网站

[103] 《保税区 E 贸易服务平台》，2015 年 11 月 4 日访问，http://www.yimaoyi.com。

[104] 《国际空港信息网》，2015 年 11 月 4 日访问，http://www.bjcaac.com。

[105] 刘晓源:《郑州航空港经济综合实验区产业发展存在问题及对策建议》，2016 年 1 月 30 日访问，http://www.ha.stats.gov.cn/hntj/tjfw/tjfx/qsfx/ztfx/webinfo/2015/08/1438067784998246.htm。

[106] 《郑州航空港经济综合实验区门户》，2015 年 11 月 2 日访问，http://www.zzhkgq.gov.cn/Port。

[107] 中国信息产业网:《2014 第十一届中国信息港论坛：迈进信息化时代——郑州航空港经济综合实验区发展的新坐标》，2016 年 1 月 31 日访问，http://www.cnii.com.cn/hygl/node__35765.htm。

外文参考文献

[108] Changjun jiang, et al, "Big data resource service platform for the internet financial industry", *Chinese Science Bulletin* (35), 2014.

[109] Vinayak R. et al, "Big data platforms: What's next?", *XRDS: Crossroads, The ACM Magazine for Students* (01), 2012.

[110] Dirks, et al. Smarter cities for smarter growth: How cities can optimize their systems for the talent-based economy. 2015 – 10 – 12, http://public.dhe.ibm.com/common/ssi/ecm/en/gbe03348usen/GBE03348USEN.PDF.

郑州航空港信息化建设现状初步调研

您好！我们是××大学的在校学生，我们正在做有关郑州航空港信息化建设的现状调研，目的在于了解信息化发展情况，发现问题进而更好地对该项实验进行深度化完善和细致化改进。您的建议将成为我们最宝贵的参考资料，希望您能如实完成，我们将对您的个人信息严格保密。感谢您的参与！

1. 您的性别是［单选题］［必答题］

   A 男   B 女

   _____

2. 您的年龄是［单选题］［必答题］

   A 18 岁及以下   B 19 ~ 25 岁   C 26 ~ 44 岁

   D 45 ~ 59 岁   E 60 岁及以上

   _____

3. 您所从事职业［单选题］［必答题］

   A 行政机关   B 事业单位   C 企业

   D 自由职业者   E 农民   F 学生   G 其他

   _____

4. 您的收入［单选题］［必答题］

   A 2000 元以下   B 2000 ~ 3000 元   C 3000 ~ 5000 元

   D 5000 ~ 8000 元   E 8000 元以上

   _____

5. 您了解郑州航空港信息化建设吗? [单选题] [必答题]

    A 非常了解   B 一般   C 不太了解   D 没有听说过

6. 对于将郑州航空港区域的交通信息实行网络智能化管理,以便于能通过手机等用户终端随时查询交通出行信息的做法,您认为怎样? [单选题] [必答题]

    A 非常好,很方便   B 无所谓   C 不太现实

7. 航空港信息化发展致力于建设全面网络化、高度信息化、深度智能化的新一代信息基础设施,因此,航空港正逐步实现光网覆盖率100%,无线宽带信号覆盖城区所有空间,实现城市运行自动化监测,行政事务全部网上办理以及社区信息服务的全覆盖等,对此,你在日常生活和工作中是否有相应感触? [单选题] [必答题]

    A 有   B 没有

8. 您认为信息化发展直接或间接地给您的生活带来了哪些方面的影响? [多选题] [必答题]

    A 了解资讯   B 购物方式   C 交友   D 出行   E 工作

9. 航空港区的成立对大学生的影响? [单选题] [必答题]

    A 提供更多的就业机会   B 就业专业性提高,难就业

    C 没影响

10. 信息化对就业方面的影响,你赞同哪方面? [单选题] [必答题]

    A 信息化可以提高个人获得和使用就业信息的速度

    B 信息化使传统行业的就业岗位大大减少,会使很多人失业

    C 信息化使传统产业部门就业数量减少的同时,创造出大量的新岗位,只要事先接受了相关培训,那么信息化就不一定减少就业甚至可能增加就业

    D 对于一些中老年农民工来说,只有失业的可能,没有增加就业的机会

11. 如果从事郑州航空港信息化发展方面的工作，你最看重什么［单选题］
　　［必答题］

　　A 众多的就业机会　　　　　　B 丰富的就业方向

　　C 丰厚的薪资待遇　　　　　　D 广阔的发展前景

　　E 暂时没有考虑

12. 郑州航空港致力于构造全域临空产业体系，并以此为基础将港区以及周
　　围地区分为七大区域，分别为核心区、辐射区、产业集聚区、产业链
　　区、产业配套区、激活区、支撑区。对于这种产业集群和一条龙服务的
　　发展模式，对大多数人来说无疑是一种新机遇，您对此有什么看法？
　　［单选题］［必答题］

　　A 认为吸引了高端要素集聚，优化了产业链，大大提高了企业活力，并
　　且也为大多数人提供了空前丰富的就业机会

　　B 认为实施起来问题和阻力过大，不能达到立竿见影的效果，对企业或
　　个人的吸引力不大

　　C 认为对自己个人生活和工作没有影响，无所谓

13. 郑州航空港区对于企业与客户的影响？［多选题］［必答题］

　　A 更方便客户与卖家进行信息交流　　B 商品反馈更加透明真实

　　C 网上交易安全性不高　　　　　　　D 产品信息与产品质量不符

14. 当我们利用互联网进行网上购物时，都会对物流进行跟踪、查询等一系
　　列处理活动，以实现对货物流动过程的控制。那么，您是否知道这是物
　　流信息化？［单选题］［必答题］

　　A 知道　　　　　　B 不知道

15. 如果航空港专门设置一个电子商务管理层，是否利大于弊？［单选题］
　　［必答题］

　　A 是　　　　　　B 否

16. 为更好地整合航空物流服务链，以降低服务成本，及时响应客户需求，产生规模性效益，航空港提出了一个"核心企业"的概念，及其他企业服务中心企业的驱动发展模式。如果您是处于这些企业中的一员，您是否同意这种企业之间的合作模式？［单选题］［必答题］

A 同意　　　　　B 不同意

---

17. 你对物流运输的配货速度有什么要求？【单项填空】［填空题］

---

18. 您认为航空港信息化建设在哪些方面还有待加强和改进？［多选题］［必答题］

A 大数据与云计算　　　　　B 网络架构
C 结算支付与电子商务平台　　　　　D 信息基础设施建设
E 其他

问卷到此结束，感谢您的参与！

某物流园区物流信息服务平台建设方案

中国物流行业相比较国外发达资本主义国家来说起步较晚，但是随着国民经济的飞速发展，物流业的市场需求持续扩大，在国家继续加强和改善宏观调控政策的影响下，中国物流行业保持较快增长速度，物流体系不断完善，行业运行日益成熟和规范。20世纪90年代以后，随着社会信息化程度的提高，信息技术的飞速发展，国内的物流企业信息化水平也得到了迅速的提升，国内物流服务方式亦日益多样化，以现代信息技术、运输技术、管理技术为基础的集成化、一体化物流服务将得到更为广泛的应用。

物流园区信息化程度高，也是企业提高运营效率的有力保证，极大提高了配载效率，降低了运营成本。公共物流信息平台的生命力在于其开放性。为突破物流园信息化建设的"瓶颈"，必须加快实现地区化的物流信息系统的衔接与共享①。

物流园区是整个物流系统的集中信息汇集地和指挥地。综合性、大规模的物流园区，同时也是指挥、管理和信息的中心，通过园区将信息集中，达到指挥调度的功能。现代物流企业面向的是供应链管理环境，没有良好的管理信息系统的支持几乎无法展开在市场中的竞争，但是信息化的风险和巨额的投资又使一些中小物流企业观望不前。物流园区通过引入技术较为成熟的信息系统，同时也将这些物流企业在能力和管理上整合起来，通

---

① 《现代物流基地可行性研究报告》，2016年4月18日访问，http://wenku.baidu.com/view/c15985232f60ddccda38a00c.html。

过整合园区内各企业的信息系统，形成一个统一的指挥管理中心，提高了整个园区工作的效率。而通过信息技术的运用也让中小物流企业获得了信息化管理带来的优势，逐步建立起具备现代管理水平的企业制度和文化，从而推动了整个产业管理的信息化。

一　某物流园区信息化建设的要求

物流园区建设的目的是构建现代物流系统，因此，从发展战略的角度，园区的建设应将具体项目的规划和相关企业的引进及实施与物流功能的合理布局及开发相配合，促进和带动 C 市现代物流系统的发展。

（一）建立完善且功能齐全的服务系统

建设功能配置、整体布局和规模合理的各类物流中心，以及与其相配套的服务系统；

建设功能配置、整体布局和规模合理的各类配送中心，并能有效支持物流中心的运作和建立城市高效的商品、企业生产零配件等的配送系统；

通过引进物流企业和工业及商业企业进驻园区，建立门类齐全的物流经营和物流管理系统[①]。

（二）建设现代化的物流信息服务与监控系统

建设物流信息平台，提供高质量的物流信息服务中心（包括 EDI 系统、城域网、INTERNET 网等）；

积极利用信息系统进行市场调查与预测，建立科学的物流服务统计与市场分析机制；

建立物流服务信息交易中心，为社会车辆进入园区进行运输服务提供信息和交易服务；

建立物流信息平台为基础的物流监控中心（GPS、GIS），为在园区内利用信息平台进行经营和管理的企业提供货物运输、配送动态和仓库信息管理支持。

（三）建立综合运输服务系统

依托物流信息平台，建立各种运输方式能协调运作的运输调度中心；

---

① 《怎样建立物流园区信息平台》，2016 年 4 月 18 日访问，http://www.chinawuliu.com.cn/information/201110/17/169614.shtml。

加快对现有城市配送资源和政策的整合，建立集中配送组织系统；

在园区引入网络化运输企业，建立以 C 物流园区为区域去其他节点的城间物流集散运输系统；

发挥物流园区在地理布局上位于交通运输枢纽的优势，建立能提高各种运输方式效率的多式联运系统。

（四）建立园区仓储服务系统

利用物流园区物流设施相对集中的优势，合理布局仓库设施，建立储存、中转系统，以及企业产品与原材料库存管理系统：

建立依托各类仓储设施的产品包装、流通加工系统。完善园区物流及社区生活配套服务系统；

利用信息管理平台，建立电子支付与清算服务系统；

引进保险与公证机构，建立完善和方便的经营管理配套支持系统；

引进和组建园区物流相关设备生产与维修企业，提供运输、仓储和流通加工所需的设施设备生产保障服务；

在园区建设过程中，要充分合理考虑园区的社区服务设施的完善和配套工作，设立适应各个层次需要的布局合理的餐饮、住宿、娱乐设施系统。

（五）物流信息平台是 C 市现代物流发展的重要支持系统，也是实施《C 市现代物流发展规划》的重要手段。物流信息平台的功能主要有①：

1. 物流公共信息服务功能

①政府信息服务功能

信息平台是政府与企业间的联系桥梁，从政府组织和支持信息平台建设的角度，从国家及地方正在启动政府上网工程的角度，物流信息平台应具有发布政府有关政策信息和宏观经济信息的功能，以便提高物流企业获取信息的效率，也便于引导 C 市域范围的企业的发展，使政府的这种公众信息服务成为推动和支持物流发展的重要力量。

②数据交换功能

物流管理、经营等活动会涉及与物流管理相关的交通运输、仓储、海关与商品检验检疫、税务、保险、金融等多个行业管理部门的信息及业务

---

① 《盘锦大千物流园区建设可行性研究报告》，2016 年 4 月 18 日访问，http://www.docin.com/p-55425065.html。

往来。不同企业之间以及不同物流管理环节之间，也会存在大量的信息交换与业务往来及服务。特别是海关、商品检验检疫、外经贸、外汇等单证管理已开始电子化作业。

因此，为提高企业与管理部门、企业与企业间的数据交换效率，为使不同数据格式的信息能够实现信息互通和共享，物流信息平台应提供这种大量的普遍存在的数据交换服务功能和交换信息的翻译、转换及存证管理功能。对于数据交换，必须在信息平台上开发 EDI 系统；对于存证管理，必须开发基于互联网和 EDI 技术的 Web 查询、单证转存、用户管理和计费与统计管理等支持功能。

③物流信息发布功能

作为物流环境建设的重要组成部分，物流信息平台将通过提供企业在物流管理的经营中所需要的信息发布功能，为各类企业及政府主管部门提供信息支持。物流信息平台发布的与物流相关的信息将包括运输价格信息、货源及运力信息、企业广告信息、行业协会公告、培训信息等。

④电子商务功能

物流具有连接生产企业、销售企业的作用和功能，物流信息平台也是物流企业、工业及商业企业较为关注和利用频率较高的信息发布及收集渠道，平台本身的商务价值较高。因此，作为充分发挥信息平台的使用价值的举措，C 市物流信息平台还应具有电子商务的功能。

2. 企业物流信息管理功能

按照《C 市现代物流发展规划》，物流园区组织实施 C 市物流信息平台，为适应企业物流信息管理的多样化需求，其功能将采用模块化设计，将主要包括系统管理、运输仓储管理、EDI、信息发布等 8 大功能模块。

系统管理与集成模块：维护整个系统的正常运行，保证数据安全；为需要多模块进行信息管理的企业提供系统集成帮助。

运输、配送管理及货物跟踪模块：提供运输、物流服务及物流管理的工业及商业企业的运输与配送运价、线路管理，提供对停车场和客户资料的管理；

商场运输物资的分拣、包装、配送提供信息处理支持；为从事运输业务的企业或企业的运输活动提供运营组织管理；为企业及其客户和合作伙伴提供货物运输状态跟踪信息。

订单处理模块：为物流服务企业、工业及商业企业提供物流运作指令及相关的订单登录，传递和管理。

仓储管理及库存水平监控模块：为中转、运输、配送的物品提供仓储管理、货物处理；合作企业及客户的在库库存的实时情况监控管理。

综合查询与统计分析模块：提供跨系统的全方位查询与统计分析；提供企业设施、费用的管理，提供经营企业所需的人事、工资、组织机构等内部事物的管理。

信息发布及电子商务模块：提供车辆、货物、商品的相关信息及发布；提供商品的实物及网上在线展示；提供企业电子商务的运作支持。

数据交换中心（Electronic Data Interchange，EDI）模块：提供网上数据交换及客户数据存证、查询。网络通信模块：提供企业间的数据通信支持。

3. 物流信息平台的结构

C市物流信息平台在结构上必须充分满足企业对物流管理的需要和物流信息管理技术进步的要求，保持服务的适应性和技术的先进性，以及维护的低成本和方便性。为C市物流信息平台结构框架提供支持，使我们的方案满足物流信息平台的结构需要。

二 区域性物流园区的定位及现实的需求

根据《C市现代物流发展规划》，C物流园区的建设对A省现代物流发展具有战略意义。由于物流园区是一种建设规模巨大和服务功能齐全的现代物流基础设施，且兼具经济开发和相关产业的发展功能，考虑物流园区的发展，不能仅仅希望直接从物流园区自身的经营中获取利益，而应从"转移获利"的角度，获取经济发展环境改善条件下的整体经济利益，即可持续经济发展效益。

目前，A省已制定了《A省以××市为中心的现代物流规划》，而且，××等中心城市也都对现代物流的发展进行了规划。因此，对于C物流园区的建设，不应仅在C市的层面上进行孤立地考虑，而应从构筑A省区域性物流网络系统的高度，权衡各种物流基础设施的发展。

C市是A省重要的经济活动中心，经过多年的发展，A省客观上已形成了以C市为经济中心的省域范围内的物流组织格局，以建设C物流园区为契机，通过明确C物流园区在全省物流网络中的中心节点地位，使C物流园区和以其为中心构建的C市域物流基础设施系统与芜湖物流中心等共同构成A省的现代物流发展框架，使C物流基础设施系统与芜湖物流基础设施系统在物流服务功能和组织上实现合理分工，做到内可高效通畅地进行省域范围的物流组织、外可与其他经济区域的物流组织系统进行连接和沟通[①]。

随着现代经济和电子商务的迅猛发展，人们对现代物流的建设已经有了一定程度的认识和重视[②]。

目前我国很多城市的物流园区已经进行了规划和建设。区域性物流信息平台主要为宏观区域物流管理服务，它能支持企业物流的经营运作。在我国现阶段的区域性物流园中，建立区域内物流信息标准是很有必要的。物流园区核心业务与公用信息平台和物流业务信平台紧密相关。

（一）公用信息平台

公用信息平台是园区内信息综合度最高的管理信息系统，它以网络业务管理、信息交换和信息共享为支撑，以建立一个综合、开放的B2B、B2C物流电子商务为目的，其总体功能为公用信息的及时交换和共享，为用户提供在线的物流交易环境（即虚拟交易大厅）和政府各职能部门"一站式"服务的集成环境，智能化实时事务处理，安全认证支持，供应链管理中的信息交换枢纽，为政府提供行业管理决策支持，进行各系统平台之间的接口建设，拟定相对的数据规范和通信协议，为中小企业提供高效、低成本的物流管理专业工具，具有物流园区内物流活动的全面监督、协调与信息沟通功能。

公用信息平台需要为物流园区内各企业的基础数据管理、业务过程管理、辅助决策、财务管理等提供公用信息支持，并能够通过互联网，为企

---

① 梁静等：《区域性物流园区信息平台规划的实例分析》，《中国物流学会首届中国物流学会年会论文集》，中国物流学会，2002年。

② 《物流园区建设可行性研究报告》，2016年4月18日访问，http://wenku.baidu.com/view/e-1bfe54ac850ad02de80411a.html。

业提供区域范围内的数据传输、数据汇总、异地出货、异地签单、分支财务处理、财务结算等功能；同时为货主提供基于互联网的询价、订舱、车货跟踪、提单查询、报表生成、打印等 24 小时自助服务功能。

（二）物流业务信息平台

物流业务平台为入驻物流园区的客户（如物流服务提供、货主、制造商、批发商、零售商等）提供统一高效的沟通界面，对其所涉及范围内的需求信息和物流源进行全面整合，以最优的资源配置、最佳路径和最佳方案的选择来满足一体化物流的需要。

因此，物流业务信息平台的总体功能，包括进行各种物流数据的采集、整理、传输、储存、统计和分析；物流服务全过程的电子化管理；全方位的客户关系管理；智能化实时事务处理和紧急事件处理；物流服务全过程监控、调度和管理；为各个物流企业提供一定标准的接口，并提供可重新组合的功能模块；信息充分交互和共享，减少因信息不对称造成的时间延误和其他损失；合理整合和调度区域内一切物流资源，提高设备使用率等。

物流业务信息平台是由各个物流中心、配送中心的物流业务信息系统整合而成，它以每个中心内部网络设施为基础，通过先进的信息技术对该中心业务范围内的一切信息进行处理。

物流业务平台涵盖了园区内所有不同类型、不同运作模式下的物流企业中所有与物流业务内容相关的各种信息系统①。

1. 系统架构

系统由三层或多层结构组成，支持大用户量并发访问。系统从物理结构上讲由 WEB 服务器、应用服务器、数据库服务器组成。系统的架构体系解决了物流行业现行"信息孤岛"问题，充分利用各个物流园区的信息，并将这些信息过滤、清洗，转换、整合到综合数据库中，从而达到互连互通和信息共享，并且通过对数据的分析统计为以后物流行业战略化发展提供数据依据。如附录Ⅱ中图 1 所示。

---

① 《现代物流园区建设项目可行性研究报告》，2016 年 4 月 18 日访问，http://www.docin.com/p‐64761270.html。

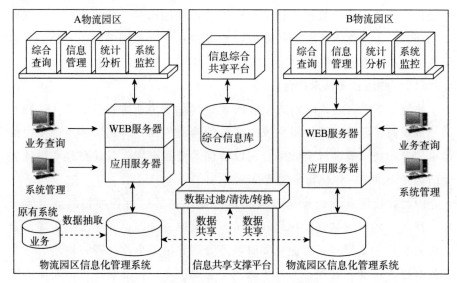

图1 物流园区信息化与信息共享体系平台

系统总体结构采用 BWD 和多层 C/S 相结合的方式，系统流程分为两路：一路是通过浏览器访问 WEB 服务器，再通过 WEB 服务器访问应用服务器；另一路是通过前端应用访问应用服务器，再通过应用访问数据库。一般地讲，查询、比对、统计等可通过浏览器/WEB 服务器进行处理；系统管理、系统维护可通过多层 C/S 方式进行处理①。

2. 解决方案

公司从物流园区的实际需求出发，凭借多年来在物流行业积累的实战经验，天骄物流信息科技有限公司为各物流园精心打造了一套物流园区信息化建设的完全解决方案。使部分办公业务活动物化于设备之中，信息在部门内部和部门之间传递效率极大提高，信息传递过程的耗费降到最低，从而大幅度提高办公效率和核心竞争力，完善企业的日常管理，避免人为的疏忽漏洞，给企业传统的工作方式和手段带来深刻变革，实现司机、经营户的快捷、高效配载，物流园区的科学经营和管理，极力将企业打造成标志性龙头企业②。

---

① 高达云：《物流园区信息化建设规划》，2016 年 4 月 18 日访问，http：//blog. tianya. cn/blog-ger/post __read. asp？BlogID = 4914524&PostID = 56983839。

② 合肥物流园：《合肥现代物流园区优惠政策及相关项目》，2016 年 4 月 18 日访问，http：//wenku. baidu. com/view/5903541bc5da50e2524d7f5f. html。

3. 效益评估

目前中国物流正处于蓬勃发展时期，全社会物流产业的发展动力既有来自市场物流需求的推动力，也有来自社会物流产业规划的驱动发展能力。物流园区的建设作为社会物流产业整体规划的一个重要组成部分，也被提到了中国物流产业发展的战略高度①。

物流园区信息化的建设可以使货运交通更有序，有利于缓解城市交通压力；减少了城市由于不合理的物资流动而造成的交通混乱、物流效率低下问题，减小物流对城市天南地北的种种不利影响及废弃物的集中处理问题；有利于集约资源和统一管理，提高物流经营的规模效益。园区还可以共享一些基础设施和配套服务设施，降低运营成本和费用支出，获得规模效益。

具体的物流信息平台针对实际采取的物流模式有它特有的层次结构，不同的层次结构对其物流信息平台的建设影响相当大，尤其对于物流业务信息平台而言。前面提到的物流园区信息平台总体框架是按实现不同的系统功能来划分的，而这里的物流园区信息平台层次关系则根据实际的物流业务管理层次划分。

物流园区级信息平台是对物流中心级信息平台和物流企业级信息平台的相关数据提取、抽象、信息综合、分析、统计的一个基础平台，它能够对物流中心级的业务调度和安排做出相应的指导，同时它也是物流园区内部用户（企业用户）直接和物流园区外部用户（包括公众用户、物流园区用户、政府管理部门、政府相关职能部门和其他相关行业部门）进行交换的信息平台。

物流企业内部信息系统是物流园区信息平台中最基本的组成部分，它为物流园区级信息平台和物流中心级信息平台提供最底层的物流业务信息，它的建设主要由物流企业自身的业务需要和战略目标而定。

该信息化系统是在××物流公共信息平台的基础上扩展研发而成。既充分继承了××物流公共信息平台的系统特色，又融入了物流园区的专业化需求。体现了建立在信息技术高度发达、现代供应链思想一体化基础上的设计思想。

---

① 卢云帆：《物流园区信息平台建设研究》，2006 年 6 月武汉理工大学学位论文。

该系统包含了园区通关电子监管子系统、供应商管理库存子系统（Vendor Managed Inventory，VMI）、园区作业管理子系统（WMS/TMS/DMS）、园区门户及电子商务平台子系统（E-Portal/EC）、供应链数据交换及集成子系统（EDI/EAI）及客户服务及计费子系统几个重要组成部分。

一方面，园区受益。物流园区对本系统的使用，使得通关速度加快，提升企业物流服务效率；操作简易，信息录入量少，减少企业操作成本；物流增值服务能力提升，增加了物流利润；加强行业"多赢"合作，提高企业核心业务能力；提升企业的供应链整合能力，使之物流跟踪和电子商务更有意义[1]。

另一方面，园区企业受益。货物托运企业能及时托运货物，降低时间成本；物流运输企业大大提高了货物运输的满载率，使得运输车辆往返均不放空，减少了油料使用的浪费，同时减少了尾气的排放，适应目前工业节能环保方向的发展趋势。

（三）可能影响物流平台的因素

物流园区信息平台不同于企业内部的物流信息系统，它的涉及面很广，数据采集量大，与之相联系的外部系统更多更杂，因而影响它规划的主要因素有[2]：

1. 区域内的核心物流业务流程。区域性物流信息平台应紧紧围绕本区域内的核心物流业务流程进行详细的规划和设计，尽量突出其最有特色的一面，而对非核心的物流业务流程只需要借用现有的成果进行完善和升级即可。

2. 所在地区的上一级信息平台的规划。区域性物流园区（物流基地、物流中心等）的规划主体一般为地方政府主管部门，他们从宏观规划、指导、服务和监督区域性物流的角度出发，多属于概念规划，但应该有相应的物流信息平台做支撑，否则难以支持区域物流系统规划的科学性、合理性，反而阻碍区域物流信息化、网络化的发展。

---

[1] 《钢铁物流园区建设可行性报告》，2016 年 4 月 18 日访问，http://wenku.baidu.com/view/95ecd80c6c85ec3a87c2c5da.html。

[2] 邹黎明：《武汉阳逻物流园区规划与公共信息平台建设研究》，2007 年 6 月昆明理工大学学位论文。

3. 与相关信息系统的衔接和交换。信息平台中各类信息间的相互关系及数据流向对宏观物流系统规划和企业物流运作提出了信息要求。物流园区信息平台除了为园区内各种业务提供管理和运作服务，更重要的是它为当地区域性物流运作提供了一个综合的、公共的信息平台。因此在物流信息平台规划期间，就应该考虑如何将与物流活动相关的一系列不同信息系统整合在一起，为各级用户提供全面快捷的服务。同时，应充分考虑信息平台和其他相关行业的接口，保证平台的成长性和增容性。

4. 不同层次客户对物流园区信息平台功能的需求。物流园区信息平台涉及的用户，包括当地政府的行政管理部门、政府相关职能部门、物流园区、物流中心、配送中心、物流企业、客户企业和一般的公众用户。从时间来看，又可分为永久性客户、长期固定性客户、短期流动性客户和一次性客户。由于不同用户对物流活动的目的和要求有所不同，因此对物流信息系统的功能需求也不一致。由于物流园区用户存在着多层次、范围广、需求各异、变化快的特点，物流园区信息平台不仅通过公用信息平台为各相关部门提供基本的信息交换与共享场所，也为不同用户提供了不同的接入方式和接入权限[1]。

5. 物流园区内的各种物流信息系统进行整合规范。由于区域性物流信息平台是一个复杂的大系统，除了涉及各个物流企业间的物流、商流、信息流和资金流外，更牵涉到多个物流枢纽、物流环节、物流企业，以及其他相关的单位和部门。在物流过程中，信息的流动是跨企业、跨地区、跨行业进行的，物流系统必须实现跨地区的信息实时传输、远程数据访问、数据分布处理和集中处理的结合、多个异地局域网连接等功能。Internet 和 Web 技术的出现，为物流平台提供了基于 Internet 的 Browse/Server 系统结构模式[2]。

---

[1] 《信息化实现物流园"＋速度"》，2016 年 4 月 20 日访问，http://blog. sina. com. cn/s/blog＿53176ba201009h2r. html。

[2] 《开放平台实现"大物流"——网站公告》，2016 年 4 月 25 日访问，http://www. wuliuz. com/gonggao/2010/04/20. html。

索　引

图书在版编目(CIP)数据

空港实验区信息服务平台建设研究 / 李伟超著. --
北京：社会科学文献出版社，2017.5
（航空技术与经济丛书. 研究系列）
ISBN 978 - 7 - 5097 - 9507 - 1

Ⅰ.①空… Ⅱ.①李… Ⅲ.①航空运输 - 运输经济 -
管理信息系统 - 建设 - 研究 - 中国 Ⅳ.①F562.3

中国版本图书馆 CIP 数据核字（2016）第 176212 号

航空技术与经济丛书·研究系列
空港实验区信息服务平台建设研究

著　　者 / 李伟超

出 版 人 / 谢寿光
项目统筹 / 陈凤玲
责任编辑 / 陈凤玲　陶　璇

出　　版 / 社会科学文献出版社·经济与管理分社(010)59367226
　　　　　　地址：北京市北三环中路甲 29 号院华龙大厦　邮编：100029
　　　　　　网址：www. ssap. com. cn
发　　行 / 市场营销中心（010）59367081　59367018
印　　装 / 三河市尚艺印装有限公司

规　　格 / 开　本：787mm × 1092mm　1/16
　　　　　　印　张：15.5　字　数：243 千字
版　　次 / 2017 年 5 月第 1 版　2017 年 5 月第 1 次印刷
书　　号 / ISBN 978 - 7 - 5097 - 9507 - 1
定　　价 / 75.00 元